Intelligence et audace d'entrepreneurs

Édition: Guylaine Girard
Maquette de la couverture: Nancy Desrosiers
Infographie: Chantal Landry
Traitement des images: Johanne Lemay
Révision: Élyse-Andrée Héroux
Correction: Odile Dallaserra et Brigitte Lépine

Catalogage avant publication de Bibliothèque et Archives nationales du Québec et Bibliothèque et Archives Canada

Proulx, Marie-Eve, auteur

Intelligence et audace d'entrepreneurs : 15 parcours inspirants / Marie-Eve Proulx.

ISBN 978-2-7619-4892-0

1. Gens d'affaires - Québec (Province) - Entretiens. 2. Entrepreneuriat - Québec (Province). I. Titre.

HC117.Q8P76 2018 338.092'2714
C2018-940063-3

03-18

Imprimé au Canada

Dépôt légal: 2018
Bibliothèque et Archives nationales du Québec
ISBN 978-2-7619-4892-0

DISTRIBUTEURS EXCLUSIFS:
Pour le Canada et les États-Unis:
MESSAGERIES ADP inc.
Téléphone: 450-640-1237
Internet: www.messageries-adp.com
* filiale du Groupe Sogides inc.,
filiale de Québecor inc.

Pour la France et les autres pays:
INTERFORUM editis
Téléphone: 33 (0) 1 49 59 11 56/91
Service commandes France Métropolitaine
Téléphone: 33 (0) 2 38 32 71 00
Internet: www.interforum.fr
Service commandes Export – DOM-TOM
Internet: www.interforum.fr
Courriel: cdes-export@interforum.fr

Pour la Suisse:
INTERFORUM editis SUISSE
Téléphone: 41 (0) 26 460 80 60
Internet: www.interforumsuisse.ch
Courriel: office@interforumsuisse.ch
Distributeur: OLF S.A.
Commandes:
Téléphone: 41 (0) 26 467 53 33
Internet: www.olf.ch
Courriel: information@olf.ch

Pour la Belgique et le Luxembourg:
INTERFORUM BENELUX S.A.
Téléphone: 32 (0) 10 42 03 20
Internet: www.interforum.be
Courriel: info@interforum.be

Gouvernement du Québec – Programme de crédit d'impôt pour l'édition de livres – Gestion SODEC – www.sodec.gouv.qc.ca

L'Éditeur bénéficie du soutien de la Société de développement des entreprises culturelles du Québec pour son programme d'édition.

Conseil des Arts du Canada | Canada Council for the Arts

Nous remercions le Conseil des Arts du Canada de l'aide accordée à notre programme de publication.

Financé par le gouvernement du Canada
Funded by the Government of Canada | Canada

Nous reconnaissons l'aide financière du gouvernement du Canada par l'entremise du Fonds du livre du Canada pour nos activités d'édition.

Marie-Eve Proulx

École d'Entrepreneurship de Beauce

Intelligence et audace d'entrepreneurs

15 parcours inspirants

Les Éditions de L'Homme
Une société de Québecor Média

À ma mère, Carole Gariépy-Proulx,
mon modèle de courage, de détermination et de résilience.
Elle ne pourra malheureusement jamais lire ces lignes,
mais elle continue de m'inspirer chaque jour à réaliser mes rêves.

Descriptif de L'EEB

La mission de l'École d'entrepreneurship de Beauce (EEB) est de propulser la prospérité en créant une institution mythique, un espace où tout est réuni pour favoriser les échanges et l'entraide authentiques entre entrepreneurs. Elle souhaite le faire de la francophonie vers un multi langues, de la Beauce vers là où sera le besoin, de l'entrepreneur au sens large vers la spécialisation.

L'EEB a créé son propre centre de recherche : le Centre Transfert et Impact. Il a comme vision de démocratiser l'intelligence entrepreneuriale partagée à l'EEB pour tous les entrepreneurs. Il le fait en perfectionnant la compréhension de cette riche intelligence et en la rendant accessible pour provoquer le passage à l'action.

Mot de l'auteure

D'aussi loin que je me souvienne, j'ai été passionnée par les mots. Enfant, je dévorais des livres beaucoup trop volumineux pour mon âge, et je me surprenais même parfois à mémoriser les proverbes du dictionnaire.

Du haut de mes 14 ans, devant le premier ordinateur familial, je m'improvisais déjà auteure. J'imaginais sans peine mes personnages, mais leur donner une vie palpitante était un défi imposant, compte tenu du vécu limité d'une jeune adolescente qui avait encore tout à découvrir de la vie.

Cette passion des mots s'est aussi déclinée dans une soif d'apprendre de nouvelles langues. Je traduisais des chansons à l'âge de 5 ans, à l'époque où les baladeurs Sony jaunes emprisonnaient des cassettes qu'il fallait reculer et avancer manuellement. En vieillissant, j'ai réalisé que comprendre une langue permet de prendre contact avec un peuple et ses expressions. C'est voyager par le langage. Ça fait vivre en soi le meilleur des autres cultures.

Au cours d'un voyage humanitaire, j'ai fait un constat important : on ne peut pas changer un peuple ; c'est plutôt lui qui nous transforme. Moi qui voulais faire une différence significative dans la façon de vivre de ces gens, j'ai dû admettre que je n'avais rien réussi du tout, outre changer personnellement, pour devenir une meilleure version de moi-même. J'en ai déduit que le changement concret dans une société passait forcément par l'effort collectif, par le développement socioéconomique de chacune de ses communautés. Et qui est à la base de ce développement ? Certainement pas les grandes entreprises, me disais-je, provenant du Saguenay–Lac-Saint-Jean, une région fortement touchée par la fermeture de multinationales, ce qui a d'ailleurs coûté l'emploi de mon père.

Armée de cette certitude, j'ai entamé une maîtrise en gestion des organisations, qui m'a menée tout naturellement à me lancer dans l'entrepreneuriat. Depuis douze ans déjà, j'œuvre auprès des entrepreneurs, animée de la conviction d'ainsi contribuer à changer l'économie du Québec. Entrer dans leur tête, leur cœur, leurs tripes pour comprendre sincèrement ce qui les anime, les freine, les empêche de dormir est pour moi une quête quotidienne. J'aime travailler avec l'entrepreneur, bien plus qu'avec l'entreprise. En priorisant l'individu, on mise sur le long terme, peu importe le véhicule qu'il conduit actuellement.

En mai 2012, mon chemin a croisé celui de l'École d'entrepreneurship de Beauce (EEB), une institution beauceronne menée par et pour les entrepreneurs.

Je dirige maintenant le Centre Transfert et Impact, son centre de recherche, et je souhaite, avec l'ouvrage que vous avez entre les mains, réunir deux passions : l'écriture et l'entrepreneuriat. « Faites que le rêve dévore votre vie afin que la vie ne dévore pas votre rêve », disait Antoine de Saint-Exupéry. J'ai constaté récemment la vitesse à laquelle la vie peut nous être reprise ; ce livre se veut, sans prétention, l'aboutissement d'un rêve personnel.

Outre ce dessein qui m'est propre, l'intention derrière cette parution est claire : rendre accessibles les histoires entrepreneuriales et les apprentissages de certains de nos diplômés à l'ensemble des entrepreneurs, les démocratiser pour leur bénéfice. Offrir un legs du Centre Transfert et Impact de l'EEB aux entrepreneurs. On parle aujourd'hui des grands bâtisseurs du Québec ; nos diplômés, qui façonnent le Québec entrepreneurial d'aujourd'hui et de demain, ont, eux aussi, beaucoup à partager avec tous les entrepreneurs !

Articulé autour de 15 portraits d'entrepreneurs, ce livre vous permettra de vous inspirer du parcours et des bons coups de ceux-ci. Et pour vous faire goûter à la puissance du « *E to E* », des chefs d'entreprises connues partageront leurs réactions à chacun de ces portraits, ainsi que leur vision et leur expérience en regard des histoires présentées.

Ce livre veut atteindre un large public. Il a été écrit dans un langage simple et accessible à tous. J'ai eu envie de me fondre derrière les entrepreneurs mis en vedette dans ce livre, pour vous permettre de découvrir qui ils sont vraiment, dans leurs mots, en toute simplicité. Chacune des histoires recueillies au moyen d'entrevues est écrite au « je », par souci d'alléger le texte et de favoriser une proximité entre le lecteur et l'entrepreneur présenté. J'apparaîtrai discrètement au début de chacune des histoires, pour témoigner des moments d'authenticité partagés au fil de ces rencontres.

J'espère que ce voyage à travers le vécu de ces entrepreneurs saura vous inspirer, vous apporter des réponses et du réconfort, et, surtout, qu'il vous aidera à faire de vos grandes ambitions des réalités rayonnantes !

Marie-Ève Proulx

Directrice, Centre Transfert et Impact,
École d'entrepreneurship de Beauce

Préface

En cette époque d'information illimitée, immortelle et omniprésente, il pourrait être difficile de croire que c'est encore la tradition orale qui contribue le plus à hisser nos leaders au-dessus de la complexité, de la confusion et des nombreux paradoxes de leur rôle.

Serait-ce que les aveux de vulnérabilité éduquent plus que la dernière théorie financière ? Que le témoignage d'un échec est plus motivant qu'une bonne note à un examen, plus crédible qu'un acronyme après un nom ? Ou peut-être que la complicité découlant du partage d'une anxiété est plus thérapeutique qu'un comprimé ?

Cette approche pédagogique, il fallait bien l'inventer, la tester, la raffiner et en mesurer les bienfaits réels. Ce que Marie-Eve Proulx choisit maintenant de vous raconter, c'est l'aventure ayant mené à la création d'un lieu mythique et à l'enracinement de l'École d'entrepreneurship de Beauce.

Et comment pourrait-elle partager avec vous cette histoire autrement qu'en vous offrant le récit personnel et intime de nos plus fiers représentants ? Du même coup, elle vous permettra d'absorber un peu de cette ambition qui les anime et d'apprendre de ces embûches qui les ont façonnés.

Je dois ajouter que la demande de Marie-Eve d'inclure mes propres péripéties à son ouvrage s'est butée à un refus poli. Il ne s'agit pas ici de fausse modestie, un vice pire que l'orgueil selon ma mère, mais d'un constat que la liste des acteurs de l'aventure entrepreneuriale québécoise se démocratise et déborde de plus en plus de ses bases traditionnelles.

Les vedettes, ce sont les entrepreneurs d'aujourd'hui. Et ils et elles sont de plus en plus nombreux et nombreuses.

Découvrons maintenant leurs histoires.

, c.m.
CEO Groupe Canam, fondateur de l'EEB

Introduction

L'HISTOIRE DE L'ÉCOLE D'ENTREPRENEURSHIP DE BEAUCE : LA SOMME DE CE QUE NOUS SOMMES !, RACONTÉE PAR NATHALY RIVERIN

Nathaly Riverin, directrice générale de l'EEB (2007-2014), présidente-directrice générale et influenceure de Rouge Canari

L'École d'entrepreneurship de Beauce (EEB) a pour mission de favoriser les échanges et l'entraide authentiques entre entrepreneurs et, ainsi, de propulser la prospérité. Elle se démarque par la qualité des expériences qu'y vivent les entrepreneurs-athlètes, la contribution significative qu'elle apporte à leur développement, les impacts générés pour leur entreprise et les nombreuses amitiés qui y sont créées, grâce à la qualité et à l'intensité des réseaux qui y naissent.

L'histoire qui suit, bien qu'elle donne le ton à ce livre, diffère grandement des autres histoires dont vous aurez l'occasion de vous inspirer. Elle vous fait voyager, passant de l'idée de l'École d'entrepreneurship de Beauce (EEB) à son démarrage et à sa croissance, par l'entremise des mots de Nathaly Riverin, qui en a assumé la direction générale, du prédémarrage en 2007 jusqu'en 2014.

•••

Nathaly est une leader charismatique. Idéatrice et visionnaire, elle a cette capacité d'inspirer les autres et de les amener à s'investir corps et âme avec elle. Créer, en défonçant des portes au besoin. Faire les choses autrement, en sortant des sentiers battus. Créativité et audace font partie de son ADN, et elle insuffle sa force aux gens qui l'entourent et aux causes qu'elle endosse. Elle est une éternelle développeuse pour qui le statu quo n'est pas une option et selon qui l'avenir doit être construit dès aujourd'hui.

Raconter le démarrage de l'EEB, ça brasse les souvenirs ! Quand j'y repense aujourd'hui, j'ai le même sourire aux lèvres qu'au début, et je suis gonflée d'une fierté de mère.

Raconter l'histoire de ce démarrage, au fil des anecdotes, c'est replonger dans une aventure incroyable, tant par son envergure que par son impact sur les entrepreneurs, leurs entreprises et leurs familles. L'EEB est aujourd'hui l'école des chefs d'entreprise. Son impact économique et social dépasse assurément les attentes et honore l'ambition initiale de fonder une institution qui allait transformer l'économie, un entrepreneur à la fois.

Plus de 800 entrepreneurs, de 15 à 85 ans, ont parcouru l'un ou l'autre des cinq programmes d'entraînement et de formation conçus par et pour les entrepreneurs. Ils ont été entraînés par les meilleurs entrepreneurs de l'histoire du Québec et du Canada. Unanimement, ils affirment que l'EEB a changé leur vie d'entrepreneur pour le mieux.

LA PHASE D'IDÉATION

Au cours d'un voyage en Turquie, émerveillés devant l'immensité de ruines romaines qu'ils y ont contemplées, Marc Dutil, président de Canam, et son ami Michel Gendreau, président de Garaga, ont réfléchi au fait que des monuments aussi grandioses ne pourraient jamais être créés par le plus bas soumissionnaire. Tourmenté par le constat que des réalisations de si grande envergure n'existent pas chez nous à notre époque, Marc a commencé à songer au legs que pourrait laisser la Beauce à la société.

Les semaines ont passé. Puis, lors d'un voyage d'affaires, Marc s'est retrouvé en compagnie de Mario Girard, alors président-directeur général de la Fondation de l'entrepreneurship. Investi par sa mission, ce dernier a discuté avec Marc de nouvelles inquiétantes : une problématique de relève entrepreneuriale se dessinait au Québec. Les Beaucerons étaient d'ailleurs déjà aux prises avec cette problématique ; la région comptait presque plus d'entrepreneurs que de travailleurs. Cet enjeu social se trouvait alourdi par le fait que les initiatives gouvernementales de l'époque visaient principalement le démarrage, laissant les entreprises en croissance sans beaucoup d'aide.

D'autres semaines ont passé. Puis le Centre universitaire des Appalaches a organisé une rencontre et invité Marc Dutil à contribuer à une campagne de financement. Ce fut un élément déclencheur. À la mi-quarantaine, Marc en était à un stade de remise en question et de recherche de sens. Il avait toutefois une certitude: la Beauce, fortement entrepreneuriale, était la région idéale où créer une école d'entrepreneurship.

Qui pouvait l'aider à aller de l'avant avec cette idée ? Il s'est naturellement tourné vers son groupe d'amis entrepreneurs, dont Mario Girard. En mars 2008, ce dernier m'a conviée à ma première rencontre avec Marc, qui ne me connaissait que par un entretien tenu quelque temps auparavant en compagnie de Régis Labeaume, actuellement maire de Québec. Sa première question fut : « Pourquoi ça devrait être toi qui nous aides à propulser ce projet ? » C'est Mario, super ambassadeur, qui lui a démontré ma légitimité, prenant soin de mentionner tous les projets porteurs que nous avions réalisés en entrepreneuriat depuis les dernières années. J'ai donc hérité du titre de DG par intérim d'une école qui n'existait que dans nos têtes !

Fille d'entrepreneurs et entrepreneure moi-même, je savais pertinemment pourquoi j'avais quitté mes tâches d'enseignement dans le milieu universitaire. Au sein de la Fondation de l'entrepreneurship, nous tentions déjà, à l'époque, de faire mousser l'idée que l'entrepreneuriat devait se développer par les entrepreneurs. Nous essayions de mettre ce discours dans la bouche des instances socioéconomiques, éducatives et politiques. Nous croyions que mettre l'entrepreneuriat à la mode n'était pas la tâche des fonctionnaires et organismes, mais bien celle des entrepreneurs. Le projet d'amener des entrepreneurs à prendre le leadership pour créer une école destinée aux entrepreneurs était donc en parfaite cohérence avec ma vision et mes croyances.

DE L'IDÉE AU PROJET

Jusqu'en juin 2008, nous avons donc travaillé à démontrer sur papier la pertinence d'une école pour entrepreneurs. J'étais alors vice-présidente de la Fondation et je dirigeais le centre de recherche de l'organisme que j'avais créé en 2004. Sous ma direction, et en nous basant sur mes recherches passées, nous venions de créer l'indice entrepreneurial du Québec. Je connaissais le portrait de l'entrepreneuriat au Québec, je pouvais aisément en mesurer l'envergure, et nous savions parfaitement que les capacités et compétences requises étaient déficitaires chez nos chefs. Notre petite équipe héritait d'un beau mandat, concret.

La Fondation de l'entrepreneurship a grandement contribué au projet. Durant les six premiers mois, Mario, Marc, Katia Renaud et moi avons principalement travaillé à développer le plan d'affaires, dans le but d'aller le présenter aux amis entrepreneurs de Marc pour les convaincre d'embarquer dans le projet. Puis ce fut l'inscription au registraire des entreprises, son appellation, et les démarches administratives pour en faire une organisation à but non lucratif (OBNL). D'autres acteurs s'activaient en Beauce au même moment, dont Pier Dutil, Jacques Martel, Jacques Lussier...

La mission dont j'étais investie était de créer une école d'entrepreneurship, mais en Beauce. Je devais capter l'acquis des entrepreneurs beaucerons pour l'emmagasiner dans un programme d'enseignement, pour le commercialiser. Ça tombait bien, car mes études de doctorat traitaient précisément de la culture entrepreneuriale. J'étais totalement dans ma zone de compétence, sur mon X. Mais je devais passer de la théorie à la pratique ! Une première rencontre, tenue dans la grande salle de réunion chez Canam, fut un réel succès. À la suite de notre *pitch*, toutes les personnes présentes ont levé la main pour savoir comment elles pouvaient nous aider. J'ai encore aujourd'hui la certitude que la même présentation, faite dans une région moins entrepreneuriale, se serait soldée par une tout autre conclusion. Les gens nous auraient dit que ça ne marcherait jamais, notre affaire !

C'est ainsi qu'ensemble, nous avons porté le projet commun de donner vie à la vision de Marc Dutil, de créer ni plus ni moins que le Princeton de l'entrepreneurship ! Il n'en fallait pas plus pour que notre premier conseil d'administration soit formé, augmentant ainsi notre légitimité par la combinaison d'expertises entrepreneuriales et universitaires.

Pour développer le projet et le rendre opérationnel, nous avons ensuite formé quatre comités : finances, sous la responsabilité de Marc Dutil ; infrastructures, sous celle de Jacques Martel ; pédagogie, sous la mienne ; et marketing, dirigé par Mario Girard. Pour assurer les relais entre ces différents comités, j'ai accepté – réellement cette fois – la direction générale par intérim. Je revois encore Marc Dutil faisant la tournée parmi ses amis et connaissances pour leur demander de donner 10 000 $ ou 20 000 $, sans qu'ils sachent exactement ce qu'ils allaient financer ! La confiance et le respect sont si forts en affaires ! Il a amassé 3,3 millions de dollars de dons en Beauce. Quel exploit !

Au comité pédagogique, nous avons entamé nos premiers groupes de discussions, tout d'abord avec les entrepreneurs de la Beauce et ensuite avec ceux du Québec tout entier. Les carnets d'adresses de Marc Dutil et de Mario Girard en main, ma collègue et amie Katia et moi avons parcouru le Québec, interviewant tour à tour les entrepreneurs prospères du Québec inc. pour connaître leurs vues sur cette future école. Rencontre après rencontre, nous écoutions réellement ce qu'ils nous disaient, sans barrière, sans cadre en tête, sans préjugé. Nous avons fini par comprendre qu'ils en voulaient bien une, école, mais que cette dernière ne devait pas être traditionnelle. Ils nous disaient qu'ils préféraient apprendre entre eux. Que leur besoin réel, c'était qu'un entrepreneur se penche sur leur épaule, une espèce de mentor qui les aiderait dans leurs décisions et dans leur croissance. De fil en aiguille s'est ainsi solidifiée une idée prédominante : c'étaient les entrepreneurs qui devaient enseigner à d'autres entrepreneurs, non des professeurs d'université. Pas de théorie, pas de devoirs, pas de cours magistraux, pas d'examens d'admission, pas d'examens finaux non plus ! Notre clientèle voulait apprendre, mais elle n'appréciait pas « le langage et l'environnement scolaires connus à ce jour». Pire, elle les rejetait.

Nous sommes ensuite retournées voir ces entrepreneurs prospères un à un pour leur présenter notre résumé de ce qu'ils nous avaient massivement manifesté, et pour les recruter comme professeurs. Notre grande force a été de les entendre, sans nous restreindre aux cadres traditionnels. Dix ans plus tard, je constate à quel point cette décision fut déterminante. Nous avons eu le privilège de préparer les plus grands chefs d'entreprise de notre économie, d'une part, et d'autre part, nous les avons accompagnés dans le partage de leurs forces, de leurs apprentissages, de leurs expériences significatives. C'était tellement puissant, et ça représentait, pour le moins, un défi hautement audacieux. Ce métier n'existait pas, nous l'avons créé en commençant par nommer la fonction «accompagnateur coach». Aujourd'hui, on parle d'associé au contenu.

Notre deuxième grande présentation fut celle du modèle pédagogique, du programme et de l'approche auprès du conseil d'administration. C'était une synthèse bien conceptualisée de tout ce que les entrepreneurs souhaitaient apprendre, un programme élaboré autour de 15 grandes familles de compétences à acquérir. J'étais stressée sans bon sens. Je savais pertinemment que j'allais me faire rentrer dedans par les partisans de l'école traditionnelle ! C'est effectivement ce qui s'est passé, mais nous avons tenu bon.

Nous avancions pas à pas, débroussaillant et rectifiant le tir au gré des rencontres et embûches. Passer d'un programme intensif de neuf mois en Beauce à 15 séjours d'une semaine, d'un immeuble de loyers meublés à une auberge avec restauration, d'une construction neuve au rachat de l'auberge Bénédict Arnold et à sa rénovation, ce fut toute une aventure ! Pour Marc, c'était la théorie de l'âne : on lui fait faire un pas, et après, il ne peut pas reculer. Il est obligé d'avancer. Les Beaucerons ont été exceptionnels, généreux, encourageants, positifs et toujours prêts à aider. Chaque personne rencontrée dans le cadre de ce projet nous permettait d'avancer, parfois un peu, souvent beaucoup. L'EEB était officiellement devenue un projet de collectivité.

LE PRÉDÉMARRAGE

À ce stade, nous avions un programme, mais pas d'établissement physique. Où allait-on installer l'école? Quand je suis entrée pour la première fois dans l'auberge Bénédict Arnold, je me souviens d'avoir dit à Marc que ça ne fonctionnerait jamais. Vendre un produit haut de gamme 52 000 $ à des entrepreneurs provenant en partie de Montréal et de Québec, dans un motel sur le bord de l'autoroute à Saint-Georges, aux murs ornés de tapisserie à motifs d'ananas assortie au couvre-lit... Le défi était de taille! Malgré tout ça, après quelques chèques, des signatures de documents et une petite prière, le 28 décembre 2009, nous nous sommes retrouvés propriétaires de la légendaire auberge Bénédict Arnold.

Nous cherchions 4,5 millions de dollars pour nous financer, ce qui nous laissait environ 2 millions pour la rénover. À ce moment, aucun argent public n'était envisagé dans le plan. Un fichier Excel et un PowerPoint de 20 diapositives en main, nous sommes allés rencontrer les représentants de Desjardins et de la Banque Nationale. Marc Dutil a lancé la conversation en disant simplement: « Pouvez-vous nous accompagner si on crée une école qui va changer le Québec? » Leur réponse a été: « On va être là! » Encore une fois, le fait que c'était Marc Dutil qui se tenait devant eux a joué pour beaucoup.

Restait à mettre ce lieu historique au goût du jour. Dès septembre 2010, ce défi fut relevé haut la main par le président du comité infrastructures, Jacques Martel, ainsi que par son équipe de bénévoles, François Fecteau, Léon Drouin et Anne Paquet, qui ont fait un travail incroyable. Encore aujourd'hui, quand on arrive à l'EEB, on a le sentiment de rentrer à la maison.

Côté ressources humaines cependant, rien n'était réglé. Nous étions des externes payés par la Fondation de l'entrepreneurship (FDE). En octobre 2009, nous avions tenu des entrevues de sélection pour combler le poste de directeur général. Bien que j'aie assumé l'intérim pour mettre l'école sur pied, j'avais décidé de poursuivre à la Fondation de l'entrepreneurship puisque ma famille était installée à Montréal. J'allais contribuer en demeurant sur le conseil d'administration de l'école. Après avoir finalement élu celle qui me remplacerait, j'ai pris la route me menant de Saint-Georges à Montréal, et j'ai pleuré toutes les larmes de mon corps. Il m'était difficile d'accepter que ce rôle revienne à quelqu'un d'autre.

Après un mois, nous nous sommes vite rendu compte que cette personne ne convenait pas. Retour à la case départ ! Marc Dutil m'a donné le mandat de trouver une nouvelle directrice générale. J'avais priorisé ma famille aux dépens de mes ambitions une fois, mais la vie m'offrait à nouveau la possibilité de me réaliser professionnellement. Ce monde que nous avions créé me passionnait tellement que j'étais incapable de ne pas saisir cette nouvelle opportunité. Avec le président, nous avons convenu que j'essaierais. C'était la bonne chose à faire pour l'EEB, car j'étais totalement investie dans ce projet, et à neuf mois de l'ouverture, il était ambitieux de relayer le démarrage à quelqu'un d'autre.

Donc, en février 2010, je suis retombée à temps plein dans mes fonctions ! Évidemment, il fallait penser aux ventes. Mais un autre chantier nous guettait... Puisque nos futurs clients ne seraient pas à l'aise dans le modèle universitaire traditionnel, nous avons décidé de changer de registre lexical pour nous rapprocher de celui des champions, des sportifs. L'école n'emploierait pas des professeurs, mais des entrepreneurs-entraîneurs. Elle n'admettrait pas des étudiants, mais des entrepreneurs-athlètes. On n'y donnerait pas des cours, mais des entraînements. À ce moment, je me suis réellement heurtée au comité pédagogique, à un point où nous avons dû revoir la composition de ce comité. Une fois ces changements apportés, l'analogie au sport fut finalement retenue, devenant à la fois un facteur de différenciation, de curiosité et d'innovation, et cristallisant notre valeur « *out of the box* ».

En mars, nous avons lancé notre site Internet, imprimé notre magnifique programme, contacté des centaines de référenceurs et travaillé le positionnement médiatique avec la firme de relations publiques National. Le travail de Mario Girard comme responsable du comité marketing fut d'ailleurs significatif. L'objectif était de constituer une cohorte de 25 entrepreneurs-athlètes qui commenceraient leur formation en septembre 2010, pour la modique somme de 52 000 $, du jamais-vu au Québec. Marc Dutil a fait un travail colossal ! Parcourant le Québec, il a tenu environ 25 conférences, plus d'une par semaine, pour propager la bonne nouvelle et amener ces entrepreneurs à nous faire confiance et à s'inscrire. Une fois que les entrepreneurs ont été inscrits, nous avons poussé l'audace jusqu'à leur faire passer des entrevues de sélection. Nous tenions à choisir nos clients, pour la simple et bonne raison que si nous n'avions pas les bons, ils sortiraient de l'école insatisfaits et mineraient notre réputation. Encore aujourd'hui, il est impossible de s'inscrire à l'EEB, au sens traditionnel du terme. On y fait plutôt une demande d'admission. Bref, après avoir refusé quelques entrepreneurs, nous avons finalement constitué notre première cohorte, avec 24 entrepreneurs-athlètes. Notons que la dernière inscription s'est effectuée le jour même de la rentrée… Un autre « ouf » !

LE DÉMARRAGE

Le jour du lancement, un entrepreneur-athlète de la première cohorte m'a demandé comment je me sentais. La vérité est qu'à cette étape, j'étais devenue entièrement zen. Nous avions tellement visualisé ce moment, nous avions travaillé si fort, que ça ne pouvait que fonctionner. Je nous sentais solides, même si, quelques heures auparavant, nous déchargions encore des meubles et des accessoires de décoration prêtés par le magasin !

Et il fallait que nous soyons solides. N'oublions pas que nos clients sont des leaders d'entreprise. S'ils nous avaient perçus comme incapables de prendre le contrôle, ce sont eux qui l'auraient pris ! C'était un vrai *challenge* au début, de prendre 24 chevaux fougueux et de les faire évoluer dans notre cadre, peu formel certes, mais légèrement encadrant tout de même. Avec chaque cohorte, on sentait que les leaders les plus forts voulaient aussi nous « *leader* » ! Aujourd'hui, maintenir le contrôle avec un tel groupe, c'est devenu un métier inscrit dans l'ADN même de l'EEB.

Cela dit, au départ, je n'étais pas naïve. Ma carrière et moi étions *all in* ; l'échec n'était pas une option. Je me disais souvent que si l'EEB s'avérait un succès, nous allions rayonner, mais que si c'était un échec, j'allais probablement y passer...

Le premier séjour était sous contrôle, mais le reste du programme ne l'était pas encore. Nous avons continué à développer la pédagogie des autres modules, à recruter de nouveaux entrepreneurs-entraîneurs, à les convaincre de nous laisser les accompagner dans la préparation de la formation de 24 heures qu'ils viendraient livrer, disons-le, bénévolement en Beauce. Imaginez-vous devant monsieur Alain Bouchard, à essayer de le convaincre de vous donner 40 heures de son précieux temps. Ça nous a pris deux heures, à Katia et moi ! Mais nous étions tellement convaincantes ! Honnêtement, si nous avions su tout le travail que ça demanderait, nous ne l'aurions sans doute pas fait...

Trois autres innovations nous ont permis de nous distinguer. D'abord, l'intégration de deux défis à la formation, dont le défi sportif, inspiré par Pierre Pomerleau. J'y voyais une forte analogie avec le vocabulaire développé pour rejoindre nos entrepreneurs. Et le défi communautaire, qui nous permettait d'intégrer la philanthropie à l'EEB, une valeur très présente en Beauce. Dans le cadre de ces deux défis, les chefs étaient mis en action et en relation. C'était si riche en apprentissages : le dépassement de soi, la réaction à des environnements inconnus, l'importance de la santé et de la gestion d'énergie pour insuffler un leadership contagieux...

Ensuite, il a fallu mettre en place la mesure des apprentissages et des évaluations de la performance. Dans toutes les écoles, de la maternelle au doctorat, on évalue les étudiants. Nous avons choisi de retourner la lunette vers nous en introduisant, dès le premier séjour, une évaluation de notre formation, présentée comme un questionnaire de satisfaction. Ce fut déterminant pour la suite des choses. En plus de nous permettre de connaître, en temps réel et de façon rationnelle, la satisfaction des entrepreneurs-athlètes, ce questionnaire venait ancrer la valeur « réussite » dans la culture de l'entreprise. Avec cet outil d'évaluation de la performance, nous avons développé l'agilité et la créativité collectives.

Grâce à lui, nous étions en mesure d'évaluer notre travail et d'ajuster le tir pour le séjour suivant. Il permettait aussi l'autorégulation des équipes. Plus encore, je rêvais d'un outil pour mesurer le coefficient d'accélération de l'EEB sur la croissance des entreprises, pour mesurer, dans la réalité, l'impact de notre formation. C'est avec cette idée que j'ai attiré l'auteure de ce livre ! Et l'EEB est aujourd'hui la seule école d'entrepreneuriat capable de mesurer l'impact économique et social de la formation qu'elle dispense.

Dans toute cette aventure, n'oublions pas que nous avions acheté une auberge, qui venait avec une bonne douzaine d'employés syndiqués. Leur intégration fut un beau défi de gestion, mais l'EEB ne serait pas la même sans l'équipe de l'auberge. En effet, dans le secteur de la restauration et de l'hébergement, les employés sont habitués à prendre soin de leurs clients, avec la bienveillance d'une madame Carmen ! Ils nous ont transmis ce savoir-faire et ont grandement contribué à la chaleur de cette école. Après quelques mois, ils se sont désyndiqués ; j'en étais très fière !

Il n'y avait que du positif qui se collait à ce projet ! La firme Image de Mark a immensément contribué à créer notre marque, le cabinet de relations publiques National nous a aidés avec les campagnes, puis le politique a voulu lui aussi contribuer au développement de l'EEB. L'entrepreneuriat devenait à la mode, et les entrepreneurs et travailleurs avaient envie de se rapprocher de l'EEB, une innovation pure. Les gens souhaitent se coller au succès, et à un moment donné, la multiplication des opportunités est même devenue une source de distractions pour nous.

Avec le recul, je peux affirmer que créer une entreprise, c'est créer le chaos d'abord et essayer de l'organiser ensuite. Mais le chaos doit être généré constamment. À chaque petit pas, on réinjecte du chaos, pour tenter de l'aménager de nouveau par la suite.

Une fois qu'une école est démarrée, les gens qui la composent doivent vivre ses valeurs. Oui, elles sont sur papier, mais nous devons les porter ensemble chaque jour. Il m'a fallu du temps pour assumer complètement mon rôle, pour ne plus hésiter à prendre des décisions difficiles qui relevaient de la direction générale sans consulter Marc Dutil.

Il était le père de ce projet, et « prendre le plancher » en assumant mon rôle de mère s'est fait graduellement. En même temps, cette retenue passagère dans mon leadership a permis d'instaurer la valeur du travail d'équipe. Chaque personne est importante à l'EEB, chacun contribue à notre objectif final. L'EEB est plus grande que les individus qui la composent; ce n'est en rien un *power trip* et ça ne doit jamais le devenir. Ce ne sont pas ses employés et ses dirigeants qui sont mis en vedette, mais ses entrepreneurs, athlètes ou entraîneurs. Nous sommes des metteurs en scène, pas des acteurs ! Mais la contribution de chacun, avec authenticité, a été une clé incontestable du succès du démarrage de l'EEB.

LA FORCE DE LA COLLABORATION : UNE ÉTINCELLE À LA FOIS !

L'esprit de collaboration beauceron s'est imprégné dans la culture interne de l'entreprise. Après un an, quand le noyau fort de l'équipe a été constitué, c'est la somme de ce que nous étions qui s'est canalisée dans l'action.

C'est toute une entreprise que de monter son équipe de rêve. Cela vient avec des mouvements de personnel, des ajustements perpétuels pour que chacun vive les valeurs de l'entreprise que l'on crée. Tant que nous ne les avons pas vécues, ces valeurs sont théoriques. Au bout du compte, la bonne question à se poser, c'est : « Avec qui j'ai envie de travailler ? », et la mauvaise question est : « Qui est la personne qui répond le mieux aux exigences d'un poste ? » Dans une entreprise comme l'EEB, cette règle fonctionne bien. Le diamant que nous recherchions chez nos entrepreneurs-entraîneurs, nous l'avons trouvé en chacun des membres de l'équipe.

Mois après mois, c'est aussi la somme de nos visions qui a propulsé l'entreprise : une vision intrapreneuriale, de bas en haut. On se demandait alors : « Comment voulons-nous grandir ? » Et ensemble, on trouvait un chemin vers la croissance. C'était un modèle de gestion atypique, et nous avons tous grandi aussi vite que l'entreprise que nous étions en train de créer. Nos ambitions collectives pour cette école étaient grandes, et elles nous ont permis de générer une croissance rapide.

Je ne saurais compter les fois où des clients m'ont dit: « Mais réalises-tu quelle équipe exceptionnelle tu as ? Incroyable ! Intense ! WOW ! » Ma réponse était toujours la même : « C'est ce que tu récoltes quand tu adaptes l'entreprise aux gens, à leurs forces et à leurs rêves. Et non l'inverse. » Je dois tout de même avouer que je ne recrute pas de façon traditionnelle. Je préfère recruter des gens qui rayonnent dans l'action et créer des postes en conséquence. Par exemple, j'ai rencontré James-Olivier Durivage alors qu'il m'interviewait. Je me suis dit: « Il est excellent dans ses questions, c'est lui qu'il nous faut pour préparer les entrepreneurs-entraîneurs ! » Je l'ai recruté sur-le-champ ! Chaque recrue peut raconter son moment de recrutement... unique !

L'authenticité, le désir de réussir et l'esprit d'entreprise étaient au cœur de ce démarrage. Nous avions l'ouverture, la flexibilité et le désir commun de voir chacun d'entre nous rayonner. D'ailleurs, le plus beau texte que j'ai lu sur l'EEB fut écrit par Valérie Lesage, qui est entrée en poste six mois après mon départ. Elle venait de commencer à travailler à l'EEB. Elle parlait de « l'entreprise chorale, où tous travaillaient en chœur, en harmonie ». Le modèle de gestion implanté tenait la route. Aujourd'hui, l'entreprise 4.0, l'entreprise libérée, l'holacratie, c'est la mode ! Nous étions assurément déjà dans ce mouvement, instinctivement.

Petit à petit, l'équipe de l'EEB est devenue une famille d'intrapreneurs au service du développement des compétences des entrepreneurs par les entrepreneurs. À mon départ en 2014, nous étions 43 employés. Chaque fois que l'étincelle de satisfaction ou de progression scintillait dans l'œil de nos entrepreneurs-athlètes, c'était le symbole de notre réussite collective. Nous avons construit l'EEB, une étincelle à la fois.

DÉVELOPPER ET ORCHESTRER

De mon côté, quelle fonction avais-je ? DG, entrepreneure, cofondatrice, présumée gérante du WOW ? Une chose est certaine, j'ai développé et géré l'EEB à 100 % selon ce que je suis, à ma manière :

créer et orchestrer, plutôt que diriger ou gérer. Au début, avec les membres du conseil d'administration et de la communauté de démarrage, puis avec les employés, les clients, les nombreux partenaires. Avec mes forces et l'expérience que j'avais à cette époque. Avec vision, créativité et audace, je n'avais pas peur d'essayer. « Si on n'essaie pas, on ne sait pas ! N'est-ce pas ? » Et j'en ai mené, des combats audacieux, notamment pour convaincre mes partenaires du fait que je proposais la bonne approche pédagogique. Je ressentais le soutien du CA. Et la croissance se poursuivait. Programme Élite, Émergence, CEED, Sélect, Triomphe, Bootcamps, le tout couronné d'événements de financement et de rassemblement, alias Cabane Urbaine, Merci Marcel et Grande Campagne de financement... Tout cela nous a permis d'aller chercher autant que notre chiffre d'affaires annuel.

Notre grand défi de croissance était de multiplier les ressources, les savoir-faire, de capter les bons processus de création des séjours, de transmettre la capacité de visualiser les « événements de formation » pour en faire des moments d'apprentissage et d'émotion. Mes questions à l'équipe tenaient souvent en ces mots : où est l'émotion, où est l'apprentissage, où est le wow ? J'étais guidée par l'idée de pouvoir reproduire ce modèle, donc il fallait en capter l'essence et les processus.

POURQUOI PARTIR ALORS ?

À un moment donné, comme dans toutes les entreprises qui grandissent vite, nous nous sommes retrouvés dans une « crise de croissance ». Comme dirigeante, j'étais complètement débordée et j'ai fait des erreurs. La plus importante étant que, dans cette euphorie d'équipe, il m'a été difficile de consacrer le temps nécessaire pour prendre soin du CA, alors en train de se renouveler. Parallèlement, le CA devenait naturellement plus formel, plus institutionnel. Avec le recul, vu l'actualité autour de l'entreprise libérée, je me demande comment ce mode de gestion peut s'articuler avec une gouvernance plus traditionnelle.

Trop occupée, j'ai aussi négligé le maintien des liens avec la communauté beauceronne, qui auraient contribué à garder celle-ci mobilisée. J'ai appris qu'en avançant dans une campagne de financement, on ouvre la porte à la critique... et à l'interdépendance !

Le plus important, c'est que j'ai négligé de prendre soin de moi. Montréal-Québec-Saint-Georges. J'ai jonglé pour garder en équilibre trois sphères dans ma vie de mère, de femme et d'intrapreneure. À ce stade, la gestion de mon horaire et la culpabilité de ne jamais être assez présente partout commençaient à avoir des effets néfastes sur ma santé.

Mais le succès était au rendez-vous. Le pipeline de clients potentiels était rempli, les programmes étaient développés et ils affichaient complet, les clients étaient à 95 % satisfaits, l'équipe interne était mobilisée et soudée. Nouveau site Internet, nouvelle brochure corporative, nouveau vidéo corporatif, campagne de financement en cours, accréditation universitaire obtenue, nouvelle adjointe exécutive pour m'aider à m'occuper du CA, nouvelle politique salariale... Les finances aussi allaient mieux. Selon moi, nous devions travailler sur les projets d'avenir de l'EEB : centre de recherche, agrandissement, nouveaux programmes. Toujours continuer de créer, d'améliorer. Je voyais l'urgence de continuer d'entreprendre et d'innover.

Au sein de n'importe quelle entreprise en croissance, il arrive que les partenaires prennent des chemins différents et n'ont pas la même vision du futur. Nous nous sommes retrouvés devant un dilemme de croissance... Profiter de la stabilité pour s'organiser, ou investir et croître encore ?

Quand le CA m'a demandé de ralentir, après une nuit blanche, je l'ai ressenti dans mes tripes. Ma décision était prise. Je ne serais pas cette gestionnaire... Cette demande officielle me rendrait craintive d'être moi-même, de prendre des risques, de créer, m'obligerait à demander la permission ; elle m'enlèverait le bonheur d'entreprendre. Il était temps pour moi de prendre une autre direction. Ce jour-là, j'avais du ruban gris dans le dos pour limiter mes maux. J'avais, encore une fois, trois heures de route à faire pour rentrer chez moi, en dehors de la Beauce. Les signaux étaient assez puissants pour que je rentre à la maison, définitivement.

PRENDRE SON ENVOL: ROUGE CANARI

J'étais dans une très grande voilière qui me donnait le sentiment de voler librement. On a ouvert la porte et j'ai pris mon envol. Je ne peux passer sous silence la souffrance qui m'a habitée pendant plusieurs années.

Fêtant cette année mes 25 ans en entrepreneuriat, j'ai envie de me donner ce recul pour discerner quelle serait la meilleure stratégie pour le Québec dans l'avenir. Je veux recommencer à influencer l'entrepreneuriat québécois. Mon plaisir dans la vie est de construire des choses en entrepreneuriat, des programmes, des produits, des services, des processus, et de convaincre que mes idées sont celles du changement. Faire les choses autrement en entrepreneuriat, c'est ce que j'ai fait à l'EEB, et je souhaite continuer à le faire.

Je vais concevoir et faire grandir mon entreprise en suivant une équation précise: Rouge Canari sera « la somme de ce que nous sommes ». Et je vais l'orchestrer à ma manière. Comme une indomptable.

Car oui, je suis une indomptable. Et c'est assurément ma plus grande qualité d'entrepreneure!

Cela dit, il m'est impossible de tourner la page de ce chapitre de ma vie sans remercier Marc Dutil et sa grande famille de Beaucerons. Quelle belle aventure nous avons vécue! Vous êtes des entrepreneurs inspirants pour le Québec tout entier, et ce fut un privilège de vous servir.

SELON MOI, LE SUCCÈS DE L'EEB TIENT À CECI:

- Quand on crée, on doit accepter que ce qui est développé ne soit pas la bonne chose dès la première fois. Créer demande énormément de flexibilité, la rigidité n'est pas de mise. Le processus de création n'est pas linéaire. Au moment des bilans, on compte nos bons coups et on construit sur ce qu'il reste de bon. Mais quand on est convaincu à 100 %, il faut avancer, à la vie à la mort. La confiance en nos idées est fondamentale. Nous avons accompli de grandes révolutions dans ce démarrage. Ces nouvelles idées ont même influencé d'autres institutions, qui avaient du mal à changer. Entreprendre, c'est créer le chaos, puis l'organiser.

- Les valeurs d'entreprise sont tellement importantes... Il faut s'entourer de collaborateurs et d'employés qui veulent faire vivre les valeurs imaginées pour l'entreprise. Leur *fit* avec les valeurs de l'entreprise est primordial. Congédier et embaucher sur les valeurs est fondamental.
- C'est au départ que l'on crée notre vraie équipe, notre équipe de rêve, celle qui a la foi, qui y croit, qui se lève le matin pour contribuer à plus grand que soi. Ensuite, il s'agit de s'assurer que ces gens travaillent quotidiennement en étant sur leur X. Embaucher des gens qui ont une lumière pour grandir, non des gens qui *fittent* dans le moule d'une description de tâches. Combiner des talents est ma façon de gérer. Nous créons ainsi des intrapreneurs.
- Le plus grand bonheur dans la croissance est de faire grandir ses employés et ses clients. Chaque employé de l'EEB a teinté cette réussite de sa couleur personnelle. Merci, l'EEB : Entreprendre Ensemble, c'est du Bonheur !

Mario Michaud, Pâtisserie Michaud

Mario Michaud, président-directeur général
Entrepreneur-athlète, cohorte 11 du Programme Élite

Pâtisserie Michaud offre des desserts à une clientèle commerciale qui recherche le plaisir de déguster un produit savoureux et qui priorise la qualité plutôt que la quantité. La vision de l'entreprise est de bâtir une équipe et des produits d'exception, ainsi que d'offrir un endroit idéal où travailler, propice à la création.

•••

C'est l'expression « sans retenue » qui caractérise le mieux cette entreprise. Le plaisir des sens y est à son apogée, autant grâce à l'arôme exquis qui s'échappe des pâtisseries fraîchement cuites que grâce aux phrases inspirantes, drôles et créatives qui tapissent les murs de l'établissement. « Un dessert, c'est le meilleur antidépresseur du monde. Ça devrait être remboursé par l'assurance maladie ! » À cela, que répondre d'autre que : Au diable la retenue ! Délectez-vous maintenant des saveurs qui ont marqué le parcours du fondateur Mario Michaud, pour vous inspirer dans votre propre recette.

TOUT METTRE EN PLACE POUR QUE ÇA LÈVE

Je peux encore humer l'odeur alléchante qui envahissait la maison quand ma mère cuisinait. Le parfum qui s'échappait des plats qu'elle concoctait était tellement synonyme de bonheur que je n'avais d'autre choix que de mettre la main à la pâte. Perché sur mon banc d'appoint, je brassais ses mélanges à dessert qui devenaient, à mes yeux d'enfant, de véritables œuvres d'art.

Mon père aussi construisait du bonheur. À ses côtés, je travaillais dans le garage, sur le petit établi adjacent au sien, qu'il avait pris soin de me construire. Ma perceuse en main, je pouvais toucher à tout et bâtir mes propres œuvres. Je n'ai d'ailleurs jamais été restreint par le danger que pouvait représenter le maniement de ces outils. Il est vrai que j'en ai perdu quelques-uns, dans l'une des nombreuses cabanes que je me plaisais à construire dans les bois. Les projets étaient fréquemment initiés par moi, et j'avais un certain talent à mobiliser mes amis pour qu'ils m'aident à les concrétiser. Le leader en moi émergeait déjà à cette époque.

J'évoluais dans un environnement qui n'était entravé que par très peu de règles. Ma mère, tout comme mon père, nous demandait simplement, à mes deux sœurs, mon frère et moi, de nous servir de notre jugement. Cela nous a amenés à être débrouillards très jeunes.

Mes parents venaient du monde ouvrier, comme de nombreux Québécois de l'époque. Ils étaient justes envers leurs enfants, mais ils ne roulaient pas sur l'or. Lorsqu'ils disposaient d'un certain montant d'argent pour nous acheter un bien, si nous en voulions un plus cher, nous devions trouver une façon de combler la différence. Dans ce contexte, je cherchais systématiquement des moyens de faire plus de sous, pour combler l'écart entre ce qu'il était possible de me procurer et ce que je voulais réellement. Élevé dans cette atmosphère d'autonomie, je ne voulais pas dépendre de qui que ce soit. Le travail me permettait d'aller chercher plus. Nombre de fois je suis allé offrir mes services aux voisins, pour tondre leur gazon, déblayer leur galerie, m'occuper de leur piscine.

À 8 ans, je suis devenu crieur pour le *Journal de Québec*. Sur le coin de la rue des Érables à Saint-Émile, une intersection tout sauf passante, je criais pour vendre la parution quotidienne aux habitants de la place. J'ai rapidement réalisé que je devais m'assurer une certaine récurrence de revenus, ce que je fis en obtenant un circuit de livraison bien à moi pour un journal hebdomadaire. Durant les deux années où j'en ai fait la distribution, je croisais fréquemment un monsieur, âgé, chargé de la livraison quotidienne du journal *Le Soleil*. Je lui répétais constamment que s'il avait besoin d'aide ou souhaitait ralentir ses activités, j'aimerais récupérer son circuit. J'ai ainsi essayé de le convaincre pendant deux ans, ce que j'ai réussi à l'âge de 10 ans !

Il m'a donc transféré sa *run* de 50 clients, que je desservais le soir en revenant de l'école. Pendant l'été, plusieurs d'entre eux me disaient vouloir suspendre leur abonnement pour quelques semaines, le temps de leur voyage annuel. Instinctivement, j'y voyais une opportunité : je leur offrais d'aller entretenir leur maison et leur terrain pendant leur absence. Mes services d'entretien sont devenus populaires, et je me suis mis à manquer de temps. J'ai donc dû embaucher mes sœurs pour distribuer le journal à ma place. Ne le leur dites pas, mais je prenais soin de me garder une cote sur ce qu'elles gagnaient !

Au début de mon adolescence, ma mère a démarré l'entreprise Boulangerie et Pâtisserie du Village, avec l'aide de mon père. C'était elle, l'entrepreneure dans le couple, lui étant bien davantage l'intrapreneur qui faisait avancer ses idées à elle. L'entreprise était une pâtisserie locale artisanale : tout était produit sur place, et les clients achetaient directement au comptoir. J'ai commencé à y travailler, avec mes sœurs et mon frère, pendant les fins de semaine et la période estivale. J'augmentais mon revenu hebdomadaire en cumulant plusieurs boulots, entre autres pour une compagnie de déménagement et comme démonteur de salle pour une entreprise qui organisait des mariages.

C'était l'époque de mon secondaire, un épisode peu stimulant pour moi. Je ne tripais pas à l'école, je trouvais le temps long. Je passais mes cours, mais sans plus. J'étais timide, donc gêné de dire que je ne comprenais pas ce qui nous était enseigné en classe. J'endurais et je cumulais les incompréhensions, ce qui me faisait sentir de moins en moins bon. Mes professeurs disaient à mes parents qu'ils ne savaient pas comment j'allais finir, qu'ils ignoraient ce que je pourrais bien faire de ma vie. Mais comme je suis têtu de nature, ils m'ont motivé à réussir en ne croyant pas en moi. Je les aurai fait mentir.

Mes notes n'étant pas à la hauteur d'un programme contingenté, j'ai été refusé en réfrigération au sortir de mes études secondaires. J'ai donc travaillé pour ma mère, en attendant le prochain tour d'inscription. En constatant le nombre de clients qui venaient acheter des gâteaux de mariage, de baptême, d'anniversaire, je me disais que je pourrais leur offrir un service connexe pour immortaliser ces moments importants de la vie. C'est ainsi que j'ai investi dans l'achat d'une caméra vidéo, une grosse VHS à cassette, qui m'a coûté 2000 $ à l'époque. Je l'avais financée à un taux d'intérêt impossible sur une période de deux ans. J'ai réussi, grâce à mes contrats, à la rentabiliser dès le premier été. Une chance… En 1987, filmer des événements privés était un service assez nouveau. Deux ans plus tard, de plus en plus de gens connaissaient quelqu'un qui possédait une caméra. Mes clients ont alors mis de la pression pour que je baisse mes tarifs. N'ayant plus de plaisir, j'ai décidé de passer à autre chose.

D'un point de vue plus personnel, je caressais aussi, à l'époque, le rêve de bâtir mon propre foyer. La matérialisation de ce désir s'est faite, je dois l'avouer, de façon plutôt impulsive ! Après avoir vu, sur une petite annonce, que des terrains étaient à vendre au Mont Tourbillon, je suis parti, un samedi après-midi, en visiter un avec mon père. Le lot, parsemé de rochers et de caps, était dans un piètre état, si bien que nous avons eu de la difficulté à y accéder en voiture. Mon père me conseillait ardemment de ne pas investir, prétextant que je ne pourrais jamais y poser une maison. Encore une fois, me faire dire que ça ne fonctionnerait pas m'a motivé à faire la preuve du contraire. Le mardi suivant, malgré les commentaires négatifs de mon père, je passais chez le notaire. Cinq ans plus tard, à l'âge de 23 ans, j'y faisais construire ma maison. J'ai payé ce terrain 9000 $; il vaut près de 200 000 $ aujourd'hui…

Après avoir été refusé une seconde fois en réfrigération, j'ai réalisé que le côté artisanal de l'entreprise familiale rendait pratiquement utopique la possibilité d'en tirer des salaires intéressants. Nous avions à ce moment commencé à desservir quelques commerces, notamment un Provigo, qui recherchait un assistant-gérant pour son département des pâtisseries. J'ai posé ma candidature et j'ai décroché l'emploi. Pour un jeune homme de 20 ans, gérer des employés plus âgés et syndiqués mur à mur n'était pas chose facile. J'y ai finalement travaillé pendant deux ans, ce qui m'a permis de développer mes compétences en gestion. J'y ai appris comment administrer un département et des employés, faire des inventaires, compter des ratios, suivre les marges de profits.

Je suis ensuite revenu dans l'entreprise familiale, avec la mission d'augmenter les ventes provenant du commerce de gros, mes parents se concentrant davantage sur la vente directe aux consommateurs. Ces efforts nous ont permis de passer de quatre épiceries Provigo à une quinzaine, en plus de quelques IGA. Rapidement, le local de notre pâtisserie est devenu trop petit, ce qui faisait stagner les possibilités de croissance. Quand j'ai manifesté à mes parents mon intention d'investir pour procéder à un agrandissement, ces derniers ont préféré décliner mon offre. Ils jugeaient que l'entreprise, telle quelle, les occupait suffisamment ; ils préféraient diriger une entreprise de petite taille. Constatant que nos visions étaient irréconciliables, ils m'ont donné leur bénédiction pour ouvrir ma propre pâtisserie. C'était au mois d'août. Cinq mois plus tard, je volais de mes propres ailes.

LE DÉMARRAGE DE PÂTISSERIE MICHAUD : OUBLIEZ LES PETITES BOUCHÉES !

J'ai alors développé mon projet d'entreprise, du moins dans ma tête… Je suis allé rencontrer ma banquière, sans plan d'affaires écrit.

J'avais déjà fait mon nom auprès de mon institution financière en empruntant, par le passé, pour une auto, une caméra, mon terrain. Après avoir magasiné les équipements dont j'avais besoin dans des encans et trouvé un local, je savais qu'il m'en coûterait exactement 93 000 $ pour démarrer l'entreprise, en louant la bâtisse pour la première année. À l'époque, plus qu'aujourd'hui, les gens connaissaient leur banquier, ils avaient une relation directe avec lui. Mon lien de confiance avec ma banquière s'était développé depuis mon jeune âge. C'est ainsi que, du haut de mes 24 ans, avec une maison que je devais encore entièrement, j'ai obtenu en novembre 1993 un prêt de 93 000 $. Le 1er janvier 1994, j'ouvrais officiellement Pâtisserie Michaud, qui se consacrait au commerce de gros auprès d'épiceries, de dépanneurs, de restaurants, avec le projet d'augmenter éventuellement mes possibilités de croissance.

Durant les cinq premières années, j'ai réinvesti tous les profits dans les agrandissements, l'amélioration des équipements, le développement de marchés, le remboursement de la dette. J'ai loué la bâtisse la première année, l'ai achetée l'année suivante, et l'ai agrandie les troisième et quatrième années, passant ainsi de 2000 pieds carrés à 7500 pieds carrés en quatre ans. Ce furent des années de travail acharné, au cours desquelles j'occupais tous les postes dans l'entreprise ! Je répondais au téléphone, j'allais vendre, je développais les recettes et confectionnais les pâtisseries, et j'en assurais également la livraison. J'avais un habit pour mes heures de vente, un autre pour travailler dans l'usine et un costume pour faire de la livraison, que je faisais alterner durant la journée. J'ai appris sur le tas, par essais et erreurs. Je tentais également de m'améliorer en allant chercher des conseils auprès des parents de certains de mes amis, qui étaient entrepreneurs.

D'ENTREPRISE INDIVIDUELLE À ENTREPRISE FAMILIALE : PAS TOUJOURS DU GÂTEAU !

Un an à peine après le démarrage officiel de Pâtisserie Michaud, ma conjointe a quitté son emploi pour joindre ses forces aux miennes dans l'entreprise. Nous sommes ainsi devenus partenaires d'affaires, en plus d'être partenaires de vie. Sophie est à l'opposé de moi sur bien des aspects : très cartésienne et analytique, elle apprécie la sécurité. Avec elle, les risques doivent être pesés, mesurés, calculés et longuement réfléchis. Pour ma part, je suis créatif, fonceur, et j'aime sortir des sentiers battus. Je dois avouer que notre relation d'affaires a été laborieuse dans les débuts. J'ai dû apprendre à la convaincre, tout en respectant son besoin de sécurité.

Aujourd'hui, je crois que notre complémentarité porte ses fruits : depuis vingt-six ans que nous sommes ensemble, elle sait me protéger en diminuant ma vitesse, tout en finissant par m'appuyer dans mes projets. Dans l'entreprise, elle a pris en charge les volets administratif et comptable, et sa personnalité conservatrice me permet d'avoir l'esprit tranquille. Nous avons également la chance de passer davantage de temps ensemble que bien d'autres couples, ce qui nous plaît à tous les deux. J'adore travailler avec ma conjointe ! À mes yeux, le seul aspect négatif réside dans le fait que l'entreprise prend énormément de place dans nos conversations, et ce, autant en tête-à-tête au restaurant qu'en vacances. Nous y travaillons, mais force est de constater qu'il est presque impossible que l'entreprise ne s'ingère pas dans notre vie personnelle.

Quand Sophie est devenue ma partenaire d'affaires, mon père et mes sœurs travaillaient déjà au sein de l'entreprise. Ils venaient quotidiennement me prêter main-forte depuis le démarrage en 1994. En 1998, ma mère s'est, elle aussi, jointe au bal après avoir vendu sa propre pâtisserie. Ils m'ont énormément aidé dans les débuts. Il était rassurant pour moi de les avoir à mes côtés, car j'avais déjà une confiance en eux bien établie.

Malgré toute la reconnaissance que j'ai pour eux, j'ai trouvé extrêmement difficile, voire pénible, de travailler avec ma famille. L'entreprise est rapidement devenue le point central de toutes les rencontres familiales. Aux soupers de famille, à Noël, tous les moments devenaient propices à des discussions la concernant. Et c'est là que l'ingérence débute… Puisqu'ils étaient attachés à la compagnie, ils se permettaient de se prononcer sur certains employés. Ils tentaient de m'influencer dans mes orientations stratégiques. Au milieu de ce cercle pernicieux est venu, sournoisement, le moment où je ne me suis plus senti maître à bord. Je me surprenais à prendre des décisions pour rendre les membres de ma famille heureux, plutôt que de faire ce qui devait être fait.

Prenons l'exemple du déménagement. J'étais persuadé qu'il était temps de procéder à un agrandissement, dans l'optique de développer mon marché avec de plus gros clients. Des chaînes de restauration, par exemple, ont besoin de s'assurer de la capacité de production d'un fournisseur, de sa capacité à les desservir, ce que je ne pouvais pas garantir dans l'usine de 7500 pieds carrés de l'époque. Les membres de ma famille, pourtant non-actionnaires, me conseillaient de ralentir, insistaient pour que je prenne mon temps. Un entrepreneur doit avoir la liberté de prendre des risques quand il juge que c'est ce qui permettra à la compagnie de croître. Les décisions et les changements doivent servir le long terme et la pérennité de l'entreprise, non quelques intérêts particuliers. Avec le recul, je perçois aujourd'hui deux réalités dans cet épisode. Les membres de ma famille craignaient de perdre leur travail dans le cas où ça se serait moins bien déroulé que prévu. Moi aussi, j'avais à cœur de préserver leurs emplois. Leurs doutes récurrents m'ont amené à douter également…

J'ai valsé trop longtemps dans cette situation. C'était pénible, contraignant et pas du tout amusant.

Depuis neuf ans maintenant, je n'ai plus personne de la famille dans l'entreprise, à l'exception de ma femme. Aujourd'hui, je peux dire que cette décision, totalement assumée, m'a libéré.

UN DOLLAR DE DOUTES POUR QUATRE TRENTE SOUS DE QUESTIONNEMENTS !

À la même époque, un événement majeur est survenu, dont les conséquences ont marqué mon étoffe d'entrepreneur pendant deux ans.

J'avais embauché un consultant dont le mandat était de m'aider à ouvrir le marché du Québec. Je lui faisais confiance, alors je lui ai laissé pleine latitude. Une erreur grave… Il a fini par se pendre avec la corde que je lui avais donnée, après avoir fait déjà beaucoup de dégâts. Il vendait, certes, de façon acceptable, mais ses résultats n'avaient rien d'exceptionnel. Il baissait les prix pour faire ses ventes, grugeant nos profits. Il nous montait, les membres de la famille, les uns contre les autres, à un moment où je considérais déjà leur présence dans l'entreprise comme néfaste. Même ma conjointe ne parvenait pas à me faire entendre raison.

Le jour où j'ai pris mon courage à deux mains pour l'affronter et le sortir officiellement de la compagnie, il a prononcé des paroles qui m'ont fait un grand tort. Il m'a offert 1 $ pour mon entreprise en me disant: «Tu vois bien, tu n'es plus capable de la gérer, tu ne l'amènes nulle part, tu es vidé, tu es rendu dépressif. Tu devrais accepter le 1 $. Au moins, tu ne perdrais pas tout.» Je lui ai donné deux secondes pour sortir de mon bureau. S'il en avait pris cinq, je n'aurais tout simplement plus répondu de mes actes. Je tremblais, j'étais dans une énergie totalement destructrice.

Ces paroles m'ont profondément marqué. Cet épisode a été excessivement difficile. J'ai perdu confiance en moi, ce qui a perduré pendant plusieurs années. Je me demandais sans cesse si je faisais les bonnes choses et, à un plus haut niveau, si j'étais réellement fait pour être entrepreneur. À mes yeux, un entrepreneur doit sentir les choses, les voir venir. La vérité est que dans son cas, je n'ai rien vu venir, et je m'en voulais terriblement. Il a activement participé à la décroissance de l'entreprise, le chiffre d'affaires ayant diminué de moitié, sans compter l'effet qu'il a eu sur les profits. Il a également contribué à limiter sa croissance après son départ, ayant fait naître en moi tellement de doutes.

J'agissais dès lors moins rapidement, j'avais perdu mon agilité, par manque de confiance en moi. J'étais pris dans un cercle vicieux de questionnements qui empêchent un entrepreneur d'avancer. Devais-je vendre l'entreprise? Faire autre chose? Où m'en allais-je avec la compagnie? J'avais envie de l'amener où? Que de questions sans réponses. J'avais le sentiment de devoir recommencer à zéro. La bouchée me semblait encore plus gigantesque que lorsque j'ai démarré Pâtisserie Michaud. Refaire n'est, pour moi, pas aussi inspirant que faire...

Ma conjointe a été d'un soutien crucial durant cette période. Elle a su tenir les rênes de la compagnie. Nous n'y serions pas arrivés sans elle.

RENVERSER L'AMERTUME

En 2010, un événement significatif m'a permis de sortir de mon immobilité. Aussi malheureux puisse-t-il être, du positif en est ressorti. L'apprentissage se fait souvent dans la douleur. Dans ce cas précis, l'émotion m'a fait sortir de ma torpeur.

Après un rendez-vous de routine chez son médecin, ma mère nous a annoncé qu'elle avait un cancer de l'estomac et des ovaires. Les spécialistes lui donnaient environ six mois à vivre.

J'ai alors compris d'où me vient mon caractère têtu. Ma mère l'était encore plus que moi, je crois ! Elle disait qu'il y avait encore tant de voyages qu'elle voulait faire, d'autres réalisations qu'elle avait à cœur d'accomplir. Elle s'est battue, tellement… Elle a réussi à allonger le pronostic de six mois à quatre ans. La voir se battre, défier la maladie, avec une attitude positive, m'a fait énormément réfléchir. J'ai réalisé que je ne pouvais pas me plaindre toute ma vie parce que quelqu'un s'était joué de moi une fois. Elle m'a redonné, par le modèle de résilience qu'elle incarnait, l'énergie dont j'avais besoin pour reprendre le contrôle de ma vie et de mon entreprise. J'ai regagné confiance, jusqu'au point d'avoir la certitude que je réussirais à m'en sortir.

J'ai enfin décidé de foncer avec le projet de déménagement que j'envisageais depuis plusieurs années, et cette fois, personne n'allait m'arrêter. S'installer dans une nouvelle usine signifiait un nouveau départ. C'était risqué, mais nous étions arrivés au bout de ce que nous pouvions accomplir dans l'ancien édifice, autant en termes de production que de respect des normes, etc. Ce déménagement signifiait se construire une « vraie usine », qui nous permettrait d'aller chercher des clients majeurs comme Loblaws, Costco, Thaï Zone, Sobey's, La Cage aux Sports au niveau pancanadien. Et, bientôt, d'exporter aux États-Unis…

UN STYLE DE GESTION NON TRADITIONNEL QUI PORTE SES FRUITS

L'entreprise comptait une trentaine d'employés à l'époque, et la dernière chose que je voulais était de les perdre. Leur savoir-faire est essentiel, et les événements des années précédentes m'avaient montré que nous ne sommes rien sans eux. J'avais des offres incroyables, entre autres à Beaupré et à Lévis, impliquant des conditions plus que facilitantes pour mener à terme ce nouveau départ. Toutefois, mes employés n'auraient pas pu suivre. Cela a influencé grandement le choix de l'emplacement de la nouvelle usine, qui a aujourd'hui pignon sur rue dans le parc industriel de Val-Bélair.

J'ai également consulté mes employés pour la conception de la nouvelle usine et des nouveaux bureaux. Cette phase a duré, au total, deux ans. Je les amenais dans l'entrepôt vide, avec quelques croquis, et je leur demandais leur opinion pour faciliter leur travail et le rendre plus efficace et agréable. Énormément d'idées ont émergé de leur part, dont la plupart furent intégrées aux croquis, au fur et à mesure. Tous les dimanches après-midi, les employés qui le souhaitaient passaient à la nouvelle usine en rénovation, et nous suivions ensemble le développement du projet.

Le fait de les avoir impliqués ainsi à chaque étape nous a permis de compléter le déménagement en trois jours, du vendredi au dimanche. Le lundi matin, tout était fonctionnel. Même mon banquier n'en revenait pas ! Les employés étaient motivés, c'était devenu *leur* projet. Ils avaient contribué à construire leur nouvel environnement de travail, s'y sentaient chez eux. Un chez-soi plus grand, passant de 7500 pieds carrés à 22 000, mais leur chez-soi !

Nous avons organisé une soirée spéciale, à laquelle étaient également conviées les familles de nos employés, pour leur faire découvrir notre nouvelle usine. Par ailleurs, nous avons invité nos clients à voir nos nouvelles installations. Nous étions fiers, ils le remarquaient. Nous étions prêts, ils le constataient. Nous voulions qu'ils fassent partie de cette belle aventure, ils le ressentaient. Nous croyions en notre réussite, ils la propageaient.

Par la suite, je me suis offert les services d'un autre consultant, cette fois-ci un spécialiste de la marque. Malgré ma hantise des consultants découlant de ma mauvaise expérience, cet homme m'avait grandement inspiré lors d'un événement auquel j'avais assisté. Quatre après-midi durant, nous avons discuté de mon histoire, de mes valeurs, de ma vision. Nous avons répondu aux questions: « Pourquoi avoir créé Pâtisserie Michaud ? Pourquoi nous levons-nous le matin ? » Ce psychologue de la marque m'a fait grandement avancer ! Nous avons découvert ensemble que dans tout ce que je fais, je suis sans retenue. Mes produits le sont également: du vrai beurre, du vrai chocolat. Notre logo devait le refléter, être gourmand et sans retenue, simplement, car c'est ce que nous sommes au plus profond de nous. Nous avons aussi commencé à intégrer plus d'humour dans notre marque. « Tant qu'à tricher, gâche pas ta triche ! », « Un dessert, c'est le meilleur antidépresseur du monde. Ça devrait être remboursé par l'assurance maladie ! », « Au diable la retenue ! » Les murs de l'entreprise sont aujourd'hui tapissés de ces phrases, reflet de qui nous sommes.

Mon parcours à l'EEB m'a beaucoup aidé en ce sens. J'ai compris que les gens veulent côtoyer le fondateur de l'entreprise, pas nécessairement son directeur des ventes. J'ai commencé à raconter notre histoire avec mes tripes, et mes communications sont devenues plus percutantes. J'ai repris le rôle de porte-parole de mon entreprise, en parlant avec mon cœur. Je ne décline plus les entrevues médiatiques qui permettent de nous faire connaître.

J'ai aussi intégré le regroupement Entrepreneurs Organisation (EO), sous les conseils de Pierre Pomerleau, afin de m'ouvrir, d'être entouré de gens d'affaires qui vivent les mêmes défis que moi. Malheureusement, monsieur Tout-le-monde ne comprend pas notre réalité. Un entrepreneur n'est jamais totalement tranquille. En affaires, soit on cherche du *staff*, soit on cherche de l'argent. C'est ça, la *business*. Et ça fait du bien d'être entouré de gens qui le comprennent et qui le vivent au quotidien.

Aujourd'hui, j'ose prendre la parole devant tous mes employés, et ce, dès que l'occasion se présente. Dans le passé, je communiquais avec mes employés, mais un par un. L'impact n'était pas du tout le même. Parallèlement, je fais une tournée dans l'usine le plus souvent possible, pour être avec mon monde, pour être près des gens. Je peux ainsi sentir quand l'un d'eux ne va pas bien et intervenir, tenter de l'aider. J'offre également de la formation non traditionnelle à mes employés. La dernière séance traitait par exemple de la visualisation de leurs rêves. Ces derniers sont maintenant affichés sur les murs de l'usine, ce qui nous permet d'être en contact avec les rêves de chacun et de tenter de les aider à les réaliser. J'ai constaté que je suis quelqu'un de très humain. Je veux avant tout que mes employés progressent, qu'ils aient une bonne raison de venir travailler ici le matin, outre la paye.

Malgré mon amour des humains, ma passion pour la croissance de l'entreprise est bien présente. Dans une entreprise en croissance, ça bouge très rapidement : nous naviguons toujours dans le changement. Certains employés, cependant, atteignent parfois un niveau où leurs capacités ne leur permettent plus d'avancer, et il faut alors que je les remercie. J'avais énormément de difficulté à le faire dans le passé ; maintenant, ça va un peu mieux. Expliquer correctement à quelqu'un les raisons qui justifient son congédiement lui permet de comprendre la décision et de conclure ce chapitre dans une certaine harmonie, mais surtout, dans le respect. L'EEB m'a beaucoup appris à cet égard. En côtoyant des gens d'affaires qui ont réussi, on réalise qu'ils sont passés par là eux aussi et qu'ils ont amélioré leurs façons de faire. Congédier un employé sera toujours brise cœur pour moi, mais j'ai appris qu'il existe des façons de le faire correctement.

Au fil du temps, j'ai profondément transformé ma façon de gérer. Avant, je décidais de tout, j'étais autoritaire. J'irais jusqu'à dire que je n'écoutais rien, que j'étais à la limite borné. Quand tout relève de soi, il est impossible d'aspirer à devenir « dispensable » un jour. C'est rassurant pour l'ego, mais c'est infect pour la pérennité de l'entreprise. Chez Pâtisserie Michaud, nous sommes en train d'évoluer tous ensemble dans ce virage entamé depuis le déménagement de l'usine. Nous tentons de mettre en place un système d'holacratie, dont le fondement est la responsabilisation des gens et la mise en œuvre de l'intelligence collective. Cela nous amène à consulter fréquemment nos employés, à leur présenter les problématiques et à les aider à trouver des solutions. Nous les guidons, bien sûr, mais nous leur apprenons ainsi à prendre eux-mêmes les décisions, en fonction des valeurs et de la vision de l'entreprise.

Ce n'est certes pas un combat facile. Nous savons que ça nous demandera quelques années pour nous ajuster. Les employés ne comprennent pas pourquoi, tout à coup, ils peuvent choisir la couleur des murs, déterminer leur horaire de travail du vendredi, se prononcer sur le congédiement de quelques personnes ou sur l'abaissement des heures hebdomadaires de tous à 35 plutôt qu'à 40 pour un certain temps. Ils sont craintifs, il faut les amener tranquillement. Six employés sont partis d'eux-mêmes au gré des formations offertes, réalisant qu'ils ne pouvaient pas évoluer dans un tel modèle. Ceux qui ne venaient travailler que pour la paye sont sortis ; le système les a amenés à s'auto-éjecter. Ceux qui y étaient entrés pour le cœur sont restés. Nous pouvons déjà observer des résultats concrets, bien que nous soyons encore au début de la route. Ma femme et moi sommes convaincus que ce mode de gestion nous permettra de nous libérer du temps à moyen terme.

Le 30 septembre 2017, j'ai terminé mon Programme Élite à l'EEB sur une note que je n'aurais jamais pu imaginer ! J'ai remporté le prix Marcel-Dutil et le trophée de la meilleure progression globale. Ces deux mentions d'honneur signifient beaucoup pour moi. Avoir été reconnu par mes pairs a renforcé ma confiance en moi et mon désir d'aller plus loin. Surtout, celui de devenir un entrepreneur encore plus inspirant !

PÂTISSERIE MICHAUD AUJOURD'HUI : UN PETIT GOÛT DE BONHEUR !

C'est la passion et le bonheur qui m'allument, pas l'argent. Chez Pâtisserie Michaud, nous avons pris la décision de travailler avec des gens respectueux, en ce qui concerne autant nos clients et nos fournisseurs que nos employés. Le respect nous permet d'éprouver du bonheur, et c'est dans cet état que nous rayonnons.

Nous permettons aujourd'hui à plus de 55 personnes de travailler, un nombre qui double durant la période automnale. Avec 5 millions de dollars de chiffre d'affaires actuellement, nous vivons une belle croissance et croyons fortement en notre capacité à l'augmenter de 50 % au cours des deux prochaines années. J'aimerais entamer ma cinquantaine, avec 15 millions de dollars de chiffre d'affaires.

Ma vision est de bâtir une équipe et des produits d'exception, et d'offrir un endroit idéal où travailler, propice à la création. Je veux que les gens qui travaillent ici aient du plaisir, et que les consommateurs qui dégustent nos produits en aient aussi. C'est la trace que je veux laisser. Et ces valeurs sont communiquées et vécues à l'interne tout comme à l'externe.

Nous y arriverons en faisant vivre au client des expériences sensorielles hallucinantes, en travaillant avec les vrais ingrédients, en étant originaux et audacieux, en ne nous prenant pas trop au sérieux, en étant généreux et intenses, en étant passionnés et authentiques, en nous adaptant au changement, en honorant la confiance qui nous est accordée. Voilà ce qu'est Pâtisserie Michaud ! Au diable la retenue !

Conseils à d'autres entrepreneurs :

- En affaires, il faut persévérer. En étant créatifs, nous finissons toujours par trouver une solution quelque part. Parfois, nous devons mettre le genou par terre. Mais il nous sert alors d'appui solide pour nous propulser et nous relever, plus forts.
- Il faut croire en son rêve, être capable de l'expliquer, sans laisser les autres décider pour soi. Si j'avais écouté le premier banquier qui me disait que mon projet de déménagement était trop audacieux, je ne serais pas où j'en suis aujourd'hui.
- Dans la croissance, la clé est de s'entourer des meilleures personnes possible, de gens qui ont vécu des expériences

similaires. Je n'hésite jamais à m'adjoindre plus expérimenté que moi.

- Une personne de cœur attire des gens de cœur. J'adore embaucher des retraités d'expérience, quelques jours par semaine. Ils souhaitent contribuer et ont beaucoup à nous apprendre.
- Le leadership se mesure au nombre de personnes qui sont prêtes à se mobiliser pour vous, et non au nombre de personnes à qui vous avez le pouvoir de donner des ordres.

L'ENTREPRENEUR JEAN-CLAUDE POITRAS COMMENTE L'HISTOIRE DE MARIO MICHAUD

Mario Michaud est l'incarnation même de l'entrepreneur et du créatif qui a su, avec panache, exprimer sa vision inspirante en se nourrissant de sa passion dévorante. Son parcours irrésistible raconte une belle et bonne histoire qui n'appartient qu'à lui et qu'il a su concrétiser en mobilisant son entourage, de sa conjointe à ses fournisseurs, à force d'idées innovatrices et de détermination exemplaire. Cet homme de cœur a compris que le temps était venu de penser autrement et de faire les choses différemment. De nos jours, la banalité n'a plus sa raison d'être. Nous devons sans cesse nous renouveler et nous réinventer en acceptant que la vie n'est que changement. La réalité d'aujourd'hui n'a rien à voir avec celle de demain. Guidé par son flair et son exigence, Mario Michaud n'a pas fini de nous étonner et mérite pleinement, désormais, de jouer dans la cour des grands avec maestria.

Chapeau bas !

François Levesque, Richard & Levesque cuisines salles de bain

François Levesque, président
Entrepreneur-athlète, cohorte 6 du Programme Élite

Richard & Levesque fabrique des armoires de cuisine et de salle de bain sur mesure, pour des clients à la recherche de produits de qualité et d'une expérience haut de gamme. Dans un souci constant d'innovation, Richard & Levesque crée un équilibre parfait entre les désirs de sa clientèle et la création d'espaces où il fait bon vivre.

•••

En franchissant la porte menant chez Richard & Levesque, les rires chaleureux des employés nous bercent aussitôt, et une certaine fébrilité nous envahit. Il s'agit de la subtile combinaison entre la perspective de la réalisation de rêves haut de gamme et le sentiment confortable d'arriver à la maison. L'histoire de François nous ramène à l'importance de suivre son instinct, d'écouter sa petite voix intérieure, mais aussi de prendre des décisions courageuses quand le bateau commence à prendre l'eau. Bienvenue à bord !

AVANT D'ENTREPRENDRE

Natif de Sept-Îles d'un père entrepreneur, j'ai toujours su au plus profond de moi-même que je suivrais ses traces. De retour d'une escapade à Toronto pour y compléter mes études, je me suis établi à Québec en 1994 après avoir pris soin de convaincre celle qui deviendrait la mère de mes enfants de me suivre. Le contexte économique était difficile à cette époque, tout comme le marché de l'emploi d'ailleurs.

Fortement conscientisé au fait que les ventes sont le moteur d'une entreprise, j'ai décidé de m'enrichir d'une expérience de vente pure. Quoi de mieux, pour y arriver, que de vendre des voitures ? J'ai donc trouvé du travail chez un concessionnaire. Rapidement, je suis devenu un vendeur très performant. Ayant mon style bien à moi, j'entrais facilement en relation avec les clients, les questionnant, m'intéressant à leur vie et à leurs passions, pour ainsi développer de vrais liens de confiance. J'avais déjà compris, à l'époque, que réussir à conclure une vente passait par une compréhension profonde des besoins du client.

À ce moment, je n'aurais jamais pu m'imaginer qu'une rencontre de vente allait complètement changer le cours de ma vie.

Un soir, un homme s'est présenté chez le concessionnaire, à la recherche d'un nouveau camion. En m'intéressant à son histoire, j'ai découvert que ce dénommé Steeve Richard était ébéniste, et qu'il avait un atelier à Pont-Rouge dans lequel il s'amusait à faire des meubles, des escaliers, des armoires. Cet homme m'inspirait mais, après avoir passé environ une heure à discuter avec lui, j'ai dû me rendre à l'évidence : il repartirait sans voiture. Il ne le savait pas à l'époque, mais c'est lui qui était parvenu à faire une vente !

La carte d'affaires de Steeve en poche, j'ai éprouvé, en l'espace de quelques jours, une étrange illumination. J'ai eu la conviction profonde que nos chemins se recroiseraient, que cet homme deviendrait un jour mon associé d'affaires.

J'ai poursuivi ma route, accumulant d'autres expériences en vente. J'étais jeune et je gagnais très bien ma vie. Mais malgré cette apparence de bonheur et de réussite, pas une semaine ne passait sans que je pense à Steeve. Le moment venu, je l'appellerais, me disais-je. Ça a finalement pris quatre ans.

Je savais depuis mon enfance que je souhaitais être en affaires, comme mon père. Mais j'ai réalisé, au fil des expériences de travail, que je refusais d'être simplement distributeur. Le contrôle du produit est beaucoup trop important pour moi. J'avançais à petits pas, sachant que je voulais être manufacturier, mais ignorant encore en quoi. La réponse, je l'ai trouvée en descendant en moi-même.

Passionné d'émissions de rénovation, j'ai toujours aimé travailler le bois. Tous mes sens sont stimulés par ce matériau. Son odeur, tout particulièrement, me rappelait de doux moments vécus dans l'entreprise de mon père. Ma vision se précisait lentement.

Puis un beau jour, je me suis senti prêt. Je sentais que c'était enfin le bon moment. Fébrile, j'ai logé cet appel que je visualisais depuis plusieurs années déjà. Mon intention était claire : m'associer avec Steeve Richard. La vie fait bien les choses pour ceux qui ont le courage de créer des opportunités : Steeve se souvenait parfaitement de moi, ce vendeur qui, quatre ans plus tôt, n'était pas parvenu à lui vendre un camion. Il était par contre bien loin de se douter que je m'apprêtais à lui faire la vente de ma vie !

Sous prétexte de vouloir me faire construire un meuble de bureau, je me suis rendu à son atelier, curieux de voir ses installations. L'atelier était en fait une vieille étable. Sous des plafonds d'à peine 8 pieds de hauteur, les employés manœuvraient de grands panneaux de 4x8, non sans acrobaties ! Ce n'était pas tout à fait ce que j'avais imaginé.

Malgré cela, l'entreprise venait de passer de deux employés à huit, une croissance modérée qui avait tout de même entraîné une légère perte de contrôle. Steeve a d'ailleurs admis, en toute humilité, que créer dans son atelier, c'était ce qui le passionnait réellement. Pour lui, la vente et l'administration étaient un mal nécessaire.

Je suis donc reparti sans bureau, mais avec une vision qui se clarifiait de plus en plus. Une semaine de réflexion plus tard, j'ai demandé à Steeve une deuxième rencontre, qui m'a permis de lui exposer mon plan. Je lui ai proposé d'aller travailler pour lui, diminuant ainsi considérablement mon salaire, pour une durée d'un an. Après cette période d'essai, nous ferions le point ensemble. Ça passerait ou ça casserait. Si ça cassait, je repartirais tout simplement. Si ça passait, nous deviendrions Ébénisterie Richard & Levesque, à 50-50, et j'exercerais le rôle de président. Le titre était important, notamment pour me donner une certaine crédibilité auprès des banquiers et autres parties. Cette fois, j'ai réussi ma vente !

UNE ARMOIRE À DEUX PANNEAUX : LA COPROPRIÉTÉ

Après un an d'essai, moi aux ventes et à l'administration et Steeve à la production et aux opérations, notre contrat de mariage a été officialisé en 1999. Notre complémentarité ne faisait plus aucun doute.

Cette première année a toutefois été marquée par des décisions importantes. De huit employés, nous sommes passés à trois, incluant Steeve et moi. Puisque la compagnie perdait de l'argent, il nous fallait agir rapidement. Plutôt que de produire l'ensemble des composantes et ainsi perdre un temps précieux à faible valeur ajoutée, nous avons commencé à nous approvisionner auprès d'autres entreprises, ce qui nous a permis de mieux contrôler nos coûts. Toujours dans l'étable, sans toilettes à bord, l'entreprise est redevenue rentable dès la première année.

En 2003, environ quatre ans plus tard, ce qui semblait à l'époque une grande menace s'est avéré une opportunité : l'entreprise, qui ne respectait pas certaines lois relatives au zonage agricole, devait déménager. Nous avons alors acheté le terrain et le bâtiment neuf, qui abrite toujours le siège social actuel, à Saint-Augustin, en bordure de l'autoroute 40. Nos économies y ont passé au complet !

Rapidement, nous avons modifié la raison sociale de l'entreprise pour devenir Richard & Levesque Cuisines Salles de bain, dans un créneau haut de gamme. Il nous est clairement apparu que la compagnie devait se spécialiser davantage pour devenir la référence en tant que fabricant d'armoires au Québec. En 2009, un premier agrandissement de l'usine s'est avéré nécessaire. L'entreprise maintenait un 15 à 20 % de croissance annuellement, pour nous mener à accomplir, en 2014, notre meilleure année jusqu'alors.

Malgré ces succès, j'ai cependant commencé à me sentir profondément blasé. Je gagnais bien ma vie, j'étais à l'aise financièrement, mais je perdais petit à petit ma motivation. Mes pantoufles étaient devenues confortables. J'ai voulu retrouver le désir ardent de bâtir, cette fougue qui m'habitait à mes débuts comme entrepreneur. C'est dans ce contexte je me suis inscrit à l'EEB, caressant l'envie profonde de me retrouver.

GÉRER DE LA DÉCROISSANCE… ET MA VULNÉRABILITÉ

L'année 2015 s'est caractérisée par une diminution de 10 % de notre chiffre d'affaires. Un coup dur à prendre. Je dirigeais une entreprise en croissance et en bonne santé financière depuis mes débuts ; c'était la première fois que nous faisions face à une perte financière. Comble de malheur, 2016 allait nous amener une autre baisse de 10 % des ventes.

Ce moment fut particulièrement douloureux pour moi. Nous avions terminé l'année avec une autre perte financière, et ce, malgré tous les efforts investis, ce que je considérais comme un échec. Fraîchement diplômé du Programme Élite de l'EEB, entouré d'entrepreneurs qui vivaient pour la plupart une bonne année, j'étais accablé. C'est un grand sentiment de vulnérabilité qui m'a envahi à ce moment. J'avais l'impression de ne plus être en contrôle de notre entreprise et de notre destinée. Ma plus grande préoccupation au quotidien était que les ventes soient au rendez-vous, pour être en mesure de garder tous nos employés. Mettre du monde au chômage, aucun entrepreneur n'a de plaisir à faire ça. On sait très bien qu'on met l'employé dans une situation financière difficile et qu'on risque de le perdre au profit d'un autre employeur.

Même si je savais que l'entreprise pouvait supporter ces deux années difficiles et que sa pérennité n'était pas menacée pour le moment, manger de l'argent est angoissant. C'est épuisant de se réveiller chaque matin avec, comme première pensée, des questionnements sur la façon de remonter l'entreprise et des appréhensions quant à l'importance de la perte financière qu'elle devra assumer. Les doutes ont fini par prendre de plus en plus de place dans mon esprit, embrouillant ma conscience et diminuant ma confiance en moi. Étais-je la bonne personne pour redresser l'entreprise ? Avais-je ce qu'il fallait pour le faire ? Encore pire, avais-je envie d'être cette personne ?

Tandis que j'étais préoccupé par ces questionnements existentiels, mon attitude s'est mise à changer. J'étais moins souriant qu'à l'habitude, et ma capacité à être dans le moment présent diminuait. Je m'éloignais du chef d'entreprise et du conjoint et père que je souhaitais être. Les membres de ma famille s'en rendaient compte et tentaient de me faire parler de mes problèmes, mais la dernière chose que je souhaitais, c'était les inquiéter avec tout ça.

Pour me sortir de ce statu quo énergivore, j'ai tenté d'imaginer le pire scénario et les conséquences qu'il engendrerait : perdre tout ce que j'avais bâti ! Ce scénario était très peu probable, mais le simple fait de concevoir pareille éventualité m'a permis de mieux cohabiter avec cette perspective angoissante. À partir du moment où j'ai accepté de vivre avec le pire scénario, j'ai pu cheminer. J'ai progressé énormément pendant cette dernière année difficile, et j'ai continué d'avancer par la suite.

LE RETOUR DE LA VOLONTÉ DE CROÎTRE

Rapidement, nous nous sommes retroussé les manches. Nous avons pris le pari risqué d'investir pendant cette période de ralentissement économique. Nous avons ainsi ouvert un bureau à Montréal en avril 2016, en plus de déployer des efforts importants pour aller chercher un gros client à Toronto.

Ces deux actions ont mené à des avancées qui nous rapportent aujourd'hui près de 30 % de notre chiffre d'affaires. En l'espace de quelques mois, nous avons réussi, dès la fin de 2016, à revenir en mode croissance, faisant de 2017 notre meilleure année à vie à tous les niveaux. Nous avons atteint une croissance exceptionnelle de 35 % sur l'année 2016 ! J'ai enfin accepté de sortir de ma zone de confort, et avec l'aide précieuse de mon associé et de notre équipe chevronnée, nous avons pris des décisions qui se sont avérées extrêmement profitables pour l'entreprise.

Depuis ce virage, le désir de croître est revenu ! Cette flamme s'est ravivée au moment même où nous avons pris la décision d'investir. Une entreprise, il faut que ça fasse du bruit. Les clients veulent de la nouveauté; ils choisissent bien souvent la compagnie qui pèse sur le gaz pendant que les autres soulèvent le pied.

DE GESTIONNAIRE À VISIONNAIRE

Tout au long de l'histoire de l'entreprise, j'ai dû revoir mon rôle dans la compagnie. Je savais que pour faire rayonner l'organisation, je devais consacrer davantage de temps à travailler *sur* l'entreprise que *dans* celle-ci. Quand ai-je décidé d'orchestrer ce virage ? Tout simplement quand je n'ai plus eu le choix !

Ma conjointe et moi avions au départ fondé notre famille à Québec. En 2010, après seize ans passés à Québec, elle désirait se rapprocher de sa famille à Toronto. Je ne voulais pas me séparer de mon entreprise; nous avons décidé que je ferais la navette et qu'elle me soutiendrait dans ce nouveau mode de vie.

De septembre 2010 à avril 2012, je suis allé à Québec du lundi matin au jeudi soir toutes les semaines, pour ensuite filer en avion vers Toronto pour y passer mes week-ends. Depuis avril 2012, je limite mes présences au Québec du lundi au vendredi, une semaine sur deux. J'ai dû apprendre à me sortir de la poutine opérationnelle. En effet, à cette époque, plusieurs tâches dépendaient directement de moi et, n'étant pas présent quotidiennement, j'observais un certain ralentissement de l'entreprise, par ma faute. Un entrepreneur ne peut pas reporter deux semaines plus tard un rendez-vous avec un client, il risque de perdre la vente. Il ne peut pas non plus retarder une rencontre avec un employé qui en a besoin. Bref, j'ai dû apprendre à déléguer, principalement les nombreuses tâches quotidiennes qui doivent souvent s'accomplir dans l'urgence.

Pour ce faire, j'ai notamment embauché un consultant externe pour revoir complètement l'organigramme. Cet exercice m'a permis de faire la liste des différents intervenants nécessaires au bon fonctionnement de l'entreprise, mais aussi de répertorier les tâches de chacun d'eux. Le résultat de cette analyse s'est avéré fort éloquent : je portais à moi seul au-delà de 20 des quelque 70 chapeaux essentiels à la bonne conduite des activités de la compagnie. Il m'a fallu environ deux ans pour me décharger graduellement, passant de vingt à cinq chapeaux. En toute humilité, ce qui m'a vraiment aidé, c'est que, comme je l'ai déjà mentionné, je n'ai pas eu le choix de le faire. La clé est de déléguer. Comment suis-je parvenu à le faire efficacement ? Simplement en me posant les questions suivantes :

— Est-ce que j'ajoute une valeur particulière en accomplissant cette tâche moi-même ?

— Est-ce que j'ai quelqu'un à l'interne qui est capable et peut faire cette tâche aussi bien, parfois même mieux, que moi ?

— Ai-je les moyens d'embaucher quelqu'un qui pourrait exécuter cette tâche, en plus d'autres que j'ai à déléguer ?

— Puisque, avec cette dernière option, j'aurai plus de temps pour travailler sur le rayonnement de l'entreprise, suis-je capable de rentabiliser cette nouvelle ressource-clé ?

Et puis j'ai grossi l'équipe, ce qui m'a permis de croître. Il va sans dire qu'embaucher rime avec former de bons cadres en place qui, eux, pourront former les nouvelles recrues sous leur autorité hiérarchique. Mon associé, Steeve, a pour sa part délégué son rôle de directeur de production pour assurer la direction générale. Un directeur général doit être présent physiquement dans l'entreprise, collé sur les opérations ; j'en ai aujourd'hui la certitude. Je n'étais donc plus la bonne personne pour occuper cette fonction. Malgré cela, j'ai conservé le poste de contrôleur financier, ce qui me permet de garder un œil sur les finances de l'entreprise et de m'assurer que tout va bien dans les différents secteurs de la compagnie.

Cette croissance organique rapide m'a obligé à me doter d'une structure solide et à créer des lieux d'échanges avec mes directeurs et avec mes employés, à la fois pour leur donner le soutien nécessaire et pour rester connecté au quotidien de l'entreprise, sans y être impliqué tous les jours. C'est ainsi que mon comité de direction se réunit bimensuellement, comité dont j'ai conservé le leadership – je m'occupe toujours de préparer chaque rencontre. Par ailleurs, je tiens une rencontre générale tous les mois. Celle-ci sert entre autres à partager les résultats de l'entreprise en termes de pourcentage d'atteinte du chiffre d'affaires, de suivi des tableaux de bord de chaque département, de discussions sur la situation au bureau de Montréal, à Toronto, etc. C'est aussi lors de cette rencontre mensuelle que nous soulignons les anniversaires d'embauche des employés, leur remettons des cadeaux après cinq ans, dix ans de services, etc.

Je suis donc maintenant président, mais je reste très connecté aux ventes, à l'administration et à l'embauche. Cette décision s'est avérée porteuse. Je peux maintenant peaufiner la vision de l'entreprise. En voyageant, je vois autre chose, je m'inspire et je peux injecter de nouvelles idées dans l'entreprise. J'ai plus de temps pour moi, pour réfléchir, sans être dans le brouhaha du quotidien, dans lequel tout ce qu'on souhaite, c'est survivre.

Grâce à ce changement de poste, j'ai vraiment réalisé ce qu'est un rôle de président. Je reconnais aujourd'hui l'importance de m'accorder des pauses, de me libérer du temps pour travailler sur l'entreprise plutôt que de travailler dedans. Sans temps, je ne fais que brasser la même soupe, avec les mêmes ingrédients. Avec du temps, j'améliore la recette.

À mes yeux, un bon président doit être visionnaire, et il doit être en mesure d'amener une vision différente de ce qui se fait sur le marché. Il doit insuffler la petite saveur unique à son entreprise pour se différencier. Il doit faire rayonner la compagnie, fréquenter des lieux où il peut faire du réseautage et créer des contacts avec des clients potentiels. Mais il est aussi de son devoir de se retirer au bon moment et de diriger les clients vers les bonnes personnes dans son équipe. Ce n'est pas toujours au président propriétaire de jouer le rôle du méchant avec les employés ou d'annoncer de mauvaises nouvelles. En tant que président, je ne veux pas être celui qui décline toutes les demandes, pour ne pas dire non trop souvent. Bref, le président, c'est le ciment. Il garde l'équipe en place, est près de ses gens. Il fait le tour de ses employés, crée une belle proximité avec eux. Il est surtout capable de discerner quand quelque chose ne va pas et de creuser pour en savoir davantage.

GARDER SON MONDE

Ces bonnes pratiques résultent aujourd'hui en une loyauté exceptionnelle de nos employés. En 2012, nous avons d'ailleurs pris la décision d'investir sur eux. Nous avons augmenté les salaires, pour offrir davantage que la moyenne du marché pour des tâches égales. Quand un employé est conscient qu'il gagne bien sa vie en fonction du poste qu'il occupe, ça règle déjà une bonne partie du roulement. En même temps, j'aime embaucher avec un salaire plus faible afin de m'assurer que les nouvelles recrues intègrent l'entreprise pour les bonnes raisons. Je leur demande de nous en faire d'abord la démonstration, en m'engageant à augmenter leur salaire ensuite à leur juste valeur.

Les réunions générales mensuelles les gardent motivés également. La communication est extrêmement ouverte chez nous ; c'est la transparence qui règne avec les employés. Le seul aspect qui n'est pas divulgué concerne la profitabilité, mais honnêtement, ils sont capables d'en avoir une bonne idée. Des augmentations de salaire sont octroyées chaque année, dès que l'entreprise fait des profits. L'exception fut l'année 2015, dont la performance plus décevante s'est soldée par un gel des salaires en 2016. Cette décision a été très bien reçue par nos employés. Ils ont compris la situation ; ils avaient eu l'occasion de voir venir les choses au fil des rencontres mensuelles.

Par ailleurs, nous utilisons énormément le *feedback* avec nos employés, le fameux « *keep, stop, start* », qui consiste à présenter à l'employé, dans cet ordre précis, un comportement à conserver, un autre à arrêter et une option pour faire les choses autrement. Les gens se sentent ainsi valorisés. La reconnaissance fait aussi partie des pratiques quotidiennes de l'entreprise. Remercier un employé, lui dire personnellement qu'il a été bon sur tel aspect ou que le client a dit une parole positive sur lui. La reconnaissance, c'est tous les jours, par du *feedback* constructif, par l'abonnement corporatif à un centre de conditionnement physique, par la transparence des résultats de l'entreprise, etc.

La reconnaissance de l'entreprise est tout aussi importante. Richard & Levesque cuisines salles de bain a jusqu'à maintenant gagné une trentaine de prix et de mentions honorifiques, ce qui contribue aussi à la fierté de l'équipe. Je suis d'ailleurs constamment émerveillé par le sentiment d'appartenance de nos employés. Ils se sentent concernés, ils sont ultra-engagés : notre entreprise est aussi la leur. C'est remarquable ! Quand des employés sentent qu'ils contribuent significativement au succès de l'entreprise, l'ambiance au travail devient très agréable. Le succès et la reconnaissance, ça se vit dans le plaisir. De la bisbille et des cliques, il n'y en a pas ici. Personne ne le tolérerait, ni les patrons, ni les employés !

Conseils à d'autres entrepreneurs

- **Le paradoxe du 80 h/semaine :** Oubliez le faux concept selon lequel un homme d'affaires exceptionnel en est un qui travaille 80 heures par semaine. La tête est au corps ce que le président est à l'entreprise ! Si la tête est fatiguée ou malade, c'est tout le corps qui s'en ressent, et c'est aussi vrai pour une compagnie ! Il y a une façon de bâtir de belles entreprises, avec de bonnes valeurs, qui redonnent à la communauté, qui prennent soin de leurs employés, qui offrent un « wow » à leurs clients, tout en ayant un certain équilibre. S'accorder des pauses, faire le ménage dans sa tête et dans ses idées, ça permet de prendre de meilleures décisions.
- **Le rôle de président dans les tendances lourdes :** Nous, entrepreneurs, avons un grand défi qui nous attend, directement lié à la mutation dans le marché. Tout ce qui est magasinage, publicité, etc., se transfère vers le Web. Comment ne pas être pénalisé par ces nouvelles pratiques mais, au contraire, en profiter, surfer sur cette vague ? Le

commerce au détail est difficile. Les clients sont aujourd'hui hyper informés ; un client insatisfait peut communiquer son insatisfaction à tellement de gens par les réseaux sociaux, etc. C'est aussi ça, le rôle de président : se mettre à jour sur les technologies, comprendre, observer et en tirer profit.

- **L'importance de la relation client :** Pour moi, la relation client doit être de type gagnant-gagnant. Le risque d'accepter un contrat qui n'est pas vraiment dans nos forces est énorme. J'en ai laissé, de l'argent sur la table, car le risque pour notre réputation était trop grand. J'ai souvent eu des offres pour meubler de grands projets de condominiums. Je les ai systématiquement laissées passer, pour me concentrer sur la réelle force, le noyau (*core*) de l'entreprise. Quel serait l'avantage de remplir mon usine si je ne suis plus en mesure de servir mes clients actuels ? J'aurais pu être plus riche de plusieurs milliers de dollars, mais la réputation de l'entreprise, ça n'a pas de prix. En cas de doute raisonnable sur la responsabilité de l'entreprise dans une problématique avec un client, je choisis systématiquement de satisfaire le client.
- **Naviguer dans une croissance contrôlée :** Offrir un service impeccable est tellement important pour moi que je préfère gérer une croissance d'environ 20 % par année. De cette façon, je peux m'assurer que « la machine » est capable de supporter une telle croissance sans effets néfastes sur la satisfaction client et sur le bonheur des employés.

NANCY SIMONEAU, DE GROUPE SIMONEAU, COMMENTE L'HISTOIRE DE FRANÇOIS LEVESQUE

Wow ! Une belle histoire et une belle personne. Honnêtement, François, tu m'impressionnes, tu es un visionnaire – je ne sais pas quel âge tu as, mais ton âme est vieille. J'aime ta capacité à avoir une vision qui sort d'un mélange cœur-tête incroyable. Tu as enrobé ton cœur de connaissances techniques en te dotant d'un diplôme universitaire et en apprenant une seconde langue. Ça va t'aider à amener ta *business* loin avant d'être dépassé, ou d'avoir atteint un seuil critique de revenu te permettant de t'adjoindre les meilleurs et de poursuivre ton aventure. Tu l'as d'ailleurs déjà expérimenté il y a deux ou trois ans.

Tu me sembles avoir besoin de croître personnellement au même rythme que ton entreprise – c'est probablement la raison pour laquelle ton organisation est sans cesse en mode croissance. Pendant ta période de recul, tu as été capable de découvrir en toi les raisons qui t'avaient amené à ce recul. Tu sais (je sais que tu sais) que la *business* va à ton rythme ; les cycles économiques, ce n'est souvent qu'une excuse. Quand le recul arrive dans un cycle favorable et que tous tes chums écrivent leurs profits à l'encre noire, c'est difficile, et là, on doit se l'admettre, il nous faut un nouvel élan. Peut-être avons-nous oublié de déléguer ou de nous adjoindre des collaborateurs d'exception, pour pouvoir continuer à vivre la croissance à nouveau en toute liberté. Tu as réagi vite et avec justesse, c'est là qu'on différencie les hommes des enfants (comme disait mon père). Mais tu avais aussi réussi où bien des joutes se perdent en entrepreneuriat : tu avais atteint un seuil critique de revenu pour être attrayant aux gens de talent. Tu as rentabilisé ton éducation et le temps investi à devenir meilleur et plus connaissant, et ce, au grand réconfort de ton associé, de tes employés, de tes partenaires d'affaires et surtout de tes clients. Bien entendu, ils n'ont pas nécessairement ressenti ce vide qui t'habitait, mais tu as fait la différence pour eux.

Pendant la lecture de ton texte, j'ai souri un long moment, surtout par la profondeur de tes réflexions et de ta vision. Tu me sembles être une personne charismatique avec qui il fait bon être. Tu me touches quand tu prends soin de tes employés – c'est la clé dans le monde actuel, mais c'est surtout la clé pour les gens de cœur et authentiques comme toi, car ça te donne du gaz pour continuer. Le profit, c'est simplement la récompense d'avoir bien travaillé. Tu prends aussi soin de tes clients et de ta réputation. Tu es dans cette aventure pour bâtir quelque chose de solide, tu es un gars d'endurance, n'est-ce pas ?

Ta famille semble être ta *refuelling station*. Ne l'oublie pas. Tu peux nourrir ta *business* jusqu'à un certain point, mais encore faut-il que tu sois nourri à ton tour pour que le cycle complet s'exécute et recommence.

Bravo… Je t'invite à continuer de partager tes expériences avec les jeunes entrepreneurs – tu es inspirant, authentique, drôle et tu parles avec ton cœur de toi. « Veux-tu être mon ami ? » serait la question qui me viendrait le plus à l'idée en terminant ce texte !

Bon succès ! Sois heureux et fier de contribuer à notre société !

Julia Gagnon, Attraction

Julia Gagnon, coactionnaire, vice-présidente des opérations et auteure
Entrepreneure-athlète, cohorte 2 du Programme Élite

Attraction est une compagnie canadienne spécialisée dans la fabrication et l'identification de vêtements. Depuis 1980, elle est un fournisseur de choix pour les clients des marchés promotionnel, récréotouristique et des collèges.

•••

Une expression monte instinctivement en moi quand je pense à Julia : force tranquille. Derrière son visage angélique et sa douceur, celui qui regarde attentivement voit apparaître une femme de tête et de cœur, une entrepreneure agile, résiliente et intelligente, une femme créative aux talents multiples. Qui a dit qu'un entrepreneur devait forcément parler fort et prendre toute la place ? Ce que Julia incarne, c'est une version raffinée et polie de ce qu'est le leadership en 2018.

ARTISTE DANS L'ÂME, ENTREPRENEURE DANS LE SANG

Attraction est une entreprise de fabrication et de décoration de vêtements, où l'on crée des vêtements personnalisés. Elle a été fondée en 1980 par le frère aîné de mon père, dans la petite municipalité de Lac-Drolet, en Estrie. Au gré de l'évolution de l'entreprise, mon oncle a, petit à petit, intégré ses frères à l'actionnariat. Mon père a été le dernier à se joindre à l'équipe, dans un moment où sa force en vente et sa maîtrise de l'anglais pouvaient servir la croissance de l'entreprise.

Des treize enfants constituant leur descendance, je suis assurément celle qui a passé le plus de temps dans la compagnie. Mon père, alors directeur ventes et produits, m'amenait régulièrement au bureau les fins de semaine pour essayer un nouveau style, commenter les couleurs de l'année ou encore donner mon avis sur les logos pour la prochaine collection. J'évoluais dans cet environnement démesurément créatif, avec la conviction profonde que j'y ferais carrière.

Puis est arrivée l'adolescence. J'ai alors eu la chance d'essayer de nombreux métiers dans l'entreprise : la sérigraphie, l'expédition, le pliage, la broderie... À mes yeux d'adolescente, tout cela était pure malchance ! J'entrais pour remplacer les employés qui s'absentaient, pour combler les quarts de travail de soir dont personne ne voulait, ou pour achever les tâches qui ennuyaient les autres. Ne comprenant pas à l'époque à quel point j'apprenais, j'en ai conclu que l'entreprise familiale ne me permettrait pas de me réaliser dans la vie.

Jeune adulte, le côté créatif en moi a eu besoin de s'extérioriser. Je souhaitais étudier à l'École des Beaux-Arts, une idée que mon père a vite fait de décourager. Il me recommandait de faire des études « plus sérieuses » afin de ne pas manger du beurre d'arachide pour le reste de mon existence. J'ai plutôt opté pour des études en communication et marketing, ce qui me permettrait d'exercer « une vraie *job* ». La première fut au sein d'une firme de développement organisationnel, en tant qu'adjointe au consultant principal. N'y trouvant rien de bien passionnant, je me suis ensuite tournée vers le monde de la vente, à titre de représentante médicale. J'ai somme toute apprécié les sept années que j'y ai passées. Je gagnais bien ma vie, j'avais des conditions salariales enviables, je relevais de beaux défis et j'étais entourée de gens intelligents. Mais dans mon for intérieur, je sentais qu'il me manquait quelque chose. Bien qu'on m'accordait une certaine latitude à faire les choses à ma façon pour les territoires qui étaient sous ma responsabilité, ce n'était pas moi qui décidais réellement au bout du compte. Je me percevais tel un robot exécutant, ce qui me laissait profondément insatisfaite.

Mon compagnon Sébastien et moi étions malgré tout dans un statu quo confortable. Nous exercions le même métier, étions bien installés à Québec, et nos deux garçons y vivaient heureux. Nous évoluions dans cette aisance rassurante quand, vers la fin de l'année 2008, Sébastien s'est vu offrir la direction des ventes pour Bestar inc., un fabricant de mobilier de bureau situé à Lac-Mégantic. Il a refusé sans m'en parler. Quelques jours plus tard, sous les flocons féeriques du mois de décembre, il m'a calmement révélé avoir décliné cette opportunité. Elle représentait, à mes yeux, la possibilité de revenir vivre dans notre région, un projet que nous souhaitions tous deux réaliser un jour. Ne sachant trop si c'était le bon moment, je lui ai proposé de parler avec mon oncle, question de savoir si un poste pourrait me plaire chez Attraction. Si c'était le cas, il s'agirait tout simplement du signe que nous attendions...

J'ai donc pris rendez-vous avec mon oncle, qui était également directeur général d'Attraction, le lundi matin à 7 h, pour ne pas que les employés aient vent de ma présence. Le *timing* s'est avéré parfait : l'entreprise voulait conquérir un nouveau marché et avait besoin de quelqu'un pour s'en occuper. Avec mon expérience en vente et ma connaissance de l'entreprise, mon oncle jugeait que j'étais une bonne candidate. Date d'entrée en fonction : 9 janvier ! Mon conjoint a alors rappelé Bestar : l'offre tenait toujours. J'ai donc accepté une baisse de salaire et une réduction de certaines de mes conditions pour me joindre à Attraction, après avoir pris soin de préciser à mon oncle que je le faisais dans le but de racheter l'entreprise un jour.

Mon père ne comprenait pas ma décision. Il l'acceptait, mais sans comprendre. Pour lui, ce n'était pas une option que sa fille rejoigne ce monde de conflits familiaux et de divergences de visions.

Il ne voulait pas que j'aie à vivre ce qui était si difficile pour lui. Il agissait en bon père de famille et tentait de me protéger. À cette époque, il venait tout juste de recevoir un diagnostic médical pessimiste et négociait avec ses frères pour qu'ils rachètent ses parts. L'entreprise étant alors en décroissance, je m'inquiétais quant à la capacité de l'organisation à racheter les parts de mon père. Cette préoccupation a stimulé mon travail au quotidien. Je me suis sentie investie de la mission secrète de réussir à développer ce nouveau marché pour que l'entreprise retrouve une certaine santé financière et, par le fait même, pour que mon père touche l'argent de sa retraite, tant méritée. Au bout du compte, j'ai travaillé avec mon père moins de trois mois au sein de l'entreprise avant son départ pour la retraite. J'en garde de très bons souvenirs.

LE RETOUR, LE DOUTE ET L'ÉTINCELLE !

En date du 23 décembre 2008, notre propriété à Québec était vendue. Parallèlement, nous avions acheté une nouvelle maison à Lac-Drolet, déménagé et trouvé une gardienne pour les garçons (âgés à l'époque de 1 an et demi et 3 ans), et nous étions prêts à relever de nouveaux défis dans nos emplois respectifs ! Le 9 janvier 2009, j'assistais à une exposition nationale à Toronto pour le compte d'Attraction. Croyez-moi sur parole, tout était à faire ! Quelques semaines plus tard, je partais avec échantillons et brochures visiter les distributeurs potentiels du Québec, puis du Canada. J'en rencontrais plusieurs par jour et je développais le soir les soumissions qui s'ensuivaient. Ça a duré plusieurs mois, voire quelques années. Je me revois me stationner sur le bord de l'autoroute après un aller-retour à Montréal et pleurer toutes les larmes de mon corps, totalement exténuée, pour ensuite reprendre sur moi et arriver enfin à la maison pour m'occuper de mes bébés. C'était de la folie. Je ne crois pas que j'aurais aujourd'hui en moi l'énergie nécessaire pour accomplir de nouveau un tel exploit.

En même temps, je bâtissais par moi-même quelque chose et ça portait ses fruits. Année après année, je parvenais à doubler les ventes. Annuellement, je m'assoyais avec mon oncle pour discuter de ma capacité à reprendre l'entreprise. L'histoire se répétait et la fin était systématiquement la même: il jugeait que j'étais la bonne personne pour le faire, mais que ce n'était pas encore le moment idéal.

Durant cette période, mon conjoint, de son côté, avait le même rythme de travail effréné. D'un point de vue familial, nous n'y serions jamais arrivés sans aide. L'une des clés du succès, pour nous, réside en l'aide soutenue de mes parents pour s'occuper de nos enfants. Le fait que ces deux générations soient proches l'une de l'autre m'a permis de trouver un certain équilibre, d'être en paix malgré mes nombreux déplacements et mes absences répétées. Et quand j'étais à la maison, je scindais mes journées de travail en deux, recommençant à travailler après avoir mis les enfants au lit.

Après trois ans, le choc des visions de mes oncles quant au futur de l'entreprise familiale a commencé à me frapper, comme ce fut le cas dans le passé pour mon père. J'ai alors commencé à trouver difficile de naviguer dans un bateau dans lequel les commandants ne s'entendent pas parfaitement sur la destination à atteindre. Je me suis remise à douter de mon avenir au sein d'Attraction, me questionnant profondément à savoir si c'était vraiment ce que je voulais dans la vie. J'avais envie d'avancer et je me sentais freinée. Je voulais être maître à bord, mais j'avais le sentiment de piétiner.

Étais-je vraiment une femme d'affaires ou étais-je animée par quelque chose qui n'était pas fait pour moi ? Plongée dans cette période de doute, j'ai reçu un appel d'un ami, me disant qu'il venait de vivre un premier séjour à l'École d'entrepreneurship de Beauce et qu'il avait pensé que cela pourrait me faire du bien. J'ai soumis le projet à mes oncles, leur disant que j'avais besoin d'outils pour m'aider à reprendre l'entreprise. J'ai réussi ma vente, et je me suis jointe à la cohorte 2 du Programme Élite.

Au début, ça m'a fait énormément de bien. J'apprenais beaucoup et je développais ma confiance en moi. Je pouvais échanger sur mes préoccupations et mes défis sans crainte d'être jugée. À la mi-parcours, c'est devenu un problème, car ça me donnait beaucoup trop d'énergie pour le contexte professionnel dans lequel je me trouvais. N'ayant pas le plein contrôle de l'entreprise et bénéficiant d'une latitude limitée à l'interne, il m'était difficile d'appliquer ce que j'apprenais et ça devenait extrêmement frustrant. Je voyais tous les membres de ma cohorte avancer à la vitesse grand V, appliquer concrètement les notions acquises, évoluer. Pour ma part, après mes séjours à l'EEB, je me heurtais à beaucoup de réticences. Je souhaitais entreprendre par moi-même. Je voulais faire bénéficier l'entreprise de toutes ces compétences que je développais.

Au même moment, mon fils Ben commençait la première année du primaire, et il éprouvait des difficultés à l'école. Un soir de septembre, il m'a avoué être le moins bon de sa classe et souhaiter que l'école finisse au plus vite. Mon cœur de mère avait mal. Je savais pertinemment que si je ne faisais rien, il risquait d'échouer à sa première année et d'en être marqué toute sa vie durant. C'est là que j'ai réalisé que tout ce que j'apprenais à l'EEB pouvait aider mon fils à surmonter ses difficultés, et bien d'autres enfants également. J'allais vulgariser le coffre à outils EEB pour eux ! De là est née la collection de livres pour enfants *Ben entreprend*.

Comme bien des femmes, je me questionnais sur ma capacité à être une bonne entrepreneure. Quand *Ben entreprend* s'est mis à fonctionner, mes doutes se sont éclipsés. J'ai su, à ce moment précis, que j'en étais une. Que j'étais capable d'avoir une idée, de la développer et d'en faire un succès par moi-même, en partant de rien. Que je pouvais tout aussi bien démarrer une entreprise de toutes pièces qu'en racheter une. L'aventure EEB m'a aussi fait réaliser que les entrepreneurs prospères du Québec sont des gens comme nous, avec leurs faiblesses et leurs doutes. Eux non plus ne connaissent pas tout. Eux non plus ne sont pas les meilleurs dans tout ; ils savent par contre s'entourer de ceux qui le sont. Ce sont des personnes « normales », avec une vision inspirante, qui veulent mettre les efforts nécessaires pour que ça fonctionne. Cette réalisation eut sur moi l'effet d'un baume au cœur. Elle m'a donné la patience, la confiance et le courage d'affronter cette fameuse transaction qui allait bientôt faire d'Attraction mon entreprise.

Pendant cette période, j'avais beaucoup d'employés à ma charge, assumant au quotidien de nombreuses responsabilités et prenant plusieurs décisions, sans toutefois avoir le titre de directrice générale ni la latitude qui en découle normalement. Un consultant externe embauché par mon oncle avait d'ailleurs bien lu la situation et a vite fait de lui signaler cette réalité. La réaction de mon oncle fut de me retirer de nombreuses responsabilités, me laissant principalement celles liées à la vente. Habituée d'en faire beaucoup plus, je me suis mise à m'ennuyer. En même temps, ces journées peu exigeantes me laissaient de l'énergie, en soirée, pour me consacrer à ma collection de livres.

Dans la foulée, mon oncle a pris la décision de renoncer à la direction générale de l'entreprise. À mon grand désarroi, il jugeait que j'étais trop jeune pour assumer ce rôle. C'est ainsi qu'il a décidé d'embaucher un directeur général consultant. Après quelques rencontres, une belle synergie s'est établie entre ce nouveau venu et moi, et nous avons décidé de faire équipe ensemble. Dès son entrée en poste, il a demandé à mes deux oncles toujours actifs dans la compagnie de quitter, le tout pour avoir pleine légitimité avec les employés, les clients et les fournisseurs. Ils conservaient ainsi leur statut d'administrateurs, mais n'étaient plus présents physiquement au bureau. Le directeur général assurait avec eux une reddition de comptes, au départ sur une base hebdomadaire, ensuite sur une base mensuelle. Nous avons travaillé en étroite collaboration pendant trois ans, réalisant ensemble des projets ambitieux pour faire croître l'entreprise. La complicité, la confiance et la complémentarité étant au rendez-vous, nous avons même tenté de racheter la compagnie ensemble. Notre offre n'était toutefois pas à la hauteur de ce que mes oncles attendaient.

D'EMPLOYÉE À PROPRIÉTAIRE ENFLAMMÉE

Cette négociation a tout de même permis au directeur général en poste de réaliser qu'après une carrière bien remplie, il souhaitait davantage ralentir que s'investir. C'est à ce moment que nous avons approché mon conjoint Sébastien... La taille de l'entreprise justifiait que nous grossissions l'équipe de direction. Et Sébastien avait toujours rêvé de posséder une entreprise manufacturière. Nous l'avons donc invité à se joindre à notre équipe et nous avons travaillé, ensemble, à bâtir notre plan d'acquisition. Nous avons également embauché un ancien collègue de travail de Sébastien, qui cumulait de nombreuses années d'expérience à titre de vice-président finances. Bien que tous deux aient eu l'opportunité de se joindre à l'équipe de propriétaires, ils ont préféré nous aider à faire le *deal* plutôt que d'en faire partie. Ils ont agi à titre de mentors pour nous. Enfin, comme il l'avait exigé de mes oncles à l'époque, le directeur général en place a quitté l'entreprise, quelques mois avant la transaction, pour nous laisser toute la latitude à Sébastien et moi.

Les négociations ont duré intensivement plus d'un an et demi. Un processus long, ardu, énergivore et émotif. Nous avons cru à plusieurs moments y être enfin arrivés, mais à chaque reprise, les contre-propositions nous ramenaient à la réalité. À grands coups de patience et d'efforts, nous sommes enfin parvenus à clore la transaction le 15 mars 2017. Alors que la signature devait se faire à 14 h, nous avons pu la faire officiellement à 16 h 15. Bref, ce fut un processus compliqué jusqu'à la toute fin !

À mes yeux, il s'agit bien davantage d'un rachat d'entreprise que d'une relève d'entreprise familiale. Puisque mon père s'était retiré de la compagnie quelques mois à peine après mon arrivée, je n'ai jamais été l'élue, « la fille de ». Nous n'avons bénéficié d'aucun rabais et de peu de conditions facilitantes. Mes oncles demeurent des investisseurs et reçoivent les bilans financiers à chaque fin de mois. Ce sera ainsi pour quelques années, le temps que les soldes de vente leur soient versés en totalité.

Je dois avouer avoir mis plusieurs semaines à faire mousser le champagne pour cette transaction si âprement négociée. Il m'est d'ailleurs encore difficile de nommer mon sentiment. J'ai l'impression que je ne le réalise pas encore. Ce fut certes un changement de propriétaires du jour au lendemain, mais la gestion de l'entreprise s'inscrivait dans la continuité. Cela faisait déjà plus de neuf ans que j'y travaillais et près de trois ans que nous la gérions au quotidien. Je ne me suis jamais sentie locataire à bord, j'ai toujours travaillé comme si la compagnie m'appartenait. Cela justifie sans doute que j'ai encore beaucoup de difficulté à prendre certaines libertés que mon statut de propriétaire m'autorise pourtant.

Ce qui a vraiment changé, c'est que je ne considère plus aujourd'hui avoir deux enfants, mais plutôt 102 ! Je me sens profondément responsable à l'égard de nos employés. Les rendre heureux, les aider à grandir et à évoluer, construire pour eux un environnement de travail sain sont des préoccupations qui me stimulent au quotidien. Je travaille ardemment pour qu'ils soient fiers de contribuer à Attraction, chacun dans leur poste.

Nous avons dû modifier un peu le style de gestion, pour la simple et bonne raison que nous devons tout ce que nous avons pour le moment. Nous contrôlons énormément les dépenses, scrutant pratiquement chaque chèque que nous signons. En nous mettant ainsi le nez partout, nous apprenons à connaître en profondeur tous les aspects de l'entreprise. Même si Sébastien et moi sommes copropriétaires, nous portons également le chapeau de vice-présidents. Pour ma part, étant vice-présidente opérations en charge du développement de produits, de l'approvisionnement et de la production, ça en fait beaucoup. Même situation pour Sébastien qui est vice-président aux ventes, développement des affaires et marketing. Roger complète notre binôme en assurant la vice-présidence des finances. Nous gérons ainsi pour le moment, sans président-directeur général en place. Pour réussir, nous travaillons à instaurer des processus, à structurer. L'entreprise doit être en mesure de rouler par elle-même, sans que nous ayons à éteindre des feux quotidiennement. Après avoir clarifié et communiqué la mission et les valeurs de l'entreprise, nous pouvons constater qu'il est de plus en plus naturel pour les employés de s'y référer dans leurs prises de décisions. Il reste du travail à faire, mais ça évolue.

Au cours des quatre dernières années, la croissance a explosé, augmentant ainsi considérablement la taille de l'entreprise. Nous en sommes actuellement à consolider les acquis et à revoir les façons de faire, pour nous préparer à la prochaine grande vague de croissance. Nous planifions donc une croissance de 5 à 10 % par année, préférant évoluer dans une situation de croissance contrôlée pour le moment. En tant qu'importateur et manufacturier, miser pour une croissance annuelle importante exigerait l'achat et la mise en inventaire de beaucoup de matériel, ce qui est plus difficile en tant que nouvel acquéreur. Attraction est le leader du vêtement identifié au

Canada. Notre intention est de maintenir cette position en augmentant notre écart par rapport à nos concurrents. Mais pour réussir une échappée, il faut préparer le jeu !

PARTENAIRES DE VIE, PARTENAIRES D'AFFAIRES

Dans toute cette aventure, Sébastien et moi avons décidé d'être actionnaires à 50 % chacun. En toute honnêteté, je n'aurais pas procédé au rachat sans lui. Avoir une entreprise avec son conjoint entraîne des moments extraordinaires, surtout quand l'entreprise va bien. Il y a aussi ces autres moments, comme hier, où nous nous obstinions pour la vente non planifiée de mitaines. Ça, ce sont des chicanes plates ! Je suis en charge de la production, lui des ventes. Ce sont deux départements réputés pour s'entrechoquer constamment dans une entreprise manufacturière. Il oublie parfois la stratégie de développement de l'entreprise que nous nous sommes fixée, trop excité à l'idée de faire la vente. Nous avons d'ailleurs partagé cette stratégie avec le comité de direction, qui a la responsabilité de nous ramener dans le droit chemin si jamais nous dérapons. Même si nous nous donnons les outils pour nous entendre et avoir la même vision, nos rôles quotidiens nous rattrapent parfois. Quand c'est le cas, nous revenons au plan. Un couple nouvellement formé aurait de la difficulté à y arriver, je crois.

Dans un autre ordre d'idées, je dois admettre que nous n'avons aucun talent pour décrocher une fois rendus à la maison. Même à l'époque où nous travaillions au sein de deux entreprises distinctes, nous passions de longs moments, quotidiennement, à parler des compagnies dans lesquelles nous étions impliqués. Dans le cas d'Attraction, nombre de nos réunions se tiennent sur le coin de la table à dîner ou sur l'oreiller plutôt qu'au bureau !. L'entreprise constitue notre sujet de discussion préféré, avec nos enfants et nos projets personnels. Nous nous testons parfois, essayant de ne pas en parler pendant quelques heures. Chaque tentative se solde par un échec cuisant ! Nous avons poussé l'audace jusqu'à refaire le plan d'affaires de l'entreprise en faisant une promenade durant nos vacances à la mer ! Plusieurs jugeraient que c'est mal, mais nous sommes tous les deux bien là-dedans, pour le moment.

Nous nous sommes aussi assurés de bien nous entourer. Nous avons d'ailleurs convenu que Roger, notre vice-président finances, nous aiderait à trancher dans des moments plus difficiles. Il peut également modérer nos échanges au besoin. Nous avons aussi pris soin de budgéter, à même la compagnie, les services d'un « coach » vers qui nous pouvons nous tourner, soit individuellement, soit ensemble. Son rôle est de nous aider à désamorcer les conflits dans les situations difficiles. Nous sommes partenaires de vie et partenaires en affaires : nous ne pouvons pas laisser s'accumuler les problèmes. C'est comme si nous nous étions mariés une seconde fois, avec des clauses qui ont un impact sur tout notre entourage cette fois-ci. Ce serait extrêmement compliqué si jamais ça ne fonctionnait pas ; nous travaillons donc pour ne pas que ça arrive.

Pour faciliter notre vie de famille, nous avons installé un bureau pour les enfants, au second étage de l'entreprise. Après l'école, ils arrivent chez Attraction, regagnent leur bureau et font leurs devoirs. Depuis quelque temps, Ben, notre aîné, travaille. Deux fois par semaine, il passe l'aspirateur dans le département de broderie. Il a sa carte de *punch* et son relevé de paie, et il reçoit les communications du club social ! Je passe voir les enfants entre deux réunions ou je les appelle à leur bureau grâce à la ligne études 218 ! Nous parlons énormément de *business* avec les garçons. Les clients, les achats d'équipements, le syndicat... Ils suivent de mieux en mieux les conversations. Sébastien et moi avons vécu dans cette réalité étant jeunes et sommes tous deux convaincus que ça a contribué à développer notre fibre entrepreneuriale. Nous tenions donc à les impliquer tôt. Ils nous ont d'ailleurs accompagnés cet été lors d'une tournée de clients et chez un fournisseur potentiel pour notre nouveau système informatique. D'ici un an ou deux, j'envisage de leur faire vivre l'expérience d'un voyage en Asie pour y visiter nos fournisseurs. Ils sont capables de prendre des mesures, de voir les défauts de conception ; ils pourront contribuer en plus d'élargir leurs horizons. Nous apprécions qu'ils soient partie intégrante de l'aventure. Nous évoluons ainsi dans une entreprise familiale.

ET LA COLLECTION S'AGRANDIT !

Quant à mon projet personnel, les collections de livres pour enfants s'enchaînent et connaissent du succès. *Ben entreprend, Les Carnets de Julie, Théo rêve, La BD des petits entrepreneurs* sont disponibles partout au Québec, même en France pour certaines collections. Nous travaillons actuellement sur la vente des droits pour les marchés canadien et américain. Nous en sommes à plus de 100 000 exemplaires vendus, avec une présence accrue dans les écoles et les librairies du Québec et du Canada français.

Par ces collections, je transmets aux enfants ce que j'ai appris à l'EEB et ce que je considère comme important dans la vie. J'ai passé près de quinze ans à douter de ma capacité à être entrepreneure. Mon souhait est d'aider les jeunes d'aujourd'hui à ne pas passer par là. Je contribue, à ma façon, à ce que la société de demain puisse compter sur des jeunes plus entreprenants et, en fin de compte, sur plus d'entrepreneurs.

Conseils à d'autres entrepreneurs :

- Il faut s'armer de beaucoup de patience pour faire une transaction avec des entrepreneurs fondateurs ! C'est difficile pour eux de laisser aller leur bébé.
- Il faut être prêt à travailler dur pour être entrepreneur. Si le système d'alarme s'emballe à 2 h du matin, c'est souvent le patron qui se lèvera pour régler la situation. Un entrepreneur est de garde, tout le temps.
- Ce sont de grandes responsabilités que d'être entrepreneur. Si les ventes ne sont pas au rendez-vous, après un certain moment, il faudra faire des mises à pied. Ne pas savoir si nos anciens employés réussiront à nourrir leur famille avec leur chèque de chômage est très angoissant. Bref, ce n'est pas facile, et il faut en être conscient avant de s'embarquer là-dedans.

- S'entourer d'une bonne équipe, dont les membres se complètent, avec des forces complémentaires : c'est ça qui crée la synergie ! Cela sous-entend également de ne pas avoir peur d'embaucher meilleur que soi. Mon travail comme entrepreneure, ce n'est pas d'être la meilleure, mais bien de m'assurer d'avoir la meilleure équipe. Et dans bonne équipe j'inclus : conjoint, amis, parents, femme de ménage, petits plats préparés, bref, tout ce qui peut donner un coup de main !
- Il faut apprendre à accepter qu'une tâche déléguée à quelqu'un sera faite d'une façon différente de la nôtre. Nous ne pouvons pas tout faire, nous devons apprendre à déléguer. Il faut lâcher prise.
- Et le plus important : il faut aimer ce qu'on fait, parce qu'on y passe beaucoup de temps !

JACQUES CÔTÉ, PRÉSIDENT FONDATEUR DE SOLMAX, COMMENTE L'HISTOIRE DE JULIA GAGNON

Je reconnais tellement l'entrepreneure en Julia ! Elle est l'exemple même d'une femme d'action, intelligente, qui aime s'entourer de gens intelligents pour aller plus loin. Après avoir écouté les conseils de son père concernant le choix de ses études, elle a réalisé ses premières expériences sur le marché de l'emploi en étant déterminée, sans avoir besoin de tapes dans le dos pour avancer. Puis elle a su voir l'opportunité, celle de revenir dans sa région natale et de contribuer à l'entreprise familiale. Elle s'est assurée qu'il s'agissait réellement d'une opportunité et a agi rapidement, acceptant de diminuer son niveau de vie au profit d'une prise de relève à moyen terme. Les entrepreneurs, on est faits comme ça ! On voit des opportunités, pas des menaces. Et on a la mémoire courte ! Quand ça va mal, on enferme les difficultés dans un casier, on le nomme « expérience », et on poursuit notre route, plus forts, sans trop s'y attarder !

Je considère qu'il est tout à l'honneur de ses oncles d'avoir accepté que Julia s'inscrive à l'EEB, qu'elle marche ainsi vers la concrétisation de son rêve. Elle a d'ailleurs créé un énorme succès avec ses collections de livres, wow... En même temps, je dois avouer avoir réagi fortement à certains passages du parcours de Julia, me questionnant sur certaines décisions prises par ses oncles. Puis, à la lecture de l'aboutissement de ces décisions, j'en suis venu à croire que ceux-ci savaient probablement très bien ce qu'ils faisaient, puisqu'ils connaissaient bien leur nièce et leur entreprise. Le directeur général par intérim choisi par ses oncles, agissant rapidement à titre de mentor quand il a vu la détermination de Julia, l'a finalement bien préparée à prendre la relève. J'ai d'ailleurs déjà eu personnellement recours à une telle personne. Fatigué, avec l'impression que sauver l'entreprise reposait sur mes seules épaules, j'ai nommé une personne externe à la présidence de Solmax pour m'aider à la redresser. Il a finalement passé trois ans à ce poste, et s'est retiré ensuite. Cette décision a été salutaire pour la pérennité de Solmax. Une compagnie est condamnée à faire de l'argent, sinon elle meurt. Les liquidités, bien qu'elles ne soient pas la motivation principale de l'entrepreneur, sont l'oxygène de l'entreprise. Et croyez-moi, elles sont la motivation principale des bailleurs de fonds. Même si 20 mises à pied sont nécessaires sur 100 employés, le travail est de s'assurer que les 80 autres auront encore un travail dans les prochaines années. Ça prend du courage, mais si on ne le fait pas, la compagnie va mourir, alors on le fait. On doit sauver l'entreprise, le *focus* est là-dessus.

Je me reconnais dans le courage de Julia. Je nous revois, dans la trentaine, ma femme et moi, élever nos trois enfants pendant que je travaillais 100 h par semaine... Nous étions capables à 30 ans, mais nous n'aurions plus l'énergie maintenant. Mais ça aussi, ça caractérise les entrepreneurs : la persévérance. Ne jamais baisser les bras. Ne jamais abandonner. Si on le faisait, ce serait pire... Il y a une énergie qui pousse l'entrepreneur à toujours aller plus loin pour accomplir ce à quoi il croit profondément, dans sa tête, dans son cœur, dans ses tripes. Et Julia a en elle cette flamme qui en fait une personne qui réussit. Passionnée par ce qu'elle fait, tentant d'être la meilleure dans ce qui la passionne et capable d'enrichir la vie des gens autour d'elle en étant ouverte, dans le partage, l'entraide, formulant des questions plutôt que des réponses pour amener ceux qui l'entourent à grandir. Elle le dit d'ailleurs très bien, elle a maintenant 102 enfants. En bonne mère, elle les amène à se développer pour en faire des employés « adultes », sages et responsabilisés. Elle est généreuse et reconnaissante, envers ses employés, le directeur général par intérim, tous ceux qui l'aident à la maison, et envers son père, pour qui elle s'était investie de la mission d'augmenter les ventes et les profits de la compagnie pour qu'il touche une retraite à la hauteur de ce qu'il avait mérité.

C'est complexe d'être entrepreneur. On ne peut pas exceller dans tous les aspects d'une entreprise. L'humilité de Julia en ce sens est salutaire, elle lui permet de réaliser de grandes choses en s'entourant des bonnes personnes. Je crois comme elle qu'il faut s'entourer de gens meilleurs que soi. Personnellement, j'engage les *kings* de la finance, de l'administration, etc., et ça me rend fier. C'est une leçon en or. Sinon, on dépense de l'énergie à les *coacher*, bien plus qu'à le faire par soi-même. Nos employés-clés doivent être capables d'avancer par eux-mêmes. Le travail de l'entrepreneur est de donner la direction. Le chemin à emprunter, c'est toute l'équipe qui va le trouver ensemble. Dieu le père comme patron, ça ne fait pas de grandes entreprises. Entourons-nous de personnes capables de tirer leur propre charge et nous réaliserons de grandes choses !

Je terminerai en saluant la décision de Julia et Sébastien d'être propriétaires à 50-50. Et ce n'est pas une pratique que j'encouragerais dans un contexte hors couple ! Un partenaire d'affaires, ça entre et ça ressort. Dans mon cas, j'ai fondé mon entreprise, j'en suis le propriétaire majoritaire. Quand j'ouvre l'actionnariat à d'autres personnes, elles sont conscientes qu'il y a une date de fin à l'entente. Mais dans le cas de Julia et Sébastien, l'équité est importante, en affaires comme dans le couple. Ils ont une compagnie et une famille. Il est primordial que personne ne se sente lésé. Ils ont privilégié d'évoluer avec un irritant de moins. Ils ont appris à communiquer au fil des années, tout comme à utiliser leur cerveau rationnel dans les moments où ils deviennent émotifs. C'est fort, un couple en affaires, même si ce n'est certes pas facile à vivre. Mais en couple, on est bien plus fort que si on est seul. J'ai confiance qu'ensemble, ils vont être capables d'amener l'entreprise à un autre niveau. Je leur conseillerais d'ailleurs de s'informer sur les regroupements de couples en affaires (Groupement des chefs d'entreprise, Familles en affaires, etc.). Instaurer un conseil de famille avec leurs enfants pourrait être une option intéressante également, bien que ces derniers soient encore très jeunes.

Sébastien et Julia travaillent beaucoup actuellement. Je l'ai fait au début. En côtoyant d'autres entrepreneurs, j'ai réalisé que travailler moins, mais plus intelligemment, donne de meilleurs résultats. Se garder du temps pour réfléchir et rêver au futur de l'entreprise a un impact fort. Quand ils seront plus entourés et qu'ils auront moins de dettes à honorer, ils auront sans doute envie de s'investir dans d'autres sphères. Je voudrais les amener à réfléchir dès maintenant à leur mission de vie. Tu viens sur la terre, tu es destiné à accomplir des choses. Qu'ont-ils le goût de réaliser dans leur vie et comment comptent-ils le faire ? Une vie, c'est somme toute assez court. Passer un peu de temps à réfléchir et à coucher sur papier ce qu'est une bonne vie pour soi, et comment y parvenir, est bénéfique et trace la voie pour écrire la suite de sa propre histoire.

Denis Pichet, Magnus

Denis Pichet, président et chef de la direction
Entrepreneur-athlète, cohorte 1 du Programme Élite, et entrepreneur-entraîneur dans le Programme Émergence

La mission de Magnus est d'intégrer le meilleur de la chimie et l'expertise de ses talents, dans le but de maximiser la performance des programmes de gestion des eaux et de transformation des métaux. Tout cela en harmonie avec sa passion pour le développement durable.

•••

Denis attire les gens tel un aimant. Extrêmement perspicace et grandement accessible, il inspire la confiance et les confidences. Bon vivant, il a ce don subtil de faire sentir à son interlocuteur qu'il est d'agréable compagnie. Ce qui me marque le plus chez lui est sa solidité. On la lui reconnaît à un point tel qu'elle semble nous contaminer positivement. Il est assurément quelqu'un auprès de qui il fait bon être et grandir.

En ce sens, vous comprendrez que Denis était mal à l'aise avec l'emploi du «je» tout au long de son histoire, utilisé pour faciliter la lecture du texte et le rapprochement entre vous et lui. Il est foncièrement un gars d'équipe, un collaborateur. Cette formulation a été conservée pour simplifier le texte, mais elle n'est pas le reflet de la façon dont il nommerait lui-même les choses.

MIXER LES EXPÉRIENCES POUR QUE LA CHIMIE S'INSTALLE !

Je suis né à Montréal au sein d'une famille d'entrepreneurs, dans laquelle j'ai grandi. J'ai eu une enfance très heureuse.

Mon grand-père, un chimiste passionné, a fondé Magnus en 1946. Il expérimentait pour découvrir des solutions chimiques visant à répondre à des problématiques liées à la corrosion. Il approchait ensuite des clients potentiellement intéressés à acheter ces solutions. L'entreprise lui permettait de vivre de sa passion ; en ce sens, il était bien davantage un artisan qu'un entrepreneur typique. Il a néanmoins réussi à obtenir, des États-Unis, une licence d'exploitation pour le Canada des produits Magnus pour le traitement de l'eau des chaudières à vapeur, et de certains nettoyants et lubrifiants industriels.

Mon grand-père étant décédé subitement, mon père a repris l'entreprise à l'âge de 33 ans. Il était seul maître à bord bien qu'il ait grandi aux côtés de cinq frères, ces derniers n'étant pas impliqués, à l'exception de l'un d'eux qui y a travaillé quelques années. À mon sens, mon père avait davantage le profil que l'on reconnaît aux entrepreneurs. Il était actif dans de nombreux réseaux d'affaires. Il fut entre autres président de la chambre de commerce, gouverneur pour la province au sein de la Fédération canadienne de l'entreprise indépendante (FCEI)… Il se levait le matin animé de l'ambition de faire croître l'entreprise, bien plus que pour exercer sa passion de la chimie.

Depuis ma tendre enfance, j'ai baigné dans l'entrepreneuriat. Le langage familial quotidien, tout comme les activités que l'on pratiquait ensemble, ont fort probablement eu une influence sur ma volonté de devenir entrepreneur. La notion de plaisir est fondamentale pour moi, et ce, depuis toujours. Cette valeur m'a naturellement conduit, à l'âge de 12 ans, à organiser diverses activités.

J'étais également un passionné de ski; j'ai évolué plusieurs années dans des équipes d'instructeurs de cette discipline. Cette passion m'a inconsciemment guidé à travailler, à la même époque, pour la station d'une petite montagne, le mont Alta. J'ai débuté en faisant l'entretien des skis. Rapidement, je suis devenu celui qui assistait le directeur. Je croyais aimer être en position de leadership, mais à bien y penser, c'étaient les résultats obtenus qui me faisaient vibrer. Je me valorisais quand je réussissais à amener des jeunes de 15-16 ans à collaborer pour atteindre de grandes choses au profit des clients. C'est d'ailleurs à cet âge que je me suis familiarisé avec l'approche client.

Tandis que je vivais ces premières expériences entrepreneuriales, je travaillais pendant l'été dans la compagnie familiale. J'ai ainsi touché à la majorité des secteurs incontournables tels que la production, le laboratoire, le service à la clientèle, le marketing... J'ai apprivoisé les façons de faire inhérentes à différents postes. J'ai aussi forgé mon expérience au sein d'autres entreprises, notamment dans une épicerie appartenant à des amis de la famille. J'ai apprécié ces années durant lesquelles j'ai été exposé à toutes sortes de facettes de l'entrepreneuriat, dans différentes organisations. Cela m'a permis de découvrir autant mes forces et mes intérêts que ma propre personnalité.

À l'université, durant mon bac en administration, les valeurs de plaisir et mon côté relationnel m'ont entraîné à créer une autre *business*. Après avoir constaté que mes amis quittaient après la saison de ski pour retourner dans leur région natale, j'ai eu envie d'organiser des événements pour les revoir pendant l'été. Je me suis mis à développer des rallyes automobiles afin que nous puissions partager de bons moments ensemble pendant la période estivale. De fil en aiguille, des organisations ont levé la main pour que je leur vende mes rallyes, principalement des associations étudiantes universitaires du Québec, mais également quelques entreprises privées qui voulaient faire vivre quelque chose de wow à leurs employés, clients, fournisseurs, etc. Je me suis mis à créer un rallye par été, que je vendais ensuite. Mes clients ayant manifesté le désir d'offrir davantage à leurs gens, j'ai commencé à leur offrir du clé en main, organisant des soirées qui complétaient les rallyes. Cette expérience m'a insufflé des compétences entrepreneuriales importantes, telles que donner vie à une innovation, la livrer dans les règles de l'art, la vendre, assurer un bon service à la clientèle, et bien plus encore.

En terminant l'université, je suis officiellement revenu à temps plein dans l'entreprise familiale, tout d'abord au service à la clientèle, ensuite aux ventes, puis à la direction des ventes et du marketing, et ainsi, tranquillement, jusqu'au sommet.

L'ASCENSION, UNE VICTOIRE À LA FOIS !

Mon ascension dans l'entreprise familiale s'est faite grâce à une série d'opportunités. Au niveau des ventes, je me savais caractérisé par une grande capacité à bâtir des relations. Qui plus est, mes années dans le domaine du ski ont clairement mis en lumière mon caractère compétitif. Mon père me reconnaissait d'ailleurs ces qualités. Quand nous avons dû battre la compétition en faisant entrer une nouvelle gamme de produits dans une grande aluminerie de la province, il m'a instinctivement présenté cette occasion, que j'ai évidemment saisie. Moi qui n'avais pas la bague au doigt, j'ai dû travailler d'arrache-pied pour développer une relation de confiance avec les ingénieurs de coulée et ainsi bâtir ma crédibilité. Devant ma sensibilité face à leurs irritants et ma grande volonté d'adapter le produit à leurs besoins réels, ils m'ont accordé leur confiance, et nous avons, ensemble, gagné cette aluminerie. Bien que ça puisse sembler dur, je ne sais toujours pas ce qui m'a le plus emballé dans cette victoire : avoir signé ce contrat ou avoir écarté définitivement notre compétiteur. Quoi qu'il en soit, ma première bière, ce soir-là, je l'ai prise à la défaite de celui-ci !

Cet épisode m'a démontré à quel point la vente, c'est une histoire de contacts et de relations, bien au-delà du produit lui-même. Il s'agit principalement d'établir un lien de confiance et de gagner en crédibilité aux yeux de la personne, afin qu'elle veuille absolument faire affaire avec nous. Elle devient dès lors le vendeur de notre produit au sein de son organisation, grâce à la confiance qui nous unit. Cette recette, elle fonctionne avec tout le monde : banquiers, fournisseurs, clients, partenaires, etc. La première chose à faire est donc d'établir le lien de confiance; par la suite, il faut le conserver, le respecter. À ce propos, l'aluminerie en question est encore un très bon client pour Magnus. Elle nous a même ouvert la porte de plusieurs de ses sites partout dans le monde.

On me reconnaissait déjà un certain succès au niveau de mon approche de vente et des résultats qui en découlaient. L'étape suivante a donc été la direction des ventes, à laquelle j'ai eu accès en saisissant une autre opportunité. Mon père avait nommé un excellent vendeur à ce poste. Mais nous avons tôt fait de réaliser que les meilleurs vendeurs ne font pas nécessairement les meilleurs gestionnaires des ventes... Mon paternel m'a donc offert de prendre la direction des ventes, un défi que j'ai accepté de relever. J'ai à ce moment dirigé ma première équipe au sein de Magnus, des gens majoritairement plus âgés et plus expérimentés que moi. Il a fallu que j'aille chercher leur endossement, notamment celui de mon prédécesseur, qui se retrouvait sous ma direction.

J'ai procédé exactement de la même façon : j'ai investi mes énergies à développer une relation de confiance. Tous les membres d'une organisation vivent des frustrations, qui les éloignent des résultats qu'ils souhaitent atteindre. Je me suis donc placé en mode écoute auprès de tout un chacun. J'ai ensuite réfléchi sérieusement pour trouver des façons de soulager leurs irritants et pour élaborer des plans afin de mettre en œuvre ces solutions. Devant le succès de ma démarche, la direction du bureau de Toronto a aussi été ramenée sous mon leadership. Ce que vend Magnus est particulier : la chimie n'anime pas nécessairement toutes les discussions de soirée ! Je me suis efforcé d'imaginer des éléments qui feraient en sorte que nos équipes de vente aient une histoire intéressante à raconter au client potentiel, plutôt que d'être en mode de vente pure. J'ai ainsi systématiquement amené des idées, des campagnes, des moyens de conclure la vente, ce qui m'a permis de gagner le respect de nos équipes. Malgré cette réussite, j'ai néanmoins réalisé qu'on ne peut pas gérer des vendeurs au doigt et à l'œil. Leurs qualités, si précieuses en vente, s'avèrent des défis quand vient le temps de les gérer. Il faut trouver un équilibre acceptable pour eux et pour la direction.

Au début des années 2000, j'ai atteint la direction générale des ventes du groupe à la suite du départ du directeur en poste dans une autre division de la compagnie. N'étant pas chimiste et ne connaissant à peu près rien en traitement des eaux, je savais que le défi était de taille. Je me suis encore une fois appuyé sur ce que je sais faire de mieux : questionner et écouter. J'ai donc rencontré individuellement les membres de cette nouvelle équipe, en leur posant systématiquement trois questions :

— Qu'est-ce qu'on fait qu'on devrait continuer (*keep*) ?

— Qu'est-ce qu'on fait qu'on devrait arrêter (*stop*) ?

— Qu'est-ce qu'on ne fait pas qu'on devrait commencer (*start*) ?

À l'époque, ce concept était assez nouveau. Après quelques mois, j'ai été en mesure de discerner les membres de l'équipe sur lesquels je pouvais m'appuyer au niveau technique pour rallier les scientifiques, sans pour autant que j'acquière moi-même leur langage. J'ai identifié trois personnes, auxquelles j'ai attribué les rôles de chef de marché et spécialiste technique. Ils m'ont protégé tout au long de ce passage, tout en progressant dans leur carrière.

Cette expérience à la direction des ventes m'a confirmé ceci : la réponse n'est pas dans le produit, mais dans les personnes. Ce sont elles qui sont dans le marché, testent le produit et subissent les réactions des clients. La clé est d'écouter et de faciliter l'implantation de ce qui a du sens dans tout ce qui est proposé. J'écoute, je mets tout ça ensemble, et je découvre l'histoire globale. Par la suite, je dessine un plan de match, je le communique encore et encore et, ensemble, nous fonçons là-dedans. Et ça porte ses fruits !

DU JOUR AU LENDEMAIN, LE GRAND BUREAU

Dans le cadre de mes fonctions, je voyageais souvent avec mon père pour développer un réseau international en aéronautique. Nous avions beaucoup d'échanges, lui et moi, autant sur nos visions pour l'entreprise que sur les gens que nous rencontrions. Il voyait certes que j'étais devenu plus sage que je l'étais à mon arrivée ; je cassais un peu moins de vaisselle ! De son côté, à l'âge de 63 ans, il avait décidé qu'il voulait ralentir. La passation des pouvoirs s'est faite le plus naturellement du monde. Alors que nous partions rencontrer un partenaire en aéronautique en Caroline du Nord, il m'a demandé de prendre le volant. En arrivant sur l'autoroute, il m'a dit: «Tu aimes cela conduire... donc, en revenant, c'est toi qui vas conduire l'entreprise.» Aussi simplement que ça! Ce soir-là, nous sommes allés souper ensemble et je lui ai demandé comment il envisageait la suite des choses. Il m'a répondu: «Nous revenons la semaine prochaine, je convoque l'ensemble des gestionnaires à une réunion et je leur dis que dorénavant c'est toi le président.»

J'ai su par la suite qu'il en avait parlé, dans les mois précédents, à quelques amis d'affaires ainsi qu'à des employés-clés. Sans pour autant afficher totalement ses couleurs, il avait sondé le terrain et leur réaction s'était avérée positive. Il avait aussi fait ses devoirs avec des professionnels pour planifier ce changement.

Il insistait pour que je prenne instantanément son bureau, une offre que j'ai d'abord déclinée. Mais j'ai dû abdiquer rapidement. De son point de vue, nous devions envoyer un signal fort aux gens pour qu'ils voient concrètement que désormais, c'était moi le patron. Certaines personnes ont tout de même continué à se rapporter à lui. Mon père les écoutait, mais terminait chaque conversation en les invitant à venir me voir. Il s'assurait de me mettre au courant sans tarder, en me *coachant* selon les cas. Notre temps de cohabitation a été facile à vivre: il mettait son expérience à ma disposition quand je prenais des décisions semblables à certaines qui s'étaient avérées infructueuses sous son règne. Nous discutions ensuite pour tenter de trouver une solution qui nous permettrait d'éviter les erreurs du passé.

Mon père est décédé beaucoup trop rapidement, en 2014. Mais il aura réussi son transfert d'entreprise sans me mettre de pression, sans faire d'obstruction, et en étant un excellent mentor. Je crois que la passation des pouvoirs a été facilitée par le fait qu'il était de la deuxième génération de Magnus, non son fondateur. À mes yeux, le fondateur a des choses dans le sang que son suivant n'a pas. Ce dernier s'investit à fond dans l'entreprise, y fait carrière, veut la voir croître et prospérer tout en tenant à laisser un legs. Mais ce n'est pas son bébé. Je suis, pour ma part, de la troisième génération. S'il s'avère que mes garçons ont la passion et les compétences pour diriger Magnus, je leur dirai bonne chance et les soutiendrai, tout en étant présent pour eux au moment opportun. Il est vrai que j'éprouve un fort attachement sentimental à l'entreprise, j'y aurai fait toute ma carrière. Toutefois, elle ne représente pas le même prolongement de moi que si je l'avais moi-même fondée.

Même si la génération qui suit peut sembler un choix naturel en ce qui concerne la relève dans une entreprise familiale, je suis profondément convaincu que si l'enfant n'a pas l'intérêt, la vision, les compétences et surtout la passion, il ne devrait jamais viser la présidence, au même titre que le parent ne devrait pas le pousser vers cette voie. Ce ne serait pas rendre service à son successeur, s'il est pour s'écraser avec son nouveau titre seulement parce qu'il est le fils du patron, et ce serait préjudiciable pour la pérennité de l'entreprise.

Pour ma part, au moment de prendre les rênes, j'avais une portion des compétences, une vision forte, mais surtout une grande passion pour l'entrepreneurship. Mon grand-père était chimiste, moi je ne le suis pas. Pour une troisième génération, je crois que l'entreprise devient un moyen d'entreprendre. Je suis très créatif, je pourrais fabriquer n'importe quoi. L'opportunité Magnus s'est présentée et je me suis dit que je pouvais faire quelque chose de grand avec ça. Mais ce « ça » aurait très bien pu être autre chose. C'est l'entrepreneuriat qui me fait carburer, et ce métier, je pourrais le faire avec n'importe quel produit ou service pour lequel je vois un potentiel. C'est quoi le produit, c'est quoi le marché, comment on peut le gagner ? C'est aussi simple que ça, c'est une *business*. On m'enlèverait l'entreprise demain matin, j'en achèterais une autre ou je démarrerais quelque chose par moi-même, à condition que le produit m'interpelle, qu'il y ait un marché dans lequel on pourrait se démarquer et que je croie en notre capacité à le conquérir.

LA RECETTE : DEMEURER *FOCUS*

En 2006, au début de ma présidence, il me semblait que tout était compliqué. La vérité, c'est que je complexifiais tout. Chez Magnus, générer des idées n'a jamais été un problème. Notre plus grande faiblesse est, au contraire, que nous en générons trop. Quand le leader est éparpillé, l'équipe le devient tout autant, sinon plus. La croissance était d'ailleurs moins importante au départ, pour cette même raison.

Quand nous avons commencé à nous en tenir au plan, qui prenait soin de tenir compte de la qualité et du potentiel d'exécution, tout s'est mis à mieux aller. Nous sommes passés de 20 objectifs annuels par personne à 4 aujourd'hui, donc un par trimestre. La logique justifiant ce changement est simple : prenons-en moins et accomplissons ce pour quoi nous nous sommes commis, et dont nous sommes entièrement responsables. Réalisons avec brio notre objectif trimestriel, prenons le temps de le célébrer, et ensuite nous passerons au prochain. Le fait est que quand on s'écartèle trop, on n'est plus efficace en rien. Concrètement, si on a dix projets et que le budget marketing est de 100 $, diluer cette somme en dépensant 10 $ pour chaque projet n'a aucun sens. On n'obtiendra aucun résultat valable, ce sera une dépense et non un investissement. Au contraire, si on investit plus sur un projet, il va avancer beaucoup plus rapidement et l'impact sera au rendez-vous. Avec cette philosophie de gestion, il faut toutefois apprendre à dire non, autant aux équipes qu'aux clients potentiels. J'éprouve encore beaucoup de difficulté à le faire, ça exige de ma part une rigueur quotidienne. Il est vrai que certains sont déçus qu'on ne mette pas en branle leur projet, mais la réponse est simplement : « Pas cette année. Nous suivons le plan. »

DÉCROÎTRE POUR MIEUX CROÎTRE

Dans cette optique, j'ai pris des décisions contestées au fil des années, mais les résultats m'ont donné raison au bout du compte. J'ai planifié deux décroissances volontaires, avec l'intention de recentrer Magnus sur les éléments grâce auxquels elle rayonne le plus, pour exceller encore davantage. J'ai vendu des lignes d'affaires ; ma propre mère me demandait : « Es-tu certain ? » Il est vrai que ça fait très mal sur le coup : le chiffre d'affaires baisse, les profits aussi. Il faut honorer les mêmes coûts fixes, et dans mon cas les mêmes dépenses salariales, car je réaffectais nos gens à l'amélioration de nos lignes fortes. Donc, autant de dépenses pour moins de revenus. Par contre, cette décroissance était planifiée, je savais que l'entreprise avait les reins assez solides pour passer à travers deux ou trois années plus difficiles, pour revenir plus forte et plus rentable ensuite. Nous en sommes ressortis meilleurs dans les gammes de produits que nous avons conservées. Le livre *From Good to Great* de l'auteur Jim Collins m'a d'ailleurs inspiré en ce sens : là où tu peux être le meilleur, là où tu fais le plus d'argent, et là où ça te passionne, restes-y !

Si nous changeons de lunettes pour analyser différemment cette décroissance, nous pouvons réaliser que j'ai généré énormément de croissance pendant ces périodes. J'ai réussi à amortir les trous financiers que j'avais créés, en ressortant avec une croissance annuelle globale de plus de 3 %. Dans les faits, j'ai fait environ 20 % de croissance avec ce que je conservais comme gammes de produits, pour terminer l'année avec un 3 % de croissance globale. Malheureusement, cette façon de faire parler les chiffres est très peu populaire, autant auprès des banquiers qu'auprès des concours et prix divers.

EMBAUCHER POUR PROGRESSER

Malgré ces deux décroissances planifiées, j'ai mis très peu de gens à pied depuis mon arrivée. Je procède à une mise à pied dans trois circonstances : soit le poste ne convient pas à l'individu en question, soit celui-ci n'incarne pas nos valeurs corporatives, soit il ne réussit pas. Je dois avouer que les deux tiers des congédiements que j'ai effectués sont liés à de mauvaises embauches que j'ai faites. Bref, j'avais intégré à l'entreprise un élément qui ne contribuait pas ou qui nuisait à la performance de l'équipe.

Ce constat m'a amené à revoir le processus d'embauche de la compagnie. Aujourd'hui, je débute en dressant un profil de ce que j'aimerais comme candidat pour un poste. Je fais la première entrevue de façon très décousue, sans poser trop de questions. En parlant de tout et de rien avec le candidat ou la candidate, j'essaie de détendre l'atmosphère. De cette façon, je peux me faire une première idée sur une personne en observant son attitude et ses réponses. Je sais rapidement si je retrouve chez elle nos valeurs d'entreprise, en découvrant son vécu, ses expériences, en prêtant attention à ses façons de réagir.

La deuxième entrevue est souvent guidée par des tests psychométriques. Ils servent à vérifier si j'ai un besoin réel pour ce type de personnalité dans une équipe prédéfinie, recherchant la complémentarité pour renforcer ainsi l'équipe. Ensuite, d'autres questions d'entrevue sont posées en lien avec les résultats.

La troisième entrevue peut prendre la forme d'une étude de cas. Je fais parvenir au candidat une situation réellement vécue chez Magnus, en lien avec le poste qu'il convoite. Ce candidat doit ensuite exposer, face à d'autres directeurs actuels, ce qu'il ferait dans cette situation, comment il réagirait, etc. Nous tentons d'évaluer si cette personne peut nous amener plus loin et si elle sera acceptée par l'équipe actuelle. À cette étape, je ne prends plus les décisions moi-même. Je laisse l'équipe décider. J'influence, certes, mais la décision revient à l'équipe.

POUR ÉVOLUER, FAUT S'OUTILLER !

Dès mes débuts comme PDG, le rôle de président m'interpellait davantage que celui de directeur général. J'ai donc rapidement dû organiser Magnus pour me libérer du temps, que j'ai consacré à faire rayonner l'entreprise, à être à l'avant du marché, à développer mes relations avec l'externe, etc. Les tâches au sein du comité de direction ont été soigneusement définies et distribuées, ce qui crée une belle cohésion d'équipe. Tout le monde contribue, est à sa place, sait quoi faire et quoi prioriser. Avec le système que j'ai mis en place, j'orchestre le tout dans mes fonctions de président-directeur général, mais plusieurs tâches revenant normalement à la direction générale ont été déléguées vers mes directeurs.

Pour me sortir des opérations plusieurs heures par jour, j'ai instauré diverses initiatives basées en grande partie sur l'approche « Gazelles ». Je ne cacherai pas qu'au commencement, j'avais l'air d'un monstre à trois têtes ! Le plus difficile a réellement été de créer l'habitude. Une fois celle-ci installée, chacun a pu en observer les résultats. Si par malheur nous devons annuler une rencontre, les gens s'ennuient, directeurs et équipes inclus ! L'impact de ce système organisationnel est que l'information circule extrêmement vite, au bon moment. Il nous permet de garantir notre exécution, avec le niveau d'excellence que je souhaite.

J'ai mis en place une brève rencontre quotidienne, que je tiens tous les soirs vers 17 h avec les six autres membres de mon comité de direction. Puis nous avons une rencontre hebdomadaire tous les lundis midi. Cette rencontre nous permet d'aligner ensemble la semaine selon les priorités de chacun, en plus de revenir sur certains indicateurs de performance. Il est important de mentionner que cette structure vise à faire remonter l'information à la direction, et non à la faire descendre au sein des équipes. Je me libère ainsi beaucoup plus de temps.

Une retraite annuelle de planification stratégique nous permet d'établir les objectifs et priorités, couvrant un horizon de trois à cinq ans. Les informations et conclusions issues de ces rencontres sont par la suite transmises aux équipes. Dès lors, ces dernières savent ce qu'elles ont à faire ; l'information doit ensuite remonter vers la direction lors des rencontres journalières et hebdomadaires.

Grâce à ce système, je gère très peu d'urgences quotidiennes. Mes gens sont responsabilisés, prennent leurs décisions et me font part des moins usuelles tous les soirs. Mon téléphone sonne beaucoup moins…

Cela dit, encore faut-il tenter d'être un bon président. Pour moi, un président doit être à l'écoute de tous. Il est de son devoir de valoriser chaque employé, peu importe son quart de métier, et de le percevoir comme une personne qui contribue et a de l'importance. L'équipe doit avoir le goût de se battre pour son président. Aujourd'hui, par exemple, quand je suis dans l'usine, les gens me tapent sur l'épaule. C'est important que ce soit ainsi. Ils reconnaissent que je respecte et valorise leur apport dans l'entreprise. Reconnaître ses employés, c'est aussi avoir de petites attentions pour eux et prendre le temps de célébrer nos bons coups. La journée avant le départ pour Noël, j'arrive souvent avec le déjeuner… accompagné d'une bouteille de Bailey's. Oui, ce sont deux ou trois heures au cours desquelles les employés ne travaillent pas. Mais où est le problème à passer un peu de temps à échanger avec mes gens ?

J'accorde cette reconnaissance non seulement à mes employés, mais à l'ensemble des gens que je côtoie. Si je prends la parole dans un événement, je vais m'organiser pour aller remercier les serveurs, les techniciens du son, etc. Pourquoi ? Ils ont contribué au succès de la soirée. Trop souvent, les gens l'oublient et tiennent tout pour acquis.

Dans une entreprise, il y a toujours des mauvaises, des moyennes et des bonnes années. Par exemple, durant certaines années difficiles, je ne prenais aucune prime pour m'assurer que mon équipe, qui avait travaillé fort, en ait une. Un bon président doit travailler au bonheur et à la reconnaissance de son équipe ; la prime annuelle est clairement une façon d'atteindre cette visée.

Je me souviens de mon premier séjour à l'EEB. La toute première phrase prononcée par Pierre Pomerleau était qu'un président n'est que la mascotte du groupe. Il enfile son costume et fait ce qu'une mascotte doit faire : s'assurer que tout le monde aille bien, et que la foule (les clients) soit contente. Même quand ça va mal, on doit continuer de sourire. Le président est la mascotte qui doit amener le confort et la confiance aux gens ; on ne peut pas avoir l'air paniqué, on doit rester en contrôle.

À mon sens, un bon président doit aussi être un bon chef d'orchestre. Il doit donner le rythme de façon inspirante, mais ne doit surtout pas se mettre à faire le travail des autres. En tant que président, je suis capable de dire qu'on part en train, que la destination finale est à tel endroit, que c'est un lieu magnifique, que l'itinéraire va nous procurer du bonheur. Mais ce n'est pas moi qui vais construire le train… Je suis bien plus la lanterne qu'autre chose. C'est l'équipe qui transporte le projet, pas le président ; du moins, quand l'entreprise atteint une certaine taille, évidemment.

Actuellement, j'investis encore environ 70 % de mon temps à l'interne, pour un 30 % à l'externe, ce que je souhaite inverser au cours des prochaines années. Je suis actif dans plusieurs regroupements d'entrepreneurs et je m'implique dans plusieurs causes. Ma sélection se fait selon trois critères majoritaires: « Est-ce qu'ils peuvent me nourrir? Est-ce que je peux les alimenter? Est-ce que ça vient me chercher comme cause? » Je me pose les mêmes questions pour les regroupements d'entrepreneurs, les associations plus sectorielles et les causes auxquelles Magnus contribue. Groupement des chefs d'entreprise du Québec, Young President Organisation (YPO), École d'entrepreneurship de Beauce (EEB), Associated Lab, Gens d'affaires, Club de chasse et pêche, AWT, etc. La compagnie redonne beaucoup socialement, notamment par l'entremise d'achats auprès d'organisations d'économie sociale: achat de dîners corporatifs, ou d'ordinateurs pour lesquels les fournisseurs sont des gens avec des déficiences, Recyc-Québec... Nous faisons également des dons directs, par exemple auprès d'une maison de soins palliatifs. Nous sommes choyés d'être ici: Magnus est la plus vieille compagnie manufacturière dans le parc industriel à Boucherville; il nous fait plaisir de redonner. Personnellement, je donne au suivant en prodiguant un mentorat informel à d'autres entrepreneurs également. En d'autres termes, je suis là quand ils ont besoin d'aide.

LE DÉFI DE POURSUIVRE ET DE FAIRE GRANDIR

Actuellement, Magnus compte environ 115 employés. Nous sommes présents physiquement à Boucherville, Québec et Toronto, et représentés dans plusieurs autres régions. Certains de nos produits de spécialité sont utilisés partout dans le monde, par des clients avec lesquels nous avons développé des solutions uniques; c'est le cas avec Toyota, par exemple.

Le principal défi de l'entreprise actuellement concerne l'exploitation maximale des talents qu'elle comporte. Bien que Magnus puisse se vanter de compter sur une main-d'œuvre à fort potentiel, son expérience et ses compétences peuvent encore créer beaucoup de valeur. Les tâches journalières tuent la créativité et l'élévation des talents. De façon vulgarisée, c'est comme si le médecin faisait lui-même la prise de sang, l'analyse des résultats, la radiographie, le diagnostic, le soin du patient et lui fournissait ensuite les médicaments nécessaires. J'exagère pour illustrer, mais si peu ! J'œuvre dans une compagnie qui combine fabrication et services, ce qui signifie que le nombre d'heures de production par jour est limité aux ressources humaines disponibles, peu importe le nombre de quarts de travail que j'implante. Le défi est donc d'utiliser les technologies d'aujourd'hui pour automatiser certaines tâches et ainsi libérer du temps à forte valeur ajoutée. Comment pourrais-je, avec la même force de frappe, en faire plus, d'une façon plus précise, tout en créant de la valeur ? L'efficience, quoi. Mon industrie, comme bien d'autres, subit beaucoup de pression pour se transformer en une commodité. Le devenir signifierait être conduit exclusivement par le plus bas prix. Pour ma part, j'aime créer de la valeur, en faisant ressortir le retour sur investissement pour le client. Je ne veux pas perdre ça.

ACQUISITION 101

J'ai réalisé trois acquisitions depuis mes débuts à la tête de Magnus. Puisque nous sommes le plus gros joueur canadien privé au pays dans notre secteur d'activité, il m'est malheureusement très difficile d'acheter une entreprise de plus grande taille que la nôtre. L'intention derrière ces acquisitions était de pénétrer des zones géographiques dans lesquelles Magnus était faiblement ou aucunement présente.

Une acquisition est une transaction importante, qui a énormément de retombées. Plusieurs entrepreneurs la craignent, ce qui les amène à privilégier exclusivement la croissance organique. Dans l'optique d'étendre la présence géographique d'une entreprise en ouvrant de nouveaux marchés, la croissance organique équivaut, à mon sens, à démarrer de rien. C'est engager énormément de dépenses avant d'en arriver à générer un revenu. L'acquisition permet, au contraire, d'acheter une entreprise existante, de la financer et d'engendrer des retours sur investissement dès le départ, en acquérant également un marché.

Comme avec mes employés et mes clients, ma capacité à développer des relations est mise à profit lorsque je souhaite faire une acquisition. J'essaie, depuis plusieurs années, de nouer des relations avec mes compétiteurs. Par exemple, je tente de partager un verre avec eux lors de congrès. Au début, c'est froid, j'en conviens ! Une approche que j'utilise souvent pour briser la glace est de tenter de faire voir au compétiteur l'opportunité, pour lui, d'apprendre à me connaître. Je termine souvent en lui demandant ce qu'il a à perdre à discuter avec moi, puisque nous exerçons le même métier après tout… Il est vrai qu'il faut un certain temps pour bâtir la confiance, sans doute davantage qu'avec des clients, banquiers ou autres. Néanmoins, ça fonctionne. Deux d'entre eux m'ont déjà appelé en me disant qu'ils songeaient à vendre, et qu'ils me verraient bien prendre leur *business*. La beauté dans tout ça, c'est que le vendeur ne mettra alors que très rarement la transaction entre les mains d'un agent, évitant ainsi à l'acquéreur pressenti d'avoir à se battre contre huit autres acheteurs potentiels, ce qui ferait monter le prix au-delà de la valeur réelle de l'entreprise.

L'achat d'une entreprise est plus aisé (autant qu'une telle transaction puisse l'être) quand le vendeur est le fondateur de l'entreprise. La relation de confiance développée au fil du temps joue encore davantage dans ce cas. En effet, le fondateur considérera, au-delà du prix de vente, d'autres aspects dans sa prise de décision. Par exemple, il voudra que l'acheteur s'engage à garder certains employés, qu'il a vus progresser au fil des années. Le prix est alors moins important. Quand ce n'est pas le fondateur qui vend, ça devient surtout une question d'argent.

Dans un processus d'acquisition, un danger nous guette comme entrepreneurs : il ne faut, en aucun cas, vouloir absolument acheter une entreprise. La plupart du temps, si tel est le cas, on se retrouve à payer plus cher que ce que l'entreprise peut rapporter. La compagnie à acquérir doit servir notre modèle d'affaires et concorder avec la culture et les valeurs de notre propre entreprise. Il y a aussi la notion de *timing* : il doit être bon, pour les deux parties. Pour garantir le succès d'une acquisition, il faut donc considérer énormément d'éléments, outre le prix.

Mon conseil à d'autres entrepreneurs

Le métier d'entrepreneur est difficile. Malgré le système que j'ai mis en place et mon réseau fort, le dicton « seul au sommet » demeure bien réel. Au comité de direction, dans un cas de non-consensus, je suis encore celui qui doit trancher. Et quand mes directeurs ne veulent ou ne savent pas le faire, c'est que la décision est très dure à prendre...

Ce qui est enivrant dans ce métier, c'est la variété. J'adore ce que je fais, j'adore la diversité. Il n'y a aucune monotonie dans mes journées. C'est d'ailleurs l'un de mes principaux feux intérieurs, mais aussi l'une de mes plus grandes peurs : le jour où ça va s'arrêter, qu'est-ce que je vais faire ?

J'aurais un seul conseil à adresser à d'autres chefs d'entreprise. Comme entrepreneurs, nous devons donner la bonne direction. Celle-ci doit être accompagnée d'un plan. Ce plan doit être simple, clair, précis, et surtout répété, répété et répété. Par la suite, nous devons valider que tout le monde a bien compris le plan. Maintenant, je commence toutes mes rencontres en disant aux gens que même s'ils n'ont pas de questions, j'en aurai deux pour eux en terminant. Je vais faire un tour de table en leur demandant : « Comment recevez-vous le plan, et qu'est-ce que vous avez retenu ? » Ça oblige chacun à écouter, à parler, à mentionner ce qu'il a compris. Les gens ont peur d'avoir l'air idiots, surtout quand le message vient du président. La réalité est que si mon équipe n'a pas compris l'essence et les subtilités de mon message, j'ai perdu mon temps !

Réussir, pour moi, c'est quand les gens disent : « C'était solide, ton affaire. » C'est quand quelqu'un me défie et que j'arrive à faire en sorte que les gens me suivent, surtout quand je peux les faire évoluer. C'est initier des projets qui font grandir les personnes. À mes yeux, c'est simplement ça, le bonheur et le succès.

L'ENTREPRENEUR ROBERT DUTTON COMMENTE L'HISTOIRE DE DENIS PICHET

Je le répète souvent : *Business is people.* Avant d'être un bilan, avant d'être une gamme de produits, des procédés, des usines ou des brevets, des machines et du matériel, l'entreprise est un lieu de rencontres. Essentiellement. Rencontre entre des artisans qui collaborent pour créer quelque chose. Rencontre entre ces artisans et les utilisateurs de leurs produits ou services. C'est à ce point de rencontre, et pas ailleurs, qu'une entreprise crée de la valeur.

Business is people. Denis Pichet l'a parfaitement saisi, qui conçoit l'entreprise et sa gestion comme un faisceau de relations entre lui, ses employés et ses clients. Cette approche relationnelle revient constamment dans sa façon de décrire son parcours d'entrepreneur. Denis a compris en quoi consiste sa mission véritable d'entrepreneur : animer et canaliser le tissu de relations qui constitue Magnus, pour servir ses clients.

« La réponse n'est pas dans le produit, mais dans les personnes », écrit Denis. Il met le doigt sur un principe de base que bien des dirigeants mettent du temps à comprendre – et que certains semblent ne jamais comprendre : peu importe son secteur d'activité, toute entreprise est une entreprise de services.

Je note aussi que Denis manifeste une qualité trop rare chez les gestionnaires : le courage. En témoigne sa décision de se délester de lignes de produits moins porteuses. Il faut, pour ce faire, un juste mélange de lucidité et de courage.

Le texte de Denis Pichet trahit un parcours professionnel centré sur les ventes : on le devine « vendeur en chef » de Magnus.

Autant il traite avec enthousiasme de l'écoute du client et de ses collaborateurs, autant le texte passe sous silence sa relation et celle de Magnus avec ses fournisseurs et ses bonnes pratiques en termes d'innovation. On a souvent tendance à sous-estimer leur potentiel d'apport, autant en termes de connaissance du marché que de compétences techniques. Les fournisseurs peuvent être source de fertilisation croisée, elle aussi génératrice de valeur.

Finalement, j'ai deux interrogations en matière de gouvernance. D'une part, comme beaucoup d'entrepreneurs, Denis semble bien seul au sommet de Magnus. Certes, il peut compter sur une équipe de collaborateurs compétents et motivés, il peut se nourrir des organisations comme le YPO dont il est membre. Mais a-t-il songé à former un autre réseau de relations, stratégique celui-là, comme un comité-conseil externe de trois ou quatre personnes complémentaires susceptibles de stimuler sa réflexion ?

Ma deuxième interrogation concerne la succession. Denis évoque déjà la possibilité que ses enfants lui succèdent, et une telle éventualité devra bien sûr se préparer soigneusement – comme il a lui-même été préparé à prendre la relève de son père. Mais qu'en est-il de la possibilité de sa disparition prématurée ? Comment le pont se ferait-il, dans ce cas précis, jusqu'au moment où ses enfants seraient prêts à prendre la relève ? Peut-être tout cela est-il déjà planifié. Mais la question se pose.

Quoi qu'il en soit, on ne peut que souhaiter à Denis Pichet et à Magnus une longue vie, passionnante et prospère.

Édith Gauthier, Agro-Sol

Édith Gauthier, présidente
Entrepreneure-athlète, cohorte 5 du Programme Élite

Agro-Sol *a pour mission d'offrir une gamme complète de produits et services de qualité, visant à maximiser la rentabilité des terres agricoles de nos clients.*

•••

Édith est une entrepreneure qui a fortement inspiré les employés de l'EEB. Nous l'avons vue se transformer au gré des séjours de formation, manœuvrant pour diminuer l'importance qu'elle accordait à être bonne pour se concentrer plutôt sur être bien. Guidée par ses intuitions et son senti, elle avance quotidiennement en se rapprochant de son bonheur, parfaitement consciente d'en être responsable. C'est en travaillant ainsi à être heureuse qu'elle crée, un pas à la fois, une entreprise prospère.

SEMER POUR RÉCOLTER

Quand j'étais toute petite, je jouais souvent à la secrétaire avec la vieille dactylo de ma mère. Je tapais des textes, prenais des appels, gérais un paquet d'affaires. J'adorais ça !

Quand j'ai eu 8 ans, en 1983, mon père a démarré l'entreprise Agro-Sol. En vue de l'aider avec la comptabilité, ma mère a quitté son statut de mère au foyer pour compléter un certificat en administration.

Le climat familial en était un d'ouverture. Les soupers de famille étaient l'occasion de discussions passionnées et animées. Nous parlions de nos vies, de nos rêves. Nous étions libres de parler d'argent également, et ce, même quand mes parents n'en avaient pas. Il n'y avait pas de tabous chez nous !

Ma sœur et moi sommes du même tempérament. Toutes jeunes, quand nous souhaitions quelque chose, nous travaillions fort pour l'obtenir et nous y parvenions. Nous n'avons jamais été des enfants gâtées ; au contraire, nous avons été éduquées à travailler pour obtenir ce que nous voulions.

Par contre, elle et moi avions deux façons bien différentes d'arriver à nos fins. Moi l'impulsive, elle la réfléchie. Très convaincante, ma sœur usait d'arguments. Elle est d'ailleurs avocate de formation, et occupe aujourd'hui un poste de haute direction pour une grande pharmaceutique mondiale. Pour ma part, je trouvais le chemin de l'argumentation beaucoup trop compliqué, et démesurément long. Je préférais agir sans trop réfléchir et gérer ensuite les conséquences de mes actes. Nous arrivions toutes deux à atteindre nos buts, mais nous procédions très différemment !

Tout au long de mon primaire, j'ai trouvé difficile d'avoir des parents entrepreneurs. J'aurais préféré que mon père soit pompier, policier ou qu'il exerce tout autre métier davantage connu des enfants. D'autant plus que mon paternel était agriculteur à la campagne, alors que nous habitions en ville. Quand je disais à mes amis ce que mes parents faisaient dans la vie, tout ce qu'ils saisissaient, c'était que mon père sentait l'étable lorsqu'il revenait du travail. Cela n'avait rien de très *glamour* à mes yeux ! Enfin, entendre mes parents parler de l'entreprise à la maison me fatiguait ; je leur demandais constamment de changer de sujet.

À l'adolescence, j'ai fréquenté l'école privée. J'avais beaucoup d'amis, en plus d'être extrêmement participative. L'école privée m'a offert l'encadrement dont j'avais besoin pour mener à bien mes études et gérer mon comportement impulsif. Ce dernier s'explique sans doute par un TDAH, qu'on ne m'a diagnostiqué qu'à l'âge adulte.

Ne sachant trop ce que je souhaitais faire dans la vie, j'ai décidé de suivre le chemin de mes parents en allant faire des études collégiales en administration. Il m'a fallu quatre ans et demi pour réussir ma technique. Détestant certaines matières comme la philosophie, la comptabilité, la finance, j'ai dû refaire la moitié des cours. Entrer des chiffres assise devant un ordinateur, ce n'était pas pour moi. Je ne suis pas cartésienne, mais pas du tout ! C'est en vieillissant, en apprenant à me connaître, que j'ai compris que je n'étais pas dans la bonne branche à l'école.

En même temps, mon parcours scolaire m'a procuré des acquis grâce auxquels j'ai pu trouver un boulot à ma sortie du cégep : la vente d'assurances. J'admirais les talents de vendeur de mon père. Ce travail m'a offert l'occasion de tester ce que je valais personnellement dans cette discipline. Honnêtement, peut-on trouver quelque chose de plus difficile à vendre que des assurances ? C'est du vent, ce n'est rien de concret ! J'ai tout de même aimé exercer ce métier, car il me permettait d'être en relation avec le public. Mon père me disait souvent : « Même si tu ne vends rien, chaque personne que tu rencontres t'apportera quelque chose. » Comme j'étais ouverte aux gens, chaque rencontre était pour moi l'occasion d'apprendre. J'avais donc du plaisir à être en contact avec eux, sans toutefois caresser l'objectif de conclure la vente à tout prix. Puisque j'étais payée uniquement à la commission, il m'est devenu laborieux d'arrondir les fins de mois. À 22 ans, j'ai donc quitté cet emploi pour aller travailler 12 heures par jour dans deux boutiques différentes. Avoir deux boulots était exigeant, mais j'aimais tellement travailler avec le public !

C'est durant cette période que j'ai appris une nouvelle qui allait changer ma vie : j'étais enceinte ! Mon partenaire de l'époque, Jocelyn, faisait alors une maîtrise en chimie, mais il a préféré changer son parcours. Conscient qu'un enfant chamboule une vie et signifie de nouveaux engagements financiers, il a opté pour des études en agronomie à l'Université Laval dans l'espoir d'intégrer ensuite l'entreprise de ma famille. Il appréciait ce champ d'études, notamment le caractère concret de cette science. Nous avons ainsi déménagé à Québec en août 1999, où j'ai accouché de ma fille aînée, Florence, en décembre.

LA RELÈVE

Rapidement, nous avons intégré l'entreprise familiale. Puisque nous joignions ses rangs en couple, mes parents y ont instinctivement vu un copier-coller de leur propre modèle. Ils nous ont donc orientés dans la direction qu'ils avaient eux-mêmes prise dans le passé, soit Jocelyn aux ventes et au développement, et moi à la comptabilité. Erreur fondamentale ! J'aime l'action, et la comptabilité ne faisait pas bon ménage avec ma personnalité distraite, impulsive. Le poste m'emmerdait royalement, je détestais ça ! Je faisais de nombreuses erreurs d'inattention, j'avais le sentiment de ne pas être à ma place. Et j'avais raison.

Je me suis donc mise à essayer divers postes dans l'entreprise, allant jusqu'à faire de la livraison. J'ai grandement apprécié la gestion des fournisseurs ; j'y suis donc demeurée quelques années. J'ai aussi profité de ces années-là pour suivre différentes formations, notamment en ressources humaines. J'ai ainsi pu monter les manuels d'employés, rédiger les descriptions de tâches... À cet égard, nous partions réellement de zéro ; il n'y avait aucune procédure écrite dans l'entreprise. Jusqu'alors, l'embauche avait toujours été faite par une simple poignée de main, et les congédiements se résumaient à des réductions d'heures. Bref, il y avait du boulot dans cette sphère.

En 2004, Jocelyn et moi avons acheté 50 % des actions de l'entreprise. Nous étions donc quatre associés, soit mon père, ma mère, lui et moi, à 25 % chacun. Cet épisode de l'histoire de l'entreprise fut parsemé de soubresauts. La crainte du changement était palpable chez les employés. En 2006, les premiers impacts ont commencé à se faire sentir. Un employé qui comptait plus de vingt ans d'ancienneté chez Agro-Sol a annoncé sa démission. Cet homme, qui avait une grande expérience, était un élément-clé de l'entreprise. Il la connaissait de fond en comble, à l'exception des départements des ventes et de l'administration. Plutôt que d'essayer de le convaincre de rester, j'ai suggéré et organisé l'embauche d'un consultant externe. J'avais besoin de connaître le pouls de notre entreprise et des gens qui la composaient, sa santé émotionnelle ! Après avoir rencontré chaque employé individuellement, nous avons dressé un bilan. Le diagnostic parlait de lui-même. Certains d'entre eux craignaient la nouveauté, les changements qui s'annonçaient. Nous avons compris notamment que celui qui nous quittait voyait d'un œil inquiet l'arrivée de la relève. Ayant toujours travaillé seul avec mon père, de qui il relevait directement, il manquait de confiance en lui et préférait retenir l'information, de peur de perdre son emploi face aux nouveaux venus. Nous ne pouvions tolérer ce comportement, nuisible pour l'avenir de l'organisation. J'ai convaincu mon père de le laisser partir, lui rappelant que personne n'est irremplaçable. Qu'au contraire, la perte d'un employé-clé nous forcerait à réorganiser les choses pour éviter de nous retrouver dans la même situation à l'avenir. Et c'est ce qui est finalement arrivé.

Outre la peur du changement manifestée par quelques employés, le diagnostic de l'entreprise a été extrêmement positif. Il nous a révélé que les employés étaient immensément attachés à l'entreprise et nous a rappelé que nous travaillions depuis toujours avec des gens de cœur, qui aimaient la compagnie, ce qui est toujours le cas aujourd'hui. En effet, même s'il s'agit d'une entreprise saisonnière, le taux de roulement est très faible chez Agro-Sol. Le même constat vaut pour les employés de nouvelles générations que nous incorporons actuellement.

En 2008, nous nous sommes encore une fois entourés d'une consultante externe, une femme d'expérience, à l'écoute et directe, pour nous aider à progresser vers la passation officielle de l'entreprise et le départ de mes parents. Les tâches et rôles de chacun, l'échéancier de succession, les étapes de passation des pouvoirs ont ainsi été discutés et planifiés. Je dois avouer que cette étape a été particulièrement émotive et difficile pour moi. Le premier geste de cette consultante à mon égard a été de me demander comment je me sentais dans l'entreprise. Mes réflexions et mes réponses n'étaient en rien rassurantes. En toute honnêteté, à ce moment, je n'avais tout simplement aucun plaisir à travailler chez Agro-Sol. Je sentais que je n'étais pas utilisée à ma juste valeur, à mon plein potentiel. Je n'avais pas l'impression de progresser, mais de stagner, et cela me rendait très malheureuse. Mes principaux rôles concernaient encore les relations avec les fournisseurs et les négociations, les commandes, la gestion des ressources humaines, sans compter que j'aidais ma mère dans les tâches liées à la comptabilité, que je détestais toujours autant. En faisant ce diagnostic pour le plan de relève, j'ai donc pris encore davantage conscience de mon insatisfaction vis-à-vis de mon rôle dans l'entreprise.

J'ai continué ainsi jusqu'en 2009, jusqu'au moment où j'ai trouvé la cohabitation avec mon père dans l'entreprise trop difficile. Le plan de relève n'était pas suivi, et l'espace devant m'être accordé se faisait attendre. Était-ce par manque de confiance en mes capacités ou par difficulté à lâcher prise ? Je n'ai toujours pas de réponse. Ce que je sais, par contre, c'est que je me questionnais sur la place qui devait être la mienne dans l'entreprise et que j'avais la ferme conviction que mon bonheur ne se trouverait pas dans celle que j'occupais à ce moment. Pour m'aider dans mon processus de recherche d'emploi, ma mère m'envoyait des petites annonces, notamment pour des emplois de secrétaire. J'ai réalisé que c'était vraiment à ce poste que mes parents continuaient de me voir... Le choc a été brutal. J'avais le sentiment profond que même si je partais, mes parents ne reconnaîtraient pas ma valeur. J'étais d'autant plus déterminée à démontrer, à eux tout comme à moi-même, ce que je valais.

Au milieu de ce malaise, nous avons décidé de laisser tomber le plan de relève et de mettre l'entreprise à vendre. Nous avons fait une offre de vente à l'un de nos fournisseurs, qui a aussitôt refusé, ressentant les eaux troubles dans lesquelles naviguait la famille. L'intérêt d'un investisseur est rarement stimulé quand tous les membres de la famille qui s'activent dans l'entreprise ont envie de disparaître...

Quelques semaines plus tôt, j'avais passé en entrevue un candidat qui terminait un emploi chez l'un de nos fournisseurs. Ce dernier m'avait mentionné que la propriétaire de cette entreprise venait de vendre, mais qu'elle devait demeurer en poste deux ans en vue d'identifier et de former une relève. C'est ainsi que j'ai posé ma candidature au poste de recouvrement, dans l'optique de devenir un jour la dirigeante de cette entreprise. Ayant beaucoup trop de bagages pour l'emploi pour lequel je postulais, j'ai mis cartes sur table et nommé mon intérêt à prendre la place de la propriétaire, peu importe la porte d'entrée qu'ils m'offriraient. Comme j'avais avoué mon objectif, ils m'ont offert un emploi tout en continuant leurs recherches pour le poste de recouvrement. J'ai préféré intégrer l'entreprise en commençant par du travail « sur le plancher », afin de bien sentir le fonctionnement de l'organisation et de gagner petit à petit de la crédibilité aux yeux de mes collègues. Dans le cadre de mes fonctions du moment, on voyait mon potentiel de gestionnaire, ce qui me réconfortait et atténuait mes doutes quant à mes capacités.

Six mois plus tard, dans d'autres lieux, il était clair qu'Agro-Sol stagnait. J'avais la vive impression que mes parents étaient découragés. Ma perception est qu'ils voyaient le résultat des efforts de toute une vie leur glisser entre les mains. Ils avaient bâti l'entreprise en souhaitant la maintenir et la transmettre au sein de la famille, et il n'y avait maintenant plus que Jocelyn qui y travaillait. De plus, le côté impulsif de mon père s'accordait difficilement avec la personnalité très cartésienne de mon conjoint. L'un considérait que l'autre ne bougeait pas assez rapidement, et inversement, Jocelyn trouvait que mon père agissait beaucoup trop vite ! Ils se situaient à des pôles complètement opposés, ce qui n'est pas une mince affaire pour qui doit collaborer pour gérer une entreprise.

Attristée face à cette situation, j'ai dit à mon père que j'acceptais de revenir dans l'entreprise à une condition : que ma mère et lui partent ! Il m'a répondu qu'il acceptait, à mon avis sans trop réfléchir ni savoir réellement dans quoi il s'embarquait. J'ai aussitôt démissionné de mon poste à l'externe.

La même année, Jocelyn et moi avons racheté l'ensemble des actions de mes parents. Le financement a été approuvé en totalité et le transfert a finalement eu lieu. Lors de la signature, mon père nous a proposé de laisser une balance de vente dans l'entreprise, ce que nous avons accepté. Ce fut notre première grave erreur. Cet argent nous a toujours fait sentir que nos décisions affectaient directement une portion du fonds de pension de mes parents. C'était lourd à porter et ça bloquait notre créativité. Mes parents n'étaient plus décisionnels dans l'entreprise et n'avaient plus aucun pouvoir de négociation, mais je sentais toujours leur aura planer au-dessus de moi quand il me fallait prendre des décisions.

Puis, comme ce fut le cas entre mon père et Jocelyn à l'époque, nos personnalités contraires nous ont rattrapés, mon conjoint et moi. Depuis des lustres, l'entreprise engendrait un profit net similaire d'une année à l'autre. Pour Jocelyn, ce surplus et l'absence de dettes, qui créaient une récurrence rassurante, suffisaient. De mon côté, je voulais du changement. À chaque idée, je me heurtais systématiquement à des négociations fastidieuses. Je devais le convaincre en utilisant des preuves et des faits, alors que mon senti et mes intuitions m'apparaissaient tout aussi valides. Nos visions de l'entreprise divergeaient, et le confort dans lequel nous naviguions m'ennuyait. Aucun nouveau projet ne voyait le jour, ce qui m'épuisait. J'avais la nette impression de ramer à contre-courant, autant dans ma vie personnelle qu'au travail.

En juin 2013, après plusieurs mois de réflexion, j'ai fini par avoir le courage de me séparer. Un peu comme quand on fait de la décalade, poser le premier pas dans le vide est pénible. Mais une fois lancé, on se sent plus vivant que jamais. Cependant, passer à l'action a été difficile. Nous étions partenaires de vie, mais partenaires d'affaires aussi. En même temps, je ne pouvais plus tolérer le statu quo. Dans la vie, nous sommes responsables de nos malheurs et de notre bonheur. Nous devons donc agir en conséquence.

Durant ma séparation, j'ai maintenu le cap en me concentrant sur mes enfants et moi. Ma priorité était que nous soyons bien. Le reste n'était pour moi que secondaire, matériel ; même l'entreprise ne me stressait pas tant que ça. Nous avons rapidement réglé les aspects personnels pour ensuite nous attaquer à ceux qui concernaient l'entreprise. Puis est venu le moment où nous avons annoncé officiellement notre séparation au sein de la compagnie. Puisque c'est Jocelyn qui détenait l'expertise en agronomie, il était évident pour tout un chacun qu'il reprendrait le contrôle de l'entreprise. Mon père aussi jugeait que ce serait sûrement plus facile que Jocelyn me rachète mes parts.

Sur le coup, je me suis tout simplement dit : « Pas de problème. Il la veut, l'entreprise ? Qu'il la reprenne. » J'étais prête à passer à autre chose, peu importe ce que c'était. Dans la vie, il y a deux types de décisions. Parfois on doit bouger rapidement ; à d'autres moments, il faut réfléchir et prévoir le pire scénario. J'en étais à avancer. Je devais mettre le pied dans le vide, me mouiller et passer à l'action. Que je garde l'entreprise ou pas, je n'avais pas de plan de match, aucune stratégie. Tout ce que je voulais était que ça avance, que ça évolue. Mettre fin au statu quo qui était en train de m'anéantir, de me faire mourir d'ennui et de mal-être. Briser l'engrenage dans lequel j'étais prise.

J'ai donc proposé de faire, chacun de notre côté, une évaluation financière de l'entreprise pour en arriver à une valeur juste.

MON ACQUISITION

La vente ne s'est pas passée comme nous l'avions prévu. Jocelyn est arrivé un matin en disant : « J'ai tout analysé, je ne suis pas capable de payer le montant demandé, ce n'est pas rentable. » J'ai pensé, à ce moment, qu'il jouait peut-être un jeu pour m'amener à baisser mon prix. Impulsivement, je lui ai répondu que dans ce cas, j'allais le racheter. Étonné par ma réponse, il a accepté.

Puis je suis partie à la recherche de financement. Tout d'abord chez mon conseiller financier, qui a été aussi utile dans ce contexte qu'une plante verte ! Il n'était certes pas dérangeant quand je n'avais pas besoin de lui, mais pas plus proactif lorsque ses services étaient requis ! Puisque j'étais une femme et que je n'avais pas de formation en agronomie, il doutait que l'établissement bancaire puisse financer mon rachat. Qui plus est, mon père, dans l'espoir d'accélérer le processus initial qui visait le rachat de mes parts par Jocelyn, avait décidé de rappeler sa balance de vente. Depuis qu'il s'était retiré, une incertitude supplémentaire planait sur mon projet de rachat, portant mon conseiller financier au pessimisme : je venais de traverser un divorce, et mon père sortait ses billes de l'entreprise…

Je ne me suis pas laissé abattre. J'ai approché d'autres banquiers que j'avais personnellement rencontrés lors de séjours à l'EEB. Ils ont tous accepté de me financer. En voyant cela, de peur de perdre un compte important, la superviseure de mon conseiller financier initial a demandé à me rencontrer. Durant cet entretien, je lui ai vendu qui j'étais et ma vision pour l'entreprise. Conséquemment, elle m'a assigné un autre conseiller qui m'a fait une proposition très agressive. J'ai donc signé avec cette institution financière.

La facilité avec laquelle j'avais convaincu ces créanciers m'a profondément surprise. Je me suis rappelé que lors d'un marathon avec Marc Dutil, je lui avais dit que je n'en revenais tout simplement pas que les gens croient en moi et embarquent dans mes projets. Marc m'avait répondu que c'était normal, que les gens ne pouvaient pas faire autrement que d'être convaincus puisque moi j'y croyais.

Au même moment, j'avais préféré changer de bureau de comptable au profit d'une référence obtenue d'une amie entrepreneure qui faisait elle aussi partie de la communauté EEB. La relation d'affaires tissée avec ce partenaire a été incroyable, et nous avons dessiné, ensemble, une nouvelle stratégie pour le rachat. Je me suis mise à fouiller mes chiffres et à y trouver de l'intérêt. Nous avons découvert que lors du rachat de mes parents en 2010, nous n'avions pas établi de nouvelle clause d'actionnariat. Celle qui prévalait datait donc de notre achat en 2004 et stipulait que si Jocelyn et moi nous séparions, j'aurais alors priorité pour racheter ses actions. Je me suis donc servie de cette convention pour lui faire une offre légèrement plus basse, mais qui, à mon sens, était juste et équitable. L'offre a été acceptée. Une telle entente doit toujours être gagnante pour les deux parties, et c'est exactement ce qui s'est alors produit.

J'ai ainsi pu racheter la totalité des actions de Jocelyn le 1er septembre 2014. Je devais rassurer les institutions financières, les employés, tout comme chaque partie impliquée. Je l'ai fait en étant vraie et authentique, sans rien cacher. J'ai dit à mes employés que je rachetais l'entreprise, que je devenais leur patronne, mais que leur travail continuerait comme auparavant dès le printemps suivant. Personne n'a semblé s'inquiéter outre mesure.

LE BESOIN DE BIEN M'ENTOURER

Comme j'étais désormais seule à la tête de l'entreprise et que mon programme à l'EEB était terminé depuis mars 2014, j'ai décidé de briser l'isolement en assemblant un comité-conseil. J'avais besoin de *brainstormer* avec des gens. M'entourer d'un comité m'obligeait à être imputable, à me mettre en action pour faire croître l'entreprise. Toute seule, il m'apparaissait plus risqué de me perdre dans les opérations et de ne plus parvenir à développer mon côté entrepreneurial.

J'ai donc dressé une liste des gens qui possédaient certaines compétences que je n'avais pas nécessairement. Finances, sens politique, syndicats, entrepreneuriat... Il s'agissait de personnes avec lesquelles j'avais déjà travaillé, ou que je connaissais seulement de réputation. Je les ai abordées en leur racontant ce que je souhaitais mettre en place dans mon entreprise et pourquoi j'avais pensé à elles. À mon plus grand bonheur, les gens qui se trouvaient tout en haut de ma liste ont tous accepté de participer à mon comité. Je venais donc de créer un réseau privé qui me permettrait d'aller chercher de l'aide plus rapidement lorsque j'avais des questionnements.

Lors d'une rencontre avec ce comité, nous avons abordé un enjeu que je vivais avec Jocelyn, qui n'était plus actionnaire mais demeurait actif dans l'entreprise. Ils m'ont conseillé de l'approcher comme je le ferais avec n'importe quel autre employé. J'ai donc finalement discuté de la problématique avec lui, exposant comment je me sentais et lui demandant ce qu'il ferait en tant que gestionnaire s'il était à ma place. Il s'est alors ouvert et a nommé ses propres irritants. Certains étaient immuables, mais l'un d'eux pouvait être atténué: il se sentait mis à l'écart quand je planchais sur de nouveaux projets. Cette rencontre déterminante nous a permis, à Jocelyn et moi, de crever l'abcès ensemble et d'aller de l'avant. Même si c'est parfois difficile ou particulièrement émotif, on sort toujours plus fort de ce type de conversation. J'étais contente d'avoir fait l'exercice ainsi, en lui demandant ce qu'il ferait à ma place. Aujourd'hui, j'utilise beaucoup cette méthode dans l'entreprise. Cela me permet d'apprendre à déléguer et à responsabiliser les gens. Quand on mobilise l'équipe et qu'on demande l'avis des personnes, elles se sentent importantes, et ça engendre de bons résultats.

MES PARENTS DEPUIS LA VENTE DE L'ENTREPRISE

Même si j'étais devenue la seule propriétaire de l'entreprise, ma mère continuait d'y travailler dans le département de la comptabilité. J'aurais sincèrement préféré qu'elle quitte son poste au moment où j'ai racheté la compagnie. Elle ne savait pas comment s'en aller, et moi, je ne savais pas comment lui demander de me laisser la place. Nous avons toutes deux manqué d'accompagnement durant cette transition. Après avoir travaillé toute sa vie dans l'entreprise, ne plus y être la bienvenue était très difficile à accepter pour ma mère. Elle restait pour faire la comptabilité parce qu'elle avait le sens du devoir et se sentait obligée envers l'entreprise.

Puis est arrivée l'implantation d'un nouveau système de gestion comptable. Cette démarche a engendré plusieurs insatisfactions, autant pour ma mère que pour moi. Je lui demandais de changer complètement ses façons de faire; elle travaillait pourtant ainsi de façon efficace depuis plus de trente-cinq ans. Face à toutes ces nouveautés, elle n'était plus en mesure de suivre la cadence. Nous avons toutes deux compris qu'elle n'avait plus sa place à ce poste, ce qui fut une période très difficile. Je reconnais avoir été particulièrement maladroite dans mon approche. Ayant peur de la blesser, j'ai tourné autour du pot et je n'ai pas été claire. Au lieu de la rencontrer seule à seule et de lui dire clairement ce que j'avais à lui dire, j'ai tenu une rencontre avec elle, le comptable et une adjointe. L'objectif était de trouver un moyen de rattraper le retard accumulé et de lui offrir le soutien nécessaire. Résultat: nous avons fait un plan de travail et planifié des rencontres entre l'adjointe et ma mère.

Dans les jours qui ont suivi, elle est venue me voir pour me dire qu'elle allait nous quitter. Elle était contre l'initiative qu'une jeune femme de 25 ans lui montre de nouvelles façons de faire pour un travail qu'elle accomplissait depuis si longtemps. Fortement déstabilisée, je suis sortie courir pour réfléchir. À mon retour, elle m'avait laissé un message. Elle me reprochait de ne pas avoir été transparente avec elle. J'ai donc mis mon chapeau de gestionnaire et je lui ai dit la vérité, celle que j'aurais dû lui révéler quelques semaines plus tôt d'ailleurs. Je lui ai proposé deux options: partir maintenant, ou s'engager à fermer l'année financière pour quitter ensuite. Peu importe son choix, elle devait respecter nos façons de faire actuelles et non se cantonner à celles du passé. Elle a trouvé le message clair et a préféré la seconde option.

J'ai aussi utilisé mon chapeau d'enfant. Je lui ai dit qu'en tant que fille, je ne comprenais pas pourquoi elle restait si elle n'aimait plus ce qu'elle faisait. Qu'elle devait penser à elle plutôt qu'aux autres, qu'elle devait se choisir ! Certes, ce n'est pas dans sa nature. Je crois qu'elle était un peu perdue dans tout cela. J'ai réalisé, à ce moment, à quel point elle ne s'était jamais préparée à un après-Agro-Sol.

Pour mon père, son passe-temps de retraité, c'est son jardin... Bon, un jardin de 1500 acres, mais un jardin tout de même ! Nous collaborons toujours, moi à titre de fournisseur et lui comme client. Armés de nos deux caractères bouillants, ça crée parfois des étincelles. Mais il demeure extrêmement important pour moi. À mes yeux, ses connaissances sont inestimables. Je me considère comme choyée de l'avoir.

AGIR POUR AVANCER

Aujourd'hui, l'équipe compte 12 personnes et avec la nouvelle entité, Production Agricole AS, il y en aura bientôt deux de plus. Agro-Sol regroupe les produits de distribution tels que les semences, les engrais, les pesticides, la chaux, les travaux à forfaits et le service agronomique. La nouvelle entité s'occupe de la commercialisation et du traitement des grains.

Je retiens de mes succès actuels l'importance de faire le premier pas, de prendre une décision et de passer à l'action. On ne peut rien faire si on ne se décide pas à agir. Nous pouvons rêver notre vie, l'imaginer, mais cela ne suffit pas, il faut la vivre. Cela fait maintenant quatre ans que je ne me suis pas réveillée la nuit en rêvant que ma vie était tout autre. Je remercie plutôt le ciel pour ce que j'ai. Et j'agis !

Conseils à d'autres entrepreneurs

- Si vous avez des associés, même si l'un d'eux est votre conjoint ou un membre de votre famille, un bon contrat est essentiel. Mieux vaut établir une entente claire quand les choses vont bien.
- Les rôles dans une entreprise, que l'on travaille avec son partenaire de vie ou non, doivent être bien définis, sans zones grises, pour éviter les frustrations. S'il y en a, ça relève d'un problème de communication, il faut s'asseoir et en parler.
- Éviter si possible les balances de vente. De notre côté, cet argent nous a toujours fait ressentir que nos décisions affectaient directement une portion du fonds de pension de mes parents. C'était lourd à porter. Il arrive que l'on n'ait pas le choix, que la capitalisation soit trop importante pour que l'on puisse se permettre de refuser. Mais si choix il y a, n'acceptez pas !
- Je dis à mes enfants : aimez ce que vous faites et soyez indépendants. Financièrement et émotionnellement ! N'ayez pas peur de vous exprimer, offrez-vous le luxe de choisir ce que vous avez envie de faire, et avec qui.
- Suivez votre intuition. Lorsque votre plexus solaire vous parle, il se trompe rarement. Et passez à l'action. Certes, il faut réfléchir, mais une fois que cela est fait, il faut dire *go*. Il n'y a rien de mieux que l'action pour savoir si on l'a ou si on ne l'a pas. Avec l'EEB, j'ai découvert que mon intuition était aussi bonne qu'un paquet de chiffres.

JEAN LAFLAMME, PRÉSIDENT ET CHEF DE LA DIRECTION DE MEUBLES SOUTH SHORE, COMMENTE L'HISTOIRE D'ÉDITH GAUTHIER

Je suis franchement étonné par la prise de conscience d'Édith ; en effet, à un très jeune âge, elle a réussi à mettre le doigt sur ce qu'elle attendait de sa vie, et à comprendre que le bien-être et le bonheur sont à l'intérieur de nous-mêmes et non la responsabilité des autres. Elle a dû se battre pour développer sa confiance en elle, au point d'aller chercher des réponses à l'extérieur de l'entreprise familiale. Elle semble accepter aujourd'hui que certaines personnes, à un moment ou à un autre, ne l'approuvent pas. Même s'il s'agit de ses parents, ce qui est très difficile, car c'est un désir inné, elle semble accepter que son rôle n'est pas d'être aimée mais d'être respectée. Tout au long de ma lecture de son histoire, j'ai eu l'impression que sa vie et son environnement ont changé le jour où elle a accepté de se faire respecter. Aujourd'hui, elle me semble capable de prendre des décisions impopulaires, mais toujours en pensant à ses valeurs et au bien de l'organisation. Le plus grand défi demeure de conserver cette approche, même avec nos propres enfants !

Dans son récit, on sent qu'Édith est une personne qui n'est pas victime de ses malheurs, de son environnement ou de ses relations difficiles. Elle va trouver la créativité nécessaire pour atteindre ses objectifs et a même la maturité de se faire accompagner par des consultants, un comité consultatif et surtout par son réseau EEB. Cette énorme créativité l'amène à rechercher le changement, à le vivre et à le créer si nécessaire. Avec l'évolution démographique due au vieillissement de la population, plusieurs personnes auront à vivre des changements par rapport à la retraite ou aux technologies, pas toujours préparés et voulus (comme avec sa mère). Il faut juste en prendre conscience et s'assurer de bien communiquer pour que les virages se fassent à la vitesse à laquelle les gens autour sont capables de les absorber, spécialement lorsqu'on a un penchant naturel à encourager le renouveau.

«La plus grande récompense de nos efforts n'est pas ce qu'ils nous rapportent, mais ce qu'ils nous permettent de devenir.» Sans connaître l'ensemble de l'entreprise, Édith a fait beaucoup de travail sur elle-même, pour mieux définir ses propres valeurs. Il faut aussi s'assurer de bien les définir pour l'entreprise. Et c'est encore plus important pour une compagnie saisonnière qui risque de vivre des mouvements de personnel dus à la retraite. Dans un avion, lorsqu'il y a une baisse de pression, les agents de bord nous expliquent qu'il est important de mettre son masque en premier avant de pouvoir aider les autres. C'est un peu la même chose en leadership, il faut bien se connaître, se faire accompagner dans les secteurs où nous sommes moins performants, et ainsi être mieux outillés pour aider nos gens à grandir comme personnes. Eux vont s'assurer de faire grandir l'entreprise!

Édith nous donne une belle leçon de courage, le courage d'essayer de nouvelles choses, le courage de se faire et de faire confiance, et le courage de dire les vraies choses, même les plus difficiles. Je me sens privilégié de pouvoir commenter l'histoire d'Édith. Longue vie et bonheur à Édith, aux gens d'Agro-Sol et de Production Agricole AS.

Félicitations aux gens de l'EEB pour leur initiative!

Gérald Dupuis, Ultima Fenestration

Gérald Dupuis, président-directeur général
Entrepreneur-athlète, cohorte 1 du Programme Élite, et entrepreneur-entraîneur dans le Programme Émergence

Ultima Fenestration est un fabricant de portes et fenêtres œuvrant principalement dans le domaine résidentiel, mais présent également dans les domaines institutionnel et industriel. Maîtrise, efficacité, contrôle et innovation, pour vous offrir des portes et fenêtres « à votre mesure » !

•••

Gérald Dupuis est pour moi l'incarnation même d'un pionnier. Il a été le premier capitaine élu par la première cohorte du premier programme offert à l'EEB, le premier entrepreneur-entraîneur recruté dans le Programme Émergence, et le premier à présenter un 24 h à la première cohorte de ce nouveau programme ! Il représente l'exemple parfait d'un homme qui travaille chaque jour à se rapprocher de son idéal, en tant que mari, père et entrepreneur. Il est un entrepreneur raffiné, guidé autant par sa tête, son cœur et ses tripes. Ambitieux et sage à la fois, il se connaît fort bien, ce qui fait de lui un influenceur inspiré et inspirant.

LA NAISSANCE D'UN ENTREPRENEUR

Je suis le neuvième d'une famille modeste de onze enfants. Souvent, à la maison, ma tâche consistait à surveiller les deux derniers de la famille tandis que ma mère s'occupait des plus vieux. J'ai ainsi vite compris le sens des responsabilités. À 10 ans, je prenais plaisir à tondre le gazon, entretenir la piscine et laver la voiture.

Mon père possédait une petite entreprise de portes et fenêtres qu'il avait fondée en 1947. Il y travaillait au-delà de 80 heures par semaine. Ce qu'il m'a appris de plus important, c'est qu'il faut aimer travailler et apprécier ce que l'on fait. Il disait constamment: « Faire ça ou autre chose, ça ne change rien ! » Nous comprenions à travers ses paroles qu'il était possible d'aimer travailler, et qu'on pouvait y trouver du bonheur.

Durant mon enfance et mon adolescence, j'étais vraiment *low profile*. Je ne cherchais en rien à attirer l'attention des autres, à l'exception de celle de mon père. Celui-ci en accordait un peu plus à mes frères aînés, qui commençaient à intégrer l'entreprise familiale. Mon père était mon modèle. Je l'admirais énormément. C'était un homme qui se fâchait très rarement, et dont les réponses étaient toujours raisonnées. J'ai ainsi cherché à le copier. Il jouait de l'harmonica, j'ai commencé à en jouer ! Ce loisir, que nous avions ainsi en commun, me permettait d'avoir un peu plus de son attention, assis tous deux au coin de la table pour pratiquer des morceaux. Ce furent des moments privilégiés partagés avec mon père. Je l'ai malheureusement perdu à l'âge de 20 ans, à un moment où sa présence était critique dans ma vie. À cet âge, j'avais déjà abandonné mes études collégiales dans le but de travailler avec mon père, d'intégrer l'entreprise familiale en vue d'un jour, je l'espérais, m'associer avec mes frères. Son décès prématuré a bouleversé mes plans.

Ce fut mon frère, quatrième de la famille, qui a repris l'entreprise. À l'âge de 24 ans, il était clair pour moi que je souhaitais être en affaires. Je voulais devenir l'associé de mon frère… À cette époque, je ne comprenais pas toujours ses décisions. C'était un processus compliqué pour lui. Il avait pris seul tous les risques financiers pour racheter l'entreprise quelques mois avant la mort de mon père. Qui plus est, même si nous étions quatre membres de la famille à travailler pour lui, j'étais le seul des non-actionnaires à avoir la fibre entrepreneuriale. Il trouvait difficile de vendre une part de ses actions à l'un ou l'autre de ses frères et sœurs, craignant de voir un malaise s'installer dans nos relations. Si nous avions tous désiré être actionnaires, je crois que les choses auraient sans doute évolué autrement. Aujourd'hui, j'ai le recul nécessaire pour comprendre sa position.

Malgré mon désir inassouvi, j'ai continué à travailler pour mon frère durant plusieurs années, principalement au niveau des opérations. En 2000, j'ai obtenu le poste de directeur des opérations, donc du département du personnel également. Cela m'a permis en quelque sorte de faire mes premiers pas comme gestionnaire d'entreprise. Au bout du compte, rien n'a été perdu pendant tout ce temps où j'ai besogné pour mon frère. C'était un apprentissage nécessaire.

MES PREMIERS PAS EN ENTREPRENEURIAT, MES DERNIERS JOURS DANS L'ENTREPRISE FAMILIALE

À 27 ans, toujours animé par le désir d'être en affaires, j'ai investi dans l'immobilier. J'ai construit deux édifices à logements, en grande majorité de mes propres mains. J'ai alors compris ce que c'était que de mettre les bouchées doubles, de travailler des heures innombrables pour faire atterrir un projet. J'ai ainsi éclipsé des doutes fondamentaux qui me freinaient depuis trop longtemps. Étais-je capable d'aller au-delà du travail, de planifier un projet et de le réaliser, d'en faire la vente en convainquant des gens de louer mes appartements, d'administrer l'entreprise ? J'ai ainsi fait mes premiers pas comme entrepreneur grâce à l'investissement immobilier. J'en suis ressorti plus fort, avec une certitude qui guiderait par la suite l'ensemble de mon existence : tout ce que l'on souhaite réellement se trouve de l'autre côté de la peur…

Avec l'arrivée de mes deux enfants, je trouvais tout de même beaucoup de bonheur dans ma vie. J'ai ainsi pu mettre mes ambitions professionnelles en veilleuse. Ma conjointe Nancy et moi profitions de ces beaux moments qu'apporte le fait d'être parents, entièrement en admiration devant le développement de nos enfants. Quelques années ont passé, puis est revenu, ardent, le goût d'entreprendre.

Je disposais alors de deux moyens pour parvenir à posséder une entreprise : m'associer avec mon frère, ou en démarrer une par moi-même. J'ai privilégié la première option jusqu'à ce qu'elle n'en soit plus une… Le temps avait toutefois joué contre moi. Au fil des années, mon frère avait réinvesti plusieurs fois dans la compagnie. De douze ans mon aîné, il avait par ailleurs le bonheur de voir ses enfants grandir au sein de l'entreprise. Il était un père de famille, il priorisait sa progéniture. Alors, même si je souhaitais profondément devenir son associé, la réalité était que plus le temps passait, moins cela devenait possible. Il me restait donc une façon de réaliser mon rêve d'être entrepreneur : voler de mes propres ailes. Un autre constat ralentissait mes ardeurs : j'avais travaillé 60 à 70 heures par semaine durant une quinzaine d'années pour mon frère, me laissant peu de temps libre. Je ne savais donc rien faire d'autre que des portes et des fenêtres !

J'ai finalement quitté l'entreprise familiale en septembre 2004. Je ne pouvais pas prédire si j'allais être heureux en affaires, mais je savais qu'en n'étant pas entrepreneur, j'étais malheureux. Je devais donc passer à l'action. Cela m'a pris beaucoup de courage. Je savais qu'il ne s'agissait pas que de laisser un emploi ; j'avais à quitter partiellement la famille, et ça, c'était difficile. Nous étions alors cinq membres de la famille à travailler au même endroit. Quitter fut éprouvant, déchirant. Cela faisait de moi le mouton noir qui se détachait du groupe pour monter sa propre entreprise. À ce moment, j'aurais tant aimé que notre entreprise ne soit pas familiale ! Mais je ne voulais pas avoir de regrets, alors j'ai pris mon courage à deux mains et j'ai agi.

À la maison aussi, je devais faire les choses correctement. Les enfants étaient alors en âge de comprendre. C'étaient leurs oncles, leurs tantes, leurs cousins et cousines que je quittais pour poursuivre ma route seul. Malgré mes efforts, ils ont ressenti mon malaise et ma tristesse. Par contre, j'ai toujours insisté sur le fait qu'il n'y avait aucun coupable ni aucune victime dans cette situation. C'était tout simplement une réalité dans laquelle j'avais dû faire un choix. Je pouvais soit accepter de demeurer directeur des opérations, soit décider d'assouvir mon envie et de me lancer en affaires.

LA CRÉATION D'ULTIMA FENESTRATION

Pour bâtir l'entreprise, je voulais faire affaire avec nul autre que le meilleur extrudeur de PVC en Amérique du Nord. À mes yeux, l'entreprise PH Tech, localisée à Lévis, répondait à ce critère. De plus, mon père avait entretenu des liens avec elle à l'époque. Pour moi, travailler avec le même fournisseur signifiait reconnaître les décisions d'affaires de mon paternel, l'une des personnes que j'admire le plus encore aujourd'hui. Cependant, cette compagnie n'acceptait plus de nouveaux clients au Québec. Malgré cette embûche, la relation de confiance que nous avions développée, son représentant et moi, a amené ce dernier à défendre mon point de vue devant le conseil d'administration. Grâce à son intervention, la compagnie a décidé de faire une exception pour fournir mon entreprise. Elle m'a également référé un candidat qui avait de l'expérience en vente de portes et fenêtres, une expertise complémentaire à la mienne car ce n'était pas le domaine dans lequel j'avais investi le plus d'énergie jusque-là.

Je l'ai donc convié à un souper au cours duquel je lui ai exposé mon projet. J'ai été complètement transparent avec lui, prenant soin de mentionner que je cherchais un associé pour dix ans, le temps de démarrer l'entreprise. Dès le départ, nous devions nous entendre sur le fait que je rachèterais ses actions au bout d'une décennie. J'avais déjà en tête, à cette époque, que mes enfants auraient peut-être de l'intérêt pour l'entreprise, et il m'était important de bâtir quelque chose que je pourrais facilement leur léguer dans le futur. Je lui ai proposé de devenir mon associé avec 24,5 % des actions, souhaitant me laisser de la marge de manœuvre pour prendre un troisième associé au besoin, tout en demeurant majoritaire, donc décisionnel. Je lui ai demandé de me répondre seulement dans un mois, sans que nous ayons aucun contact d'ici là. Lors de notre discussion suivante, il y aurait deux réponses possibles : oui ou non. Je tenais à ce que sa décision soit mûrement réfléchie et qu'il ne recule pas à l'intérieur de l'horizon temporel de dix ans. Nous nous sommes revus au bout d'un mois, et sa réponse a été positive !

C'est ainsi qu'en novembre 2004, j'ai officiellement fondé Ultima Fenestration avec Pierre Michaud. Que d'émotions ! J'ai alors compris ce que signifie réellement l'expression « avoir des papillons dans le ventre » ! Moi qui avais été salarié toute ma vie, un bon salaire garanti chaque semaine, je me retrouvais du jour au lendemain avec un investissement d'un million de dollars et une hypothèque sur ma maison. J'ai vraiment tout risqué, même les boîtes à lunch des enfants... Ça passait ou ça cassait, aucune demi-mesure possible.

À cette époque, ma femme m'a offert à la fois le plus beau cadeau et la plus grande preuve de confiance. Elle était certes consciente que j'étais malheureux, puisque je lui en avais parlé à maintes reprises au cours de toutes ces années passées au sein de l'entreprise familiale. En même temps, n'ayant pas cette fibre entrepreneuriale elle-même, il lui était inconcevable d'hypothéquer la maison et de mettre à risque le nid familial pour se partir en affaires. Elle a cheminé à travers tout ça. Et un jour, sa priorité est devenue de me voir heureux, intéressant et fonctionnel comme conjoint et père plutôt que d'avoir une maison comme sécurité financière. Elle m'a appuyé sans relâche à travers toutes ces années, ne me disant jamais que j'y allais trop fort ou trop intensément. D'accord, à une exception près... Lors d'un souper où j'étais royalement épuisé, ma conjointe m'a donné une mise en garde. Elle avait noté mes heures de travail des derniers jours, cumulant ainsi 101 heures durant la semaine. J'ai pris conscience qu'elle avait raison, que c'était trop, voire dangereux pour ma santé. Je lui ai alors promis de ne plus dépasser 100 heures de travail par semaine ! Trêve de plaisanterie, j'ai commencé à faire plus attention par la suite.

Nous avons donc démarré notre entreprise de portes et fenêtres à quatre : deux employés, mon associé et moi. J'avais dès le premier jour annoncé mon objectif : dans trois ans, nous construirions une usine de 20 000 pieds carrés ! Personne n'y croyait, sauf moi. Même le comptable externe m'avait averti que prévoir bâtir une usine aussi près d'un démarrage était totalement utopique. Personnellement, pour assouvir mon désir d'être en affaires, j'avais aussi besoin de combler ma soif d'investisseur et d'être propriétaire de mon bâtiment. Pour me sentir plus près de lui, investir en lui. Après deux ans et demi, nous travaillions sur les plans de l'usine, et à l'année trois, j'avais atteint mon but : nous construisions une usine toute neuve.

Il faut être honnête, je m'endettais copieusement avec cette construction neuve, mais le bâtiment était exactement comme je l'avais souhaité. À cette époque, je trouvais important le regard de la clientèle sur mon entreprise, je voulais qu'elle se rende compte de son évolution. Si j'arrivais à construire une usine neuve après trois ans, je nous donnerais une crédibilité incroyable dans le marché. Et c'est ce qui est arrivé. Le chiffre d'affaires a continué à croître grâce à l'arrivée de nouveaux clients. Lorsque ceux-ci visitaient l'usine, le bâtiment parlait de lui-même et les convainquait de s'engager avec nous. Mon principal souci était de gagner la confiance de la clientèle, et j'y travaillais d'arrache-pied. Même si mes actions laissaient croire que j'avais confiance en moi, ce n'était pas vraiment le cas. J'étais pris dans une espèce de syndrome de l'imposteur, comme si je ne me reconnaissais pas le droit de réussir des choses d'une telle envergure.

N'oublions pas que mon entreprise produisait pratiquement les mêmes produits que celle de mon frère. Au départ, elle se différenciait réellement avec une offre hyper haut de gamme. Cependant, j'ai rapidement réalisé que si nous continuions dans la même lignée, Ultima Fenestration ne survivrait pas. En effet, ce marché rejoint à peine 2 à 3 % de la population. Qui plus est, l'entreprise était encore en démarrage et avait donc à établir sa crédibilité. J'ai donc dû revenir à des gammes plus conventionnelles, plus standards. Nous prêchions tout de même pour notre paroisse et affirmions que nous faisions le meilleur produit, vantant ses composantes de qualité supérieure.

Nous nous adressions donc, mon frère et moi, à des clientèles fortement similaires. Cependant, par respect pour lui et pour la famille, j'avais pris l'engagement de ne jamais solliciter l'un de ses clients. S'ils venaient à moi, je les servirais, mais je ne serais jamais l'instigateur d'une telle démarche. J'ai dû convaincre mon associé à cet égard. Il travaillait au développement des affaires ; mes valeurs étaient pour lui contraignantes. Et puisque nous nous étions entendus, dans notre contrat de société, pour que je le rachète à la dixième année de vie de l'entreprise, le court terme pesait plus lourd dans la balance pour lui, alors que j'étais personnellement axé sur le très long terme. Je préférais sacrifier de la rentabilité immédiate pour m'assurer que, dans dix ans, l'entreprise serait toujours en bonne position pour poursuivre sa progression, tout en jouant une partie honnête. Assurer la pérennité de l'entreprise était et est toujours pour moi une priorité absolue.

DEVENIR PROPRIÉTAIRE UNIQUE

En 2008, nous avions un chiffre d'affaires d'environ 5 millions de dollars. Nos clients étaient satisfaits et revenaient vers nous, ce qui nous rendait confiants en l'avenir. L'entreprise était en croissance, et nous souhaitions continuer à grandir. Pour y arriver, je sentais au plus profond de moi-même que nous devions nous structurer. Un professionnel m'avait déjà dit qu'à compter de 80 employés ou de 10 millions de dollars de chiffre d'affaires, une entreprise devait revoir sa structure. Qu'en deçà de cette taille, un entrepreneur avec une certaine aisance était apte à en être le chef d'orchestre et à la faire fonctionner. Ce n'était pas mon cas ! Je gérais en bon père de famille, comme mon père me l'avait appris. Nous avions alors une trentaine d'employés en poste, et les gérer me prenait tout mon temps. Ce n'était pas ce à quoi j'aspirais quand j'ai décidé de me lancer en affaires ! J'ai donc engagé un consultant en management, même si nous présentions à peine la moitié des critères nécessitant normalement son intervention. Je voulais qu'un organigramme soit bien en place pour que chacun connaisse son rôle, ses tâches et les procédures à suivre. Je savais que si nous ne nous réorganisions pas, je ne pourrais pas avancer à la vitesse que je voulais. Mon but était de croître de 20 % par année pour atteindre 10 millions de chiffre d'affaires après dix ans d'existence. Ce que nous avons réussi, tout en étant rentables.

Dans ce contexte de réinjection de fonds dans l'entreprise, j'ai pris la décision de devancer le rachat des actions de mon associé de trois ans. Les raisons étaient principalement d'ordre financier. Je comprenais que mes investissements futurs seraient de plus en plus difficiles à accepter pour mon associé, moi qui avais en tête d'investir de 4 à 5 millions au cours des trois années suivantes. Il devenait donc impératif de devancer le rachat des actions de quelques années, conscient du conflit imminent qui s'installerait entre lui et moi. Les investissements allaient diminuer la rentabilité à court terme, en l'occurrence durant ses trois dernières années en tant que copropriétaire de l'entreprise. J'ai donc commencé les négociations avec mon associé en 2010, et je l'ai finalement racheté en 2011.

L'EXPANSION ET SES RISQUES

Une fois que j'ai été seul propriétaire à bord, nous avons agrandi l'usine de 10 000 pieds carrés supplémentaires, en plus d'acheter des équipements pour une valeur de près de 2,5 millions de dollars. Dans un tel contexte, un entrepreneur se met à risque ; il sait pertinemment qu'il doit vendre davantage, d'autant plus qu'il dispose désormais d'une capacité de production accrue. Les ventes doivent être au rendez-vous.

Nous visions les contracteurs de maisons neuves, car, à ce moment, les mises en chantier allaient bon train. Je tenais à ce que la qualité de nos produits soit irréprochable. À chaque rencontre mensuelle du personnel, je réitérais l'importance de la qualité. Mes employés, très engagés, ont toujours collaboré à maintenir, voire à améliorer, la qualité de nos produits. Je leur en suis très reconnaissant. Ils sont un élément primordial du succès de l'entreprise.

C'est dans ce contexte, très motivé, que j'ai ensuite perdu un gros client, qui me rapportait à lui seul quelques millions de dollars par année à l'époque. Le coup a été très dur. Sa perte nous obligeait à remplacer cette *business* perdue, en plus de réaliser les objectifs annuels planifiés. La principale raison pour laquelle j'ai eu de la difficulté à accepter cette décision, c'est que nous donnions tout ce que nous pouvions à ce client, parfois même ce que nous ne pouvions pas. Sur le coup, cet événement m'a beaucoup affecté. Je me suis senti comme la femme qui, chaque soir, traite son homme aux petits oignons en lui apportant pantoufles, journal et cigare, et qui se retrouve tout de même abandonnée au profit d'une maîtresse. Il m'était toutefois important de ne pas tomber dans la rancune ou la médisance. J'ai compris que ce client avait ses raisons d'agir ainsi et que le seul coupable était moi, puisque je n'avais pas su répondre à toutes ses attentes. Il me fallait donc revoir certaines choses, en l'occurrence ma proximité avec les clients.

Une partie de ma philosophie est qu'une entente d'affaires constitue notre mode de fonctionnement avec le client : elle dicte les escomptes, les rabais de volume, les délais de livraison... À mes yeux, cette entente ne devrait jamais avoir d'échéance. C'est la même chose que dans une amitié : avec un ami, on ne procède pas à un bilan ponctuel pour décider de renouveler ou non notre amitié une autre année. Mais si ça fonctionne moins bien avec un client ou qu'il n'est pas satisfait, je comprends qu'on gagne tous deux à reprendre notre liberté. La *business*, à la base, est une question de relations. Le produit et le service arrivent en second. Lorsque la relation est bonne avec le client, s'il survient un pépin, il va prendre le temps de m'appeler et de me demander de corriger la situation. C'est un principe fondamental pour moi, qui repose bien davantage sur mes valeurs que sur une simple entente. C'est pourquoi je me questionne parfois à savoir si je suis vraiment un homme « d'affaires » ! Heureusement, cette entreprise est aujourd'hui redevenue cliente chez nous.

Avant de mener à bien l'agrandissement en 2012, j'aurais pu – certains diront que j'aurais dû – attendre en 2013 ou en 2014. En effet, nous aurions pu maintenir le statu quo, tout en continuant à améliorer notre productivité. Par ailleurs, je savais que nous n'étions pas prêts financièrement. Mais un entrepreneur, ça se propulse toujours vers l'avant...

J'ai donc décidé de plonger. Je me disais que si je perdais ce client, je n'aurais qu'à en trouver d'autres. En perdre un est aussi une opportunité d'en introduire de nouveaux, avec une meilleure relation et une plus grande rentabilité. Je crois sincèrement qu'en affaires, un entrepreneur doit se donner les moyens d'avoir l'entreprise qu'il lui faut pour être heureux. Ce que je voulais, moi, c'était une compagnie reconnue à la grandeur du Québec. Pour y arriver, il y avait différents échelons à gravir. Je pense qu'en tant qu'entrepreneur, aussitôt que l'on se sent capable de le faire, il faut passer à l'action, voire devancer les étapes charnières et accélérer le processus.

Au cours d'un de mes séjours à l'EEB, j'ai entendu quelqu'un dire : « La pire décision en affaires est de ne pas prendre de décision. » Il est vrai que j'ai pris un risque, car je n'avais pas les ventes pour assurer notre nouvelle capacité de production. Mais je me suis dit qu'une fois l'agrandissement complété, nous n'aurions tout simplement plus le choix : nous devrions aller chercher quelques millions supplémentaires pour le justifier. Ça devenait un nouveau défi à surmonter ! Qui laissait tout de même quelques nuits blanches sur son passage…

À la suite de cet agrandissement, les employés se demandaient comment ils avaient pu opérer auparavant ! À la fin de 2012, comme le chiffre d'affaires avait encore augmenté, les travailleurs en sont venus à trouver l'usine trop petite.

LA CROISSANCE PAR ACQUISITIONS

Jusqu'en 2014, Ultima Fenestration a toujours grandi de façon organique, en augmentant les ventes et en embauchant de nouveaux employés pour honorer les contrats obtenus. En 2014, le marché de la construction stagnait, et celui de l'habitation se convertissait massivement vers la construction de condominiums, où c'est le plus bas prix qui prime. Ce n'était donc pas dans ce créneau que nous pouvions performer.

J'ai alors eu envie d'expérimenter autre chose : la croissance par acquisitions. Étant novice en la matière, je dois avouer que cette approche me déstabilisait énormément. J'ai commencé par évaluer les entreprises à acquérir. J'ai vite compris qu'une telle analyse ne se limite pas aux chiffres ! Il faut réfléchir à nombre de facteurs dont le marché que nous ciblons, la région dans laquelle nous souhaitons être actifs, le personnel en place, la similarité dans le produit, la synergie potentielle entre les deux entreprises, la combinaison d'achats… J'en ai évalué trois. L'achat de l'une d'elles n'a d'ailleurs pas abouti en raison d'une mésentente d'à peine quelques centaines de milliers de dollars… Chacune de ces évaluations m'a permis d'en apprendre beaucoup. Par exemple, pour quelqu'un qui a fondé son entreprise ou qui œuvre dans une compagnie familiale, la vente de celle-ci s'inscrit dans un lien émotif vraiment déchirant. Au point que la vente n'est plus une question de chiffres, mais bien un enjeu pour que l'acheteur préserve certaines caractéristiques de l'entreprise pendant quelques années encore. Par exemple, on voudra que perdure le nom de l'entreprise ou de la marque. Même si, au niveau marketing, il est plus rentable d'opérer sous un seul nom, la préservation d'une marque acquise permet d'atténuer l'impact négatif pour le personnel et pour la population, à savoir la clientèle cible.

J'ai depuis acquis trois entreprises au Québec. Deux d'entre elles sont des fabricants de portes et fenêtres, ce qui m'a permis de m'approprier leurs clientèles respectives, en plus d'intégrer certains de leurs employés à ma propre usine. J'ai également acheté une petite usine de peinture, que j'ai intégrée dans mon usine sous forme de ligne de production. Ces acquisitions étaient nécessaires pour me permettre de faire augmenter notre volume d'affaires plus rapidement que je n'aurais pu le faire avec une simple croissance organique. J'ai ainsi pu justifier un autre agrandissement, la phase 3, à la fin de l'année 2015.

VOIR PLUS LOIN

Nous disposons maintenant d'une usine d'environ 50 000 pieds carrés, dont une partie des équipements est automatisée. À cause de la variété de produits aux dimensions différentes que nous fabriquons, les lignes de production sont difficilement automatisables. L'option que je privilégie pour demeurer en avant de la parade d'un point de vue technologique est donc l'utilisation de robots. Nous planifions actuellement l'intégration d'une dizaine de robots dans l'usine, dont la particularité est d'être des robots collectifs, qui vont travailler de pair avec les employés pour effectuer une partie des opérations. Nous nous devons de trouver des solutions au manque de main-d'œuvre disponible, car le taux de chômage de la région se situe en deçà de 3 %. L'intention n'est nullement de diminuer le nombre d'employés, mais au contraire de nous assurer une croissance future. J'ai dû rassurer mes gens pour qu'ils comprennent qu'ils ne perdront pas leurs emplois après l'arrivée des robots, qu'ils ne doivent en aucun cas craindre cette technologie. J'ai réussi à réconforter mon monde, car après l'annonce, plusieurs m'ont dit avoir hâte que les robots arrivent dans l'usine.

Les trois enjeux sur lesquels je vais plancher au cours des prochaines années sont la robotisation, l'informatisation et la commercialisation. La commercialisation inclut le réseau de distribution, le site Web et les transactions en ligne. Cela représente un monde un peu mystérieux pour moi ! Cependant, je me sens tout de même en confiance, puisque j'ai recours à des ressources externes qui connaissent bien ces domaines. Je n'ai pas le choix de m'entourer, l'inverse serait synonyme de me condamner moi-même à demeurer au volume d'affaires actuel. Et ce n'est en rien ce que je souhaite. Je veux faire partie des leaders au Québec et doubler, voire tripler, notre chiffre d'affaires d'ici une dizaine d'années.

Mon plus grand rêve pour l'entreprise, c'est qu'elle parvienne à opérer *coast to coast*, d'un océan à l'autre. Lorsque j'ai commencé mes recherches en vue d'acquisitions, je regardais déjà vers l'Ontario, la côte Ouest et les Maritimes. Mais j'ai réalisé qu'il était encore trop tôt. Qu'il fallait atteindre une certaine maturité au Québec avant d'étendre géographiquement l'entreprise. Et ce n'est peut-être pas moi qui vais remporter cette belle victoire. Ce sera peut-être l'un de mes enfants, ou le prochain propriétaire.

Bien qu'il existe plusieurs chemins pour réaliser ce rêve sous mon règne, il faut tout de même tenir compte d'un frein majeur : moi-même. Jusqu'à quel point Gérald Dupuis est-il prêt à investir du temps et de l'énergie pour étendre ses activités d'entreprise à la grandeur du pays ?

À l'aube de la cinquantaine, il n'y a pas que l'entreprise qui soit fondamentale pour moi. Je ne voudrais pas sacrifier du temps de qualité avec ma femme et mes enfants au profit de mon objectif. Je veux passer le reste de ma vie avec ma conjointe et prendre le temps de vivre les moments que nous avons à vivre ensemble, tout comme avec mes enfants. C'est probablement ma crise de la cinquantaine d'entrepreneur ! Mais cette prise de conscience m'a permis d'accepter que d'une certaine façon, mon rêve d'entrepreneur et mon rêve personnel peuvent cohabiter. Si je trouve le moyen de les réaliser tous les deux, je le ferai !

JOUER MON RÔLE DE PRÉSIDENT

Le rôle que j'aspire à jouer chez Ultima Fenestration, c'est uniquement celui de président. Le président œuvre au développement des affaires, il prépare les choses deux à trois ans à l'avance. C'est là que je me sens le mieux. Je conserverais tout de même une portion du contrôle, car j'adore analyser nos chiffres, porter des conclusions et conseiller mon équipe pour l'amener à atteindre les objectifs que je vise. J'aspire à ce que cette dernière soit complètement autonome, ne cherchant de ma part que de l'approbation. Ce n'est pas encore tout à fait le cas, mais d'année en année, je gagne du terrain en ce sens.

À mon avis, un bon président, c'est une personne qui est à l'écoute de tout : ses employés, ses clients, ses fournisseurs, le marché… et qui comprend dans quel univers il vit ! Un bon président, c'est aussi quelqu'un qui influence les autres, qui *coache* ses gens, qui les amène à être de meilleurs employés mais aussi de meilleures personnes. C'est un être qui donne tout le mérite aux autres même si sa participation a pu être importante dans un dossier, et qui prend en charge les échecs. Un bon président démontre une confiance inébranlable en lui-même : il a le droit de mettre un genou par terre, mais doit avoir une grande résilience et se relever rapidement. Il ne laisse rien au hasard : il vise la perfection, mais accepte l'excellence !

Pour être un bon président, il faut savoir qu'on est toujours sous le *follow spot*. Les paroles du président ont dix fois plus d'impact dans l'entreprise que celles d'une autre personne. Il doit aussi rassurer ses employés et choisir les bons mots pour le faire. Un bon président donne aussi l'exemple : il se doit d'être en forme et à l'heure, tout comme d'aimer son monde.

Il agit en vue d'aider ses employés et ses clients, ainsi que de protéger l'intégrité et la réputation de l'entreprise. Par exemple, à la suite de certaines circonstances, j'ai dû, à mon corps défendant, remercier un employé que j'aurais vraiment préféré garder. Si je ne l'avais pas congédié, j'aurais signifié aux autres employés que j'acceptais certains comportements. Je devais donc procéder à son congédiement dans mon rôle de président, mais comme individu, je n'aurais sans doute jamais eu le courage de le faire. Le président devait le faire pour protéger l'intégrité de l'entreprise face aux employés.

Personnellement, j'aimerais être un président plus à l'écoute. Je suis très cartésien, mais aussi très émotif. Il arrive que je n'aie pas besoin d'écouter longtemps les autres pour les comprendre. En l'espace de deux ou trois phrases, je saisis la totalité de ce que mon interlocuteur veut me communiquer. J'embarque donc rapidement dans une conversation. Par contre, je cherche à m'améliorer sur ce point. Il est toujours possible que ce que je crois avoir compris ne soit pas le reflet de la réalité. Je travaille donc constamment à améliorer mon écoute, à démontrer mon intérêt et à prendre plus de temps pour les autres.

Mais j'adore assumer le rôle de président ! J'ai eu un directeur général durant quatre ans, qui vient malheureusement tout juste de quitter. Je n'ai toujours pas trouvé la bonne personne pour le remplacer. Je suis donc passé de président à président-directeur général, ce qui fait que plus de choses retombent sur mon bureau. En même temps, mes enfants sont assez avancés dans leurs études et pourraient éventuellement prendre cette place. Je vais donc continuer d'assumer pour le moment mon rôle au niveau de la direction générale, mais en demandant à ma directrice administrative, à mon directeur des opérations et à mon directeur des ventes d'être beaucoup plus décisionnels. Je veux que leurs responsabilités soient pratiquement totales. En ayant trois bonnes personnes bien positionnées sous moi, je pourrai assumer la direction générale avec facilité pour consacrer la majeure partie de mon temps au rôle de président. C'est un souhait. Au cours des dernières années, lorsqu'un directeur général habile dans chacun des départements était en poste, qu'est-ce que c'était plaisant ! Comme beaucoup d'entrepreneurs, je souhaite ce monde idéal, mais quand ce n'est pas le cas, je me retrousse les manches et je fais ce qu'il y a à faire, c'est tout.

LE DUR MÉTIER DE DIRIGEANT

À mon avis, le plus dur pour un entrepreneur, c'est de gérer de multiples conflits. Le premier est d'équilibrer sa vie professionnelle et personnelle. Si je reste au bureau le soir pour travailler, je me sens mal face à ma famille. Inversement, si je reviens à la maison, je me sens inconfortable d'avoir laissé du travail non accompli au bureau. Il me faut donc trouver le moyen de planifier mon horaire pour trouver le meilleur équilibre possible, sinon je suis en constante déchirure.

Un autre aspect difficile est d'avoir à assumer un rôle de président et de directeur général en même temps. Les tâches inhérentes à ces deux postes sont tellement contradictoires ! Le président doit féliciter et encourager son équipe, alors que le directeur général doit superviser et corriger les employés. L'un est motivateur, l'autre est directif. Comment un employé peut-il, rapidement, comprendre lequel des deux se trouve devant lui, quand les deux postes sont assumés par la même personne ? Même personnellement, occuper ces deux rôles n'est en rien évident. Par exemple, il arrive qu'en tant que président, je rêve à ma compagnie et que je prenne des décisions en conséquence. Le lendemain, lorsque j'ai le chapeau du directeur général et que je dois mettre en œuvre ces décisions, il m'arrive de remettre en cause mes propres décisions, celles du président ! L'un rêve et anticipe l'avenir, l'autre exécute et est dans le présent. Lorsque j'occupe les deux rôles, le directeur général en moi brime mes ardeurs de président. Il m'empêche de rêver librement. Pour moi, la seule façon d'atténuer les impacts négatifs de cette situation est de refuser de me voir comme directeur général lorsque je suis à l'extérieur de l'usine. Je suis alors uniquement président. Le titre sur ma carte d'affaires est d'ailleurs celui de président. Pas pour me faire valoir, mais simplement parce que je pense que le titre inscrit sur ma carte offre, à ceux à qui je la remets, une pleine compréhension de mon rôle dans l'entreprise.

LE BEAU MÉTIER D'ENTREPRENEUR

À mes yeux, le plus beau dans le fait d'être entrepreneur est la réalisation de moi-même. Bâtir une entreprise seulement pour l'argent serait une absurdité totale. En même temps, pour se réaliser pleinement, il faut de l'argent. Ce que je trouve beau, c'est qu'entre le moment où j'ai démarré mon entreprise et aujourd'hui, ma qualité de vie familiale s'est nettement améliorée. Nous faisons régulièrement des voyages dans le Sud, nous avons deux résidences secondaires, je suis maintenant pilote d'avion et je possède mon propre avion. Tous ces rêves que j'avais et qui sont aujourd'hui une réalité, nous pouvons les vivre présentement, en famille. Ce dernier point est primordial. Me réaliser en affaires est une chose, mais je veux tout autant améliorer le sort de ma famille, pour vivre ensemble la vie que nous avons tous souhaité vivre. Dans le fin fond de tout cela, il s'agit de prendre le plein contrôle de sa vie.

TRANSMETTRE SA PASSION

Ma passion comme entrepreneur se vit au quotidien avec mes clients et mes employés. Et bientôt avec mes enfants, qui aspirent à devenir un jour coprésidents de l'entreprise !

Ma fille, qui souhaitait auparavant devenir dentiste ou pharmacienne, s'est découvert la bosse des affaires en passant un test psychométrique avec un orienteur. Elle étudie maintenant à l'Université Bishop's dans la région des Cantons-de-l'Est, et est intéressée par le marketing, la vente et les ressources humaines. De nature extravertie, toujours positive, parfaitement bilingue, elle jouera certes un rôle de premier plan dans l'entreprise. Sa personnalité apportera beaucoup dans la croissance future et, qui sait, permettra peut-être de réaliser mon rêve d'implanter l'entreprise d'un océan à l'autre !

Quand il avait 12 ans, mon garçon m'a demandé à quelle université il devait aller pour devenir président de ma compagnie. Instinctivement, il se voit davantage en management et en finance. Il étudie actuellement en deuxième année collégiale. Il souhaite également aller travailler ailleurs avant de joindre les rangs de mon entreprise. Il m'a dit dernièrement : « Je veux expérimenter autre chose avant d'entrer chez Ultima Fenestration. De toute façon, lorsque je vais travailler pour toi, je vais y être tellement longtemps que je n'aurai plus la chance d'aller faire autre chose ailleurs. » Mon fils a compris très tôt ses forces. De nature introvertie, il est capable de s'exercer des heures durant afin de devenir un bon guitariste. Entouré de quelques amis sincères, il est calme, respectueux et réfléchi. Un jour, il m'a dit : « Je suis timide, papa, mais ce n'est pas ça qui va m'empêcher de faire ce que j'ai à faire dans la vie ! » C'est beau de le voir aller, il expérimente, il découvre qui il est.

Honnêtement, je pense que l'EEB m'a permis de contaminer positivement mes enfants à l'entrepreneuriat ! C'est un beau cadeau pour moi de voir que mes enfants aspirent à devenir entrepreneurs. Malgré cela, ils sont totalement maîtres de leur destinée. Ils ont l'entière liberté de changer d'idée et de faire ce qu'ils veulent dans la vie. C'est important pour moi qu'ils sentent qu'ils sont libres de leur choix. Nous discutons d'ailleurs rarement de l'entreprise à la maison. C'est parfois intéressant d'en parler autour de la table, mais l'essentiel, au moment des repas, est d'entretenir le lien familial.

LA FIERTÉ DE CONTRIBUER

En terminant, je ressens le besoin de mentionner que je suis foncièrement heureux de constater que les entrepreneurs gagnent du galon aux yeux de la société québécoise. Soyons reconnaissants envers ceux qui ont risqué leur maison, passé des nuits blanches, eu peur de tout perdre, car en améliorant leur vie, ils ont inspiré plusieurs autres personnes à faire de même. Auparavant, nous étions quelque peu mal vus. Je crois que la société commence à comprendre et à valoriser ce qu'est un entrepreneur. C'est une personne ambitieuse qui a envie d'avancer, mais c'est aussi quelqu'un qui a le goût de redonner. Au cours des treize dernières années, ce sont des centaines de milliers de dollars qui ont été remis par mon entreprise à différents organismes aidant des gens dans le besoin. Aujourd'hui, l'une de mes plus grandes fiertés est de savoir que 75 familles ont des revenus grâce à l'idée que j'ai eue il y a quatorze ans. C'est une fierté d'accomplir cela. Tout comme c'en est une d'avoir contaminé positivement ma famille, à l'entrepreneuriat, au sport, à aspirer à devenir la personne que l'on souhaite être.

Conseils à d'autres entrepreneurs :

En pilotant mon avion, j'ai compris qu'il faut planifier ses actions avant le vol et agir au bon moment. Il faut identifier la destination, vérifier la météo, valider l'altitude de vol, la vitesse de croisière, la quantité de carburant nécessaire, les aéroports de déroutement, les fréquences radio... C'est un peu la même chose en entreprise. Il faut prendre son temps pour réfléchir à une décision et se donner la période nécessaire pour bien organiser les choses. Travailler in-tel-li-gem-ment ! En tant qu'entrepreneurs, nous sommes souvent des Speedy Gonzales. Nous voulons que tout aille vite. Nous rêvons souvent à la quantité, mais nous donner du temps nous permet d'ajouter la qualité à nos réalisations.

Enfin, l'auteur Stephen Covey m'a énormément inspiré. Il conseille, dans plusieurs de ses livres, de faire les choses importantes et non les choses urgentes. Pour moi, c'est devenu un principe de vie et une façon de gérer. Lorsque je m'adonne à trop de tâches urgentes, je ne me sens pas bien. C'est le signal d'alarme qui me rappelle que je dois trouver le moyen de déléguer ce que j'ai à faire à des personnes dans l'entreprise mieux qualifiées que moi. L'urgence est redirigée à différents postes dans l'entreprise, qui deviennent responsables de toute situation semblable, jusqu'à nouvel ordre. De cette façon, je ne suis plus le goulot d'étranglement de l'entreprise. Les urgences deviennent la responsabilité de différentes personnes plutôt que de s'empiler sur mon bureau. Cela me permet de me concentrer sur ce qui est important, et c'est vraiment là que je suis le meilleur.

PIERRE POMERLEAU, PRÉSIDENT-DIRECTEUR GÉNÉRAL DE POMERLEAU, COMMENTE L'HISTOIRE DE GÉRALD DUPUIS

Ayant déjà agi comme entrepreneur-entraîneur au sein de sa cohorte à l'EEB, je connaissais déjà Gérald. Je l'ai d'ailleurs revu par la suite dans différents cocktails d'affaires. La première impression qu'il dégage est celle d'être un homme hyper sympathique. Tout en authenticité, presque impossible à oublier.

Gérald n'est pas un frimeur. Page après page, la lecture de son parcours nous ramène à d'éloquentes preuves d'authenticité et de détermination. Il s'agit pour moi de qualités fondamentales en affaires. Gérald les porte profondément en lui et les montre au grand jour tout au long de son histoire.

Je dois avouer que le courage dont il a fait preuve est venu me chercher. Représentant moi-même la deuxième génération au sein d'une entreprise familiale, j'ai eu, comme bien d'autres, certains épisodes épiques avec la génération qui m'a précédé, du moins à mes débuts. Si la porte s'était complètement fermée devant moi comme ce fut le cas pour Gérald, je ne sais pas si j'aurais eu le courage d'agir comme il l'a fait. Armé de son désir ardent d'entreprendre et d'être le maître de sa destinée, il a choisi l'entrepreneuriat plutôt que la préservation, à tout prix, de relations familiales harmonieuses. Cela demandait un courage exceptionnel. J'ose imaginer la situation. Laisser un vide dans la compagnie fondée par son père, tout miser sur son propre démarrage d'entreprise, devenir un compétiteur pour son frère, mettre en pause des relations familiales qui lui sont chères… Rien de tout cela n'est facile. Mais il s'est donné une condition gagnante pour y arriver. Avant même de débuter, il a impliqué sa femme et ses enfants. Il s'est assuré que sa famille immédiate embarque avec lui dans cette aventure. Ça m'a touché.

Gérald est aussi doté d'une ambition sans borne. Faire des agrandissements, construire une usine neuve, doubler la taille de l'entreprise, croître sans cesse… Il faut être naïf pour être en affaires, il en fait la parfaite illustration. Quelqu'un de trop logique, sans naïveté, n'aurait jamais osé prendre de telles décisions ni faire de telles actions. Comme entrepreneur, si tu calcules tout, tu ne fais rien… Cela étant dit, Gérald a tout de même su, à différents moments, mettre en place des éléments pour minimiser ses risques, notamment l'entente à durée prédéterminée conclue avec son partenaire. Cette combinaison d'intelligence rationnelle et de naïveté est une qualité que j'apprécie particulièrement chez lui.

Il se pose d'ailleurs des questions intéressantes sur son double rôle de président et de directeur général. J'ai envie de répondre que je suis moi-même PDG… C'est possible ! Par contre, pour l'avoir vécu, je suis d'avis que plus une entreprise grossit, moins le style directif est conseillé. Tu dois devenir de plus en plus le motivateur, le mentor, la personne qui motive les troupes, tout en t'assurant de déléguer les tâches.

Dans la même optique, plus la compagnie gagne en taille, plus la vision s'avère capitale. « Concrètement, dans quinze ans, je veux que mon entreprise devienne quoi ? » La réponse à cette question doit être précise, tenir en une phrase ! Il est du rôle du président de s'assurer que l'entreprise y reste connectée tout au long de sa croissance. Il s'agit de la ligne à suivre : absolument tout doit être orienté vers la réalisation de cette vision. Sincèrement, il y a vingt ans, j'en avais peu besoin ; aujourd'hui, je suis conscient que la pérennité de l'entreprise en dépend.

Je terminerais en mentionnant qu'on ne peut juger de l'histoire de quelqu'un sans l'avoir vécue. Néanmoins, je crois que Gérald n'a probablement pas fait un parcours sans faute. Personne ne le peut. Lui aussi a dû se cogner le nez et se relever. Mais dans l'ensemble, il a su, et saura encore j'en suis certain, très bien faire. De façon authentique, ambitieuse, déterminée et assumée… à la Gérald !

David Cartier, Emballages Cartier

David Cartier, président
Entrepreneur-athlète, cohorte 9 du Programme Élite, et entrepreneur-entraîneur dans le Programme Émergence

Chez Emballages Cartier, nous avons l'ambition de partager notre expertise en optimisation d'emballage avec les leaders d'ici afin d'augmenter leur performance, quel que soit leur secteur d'activité.

•••

En pénétrant chez Emballages Cartier, je me suis surprise à me sentir comme si j'entrais à l'École d'entrepreneurship de Beauce. J'ai été étonnée de constater à quel point David avait appliqué à son organisation nombre de pratiques prônées et inspirées par l'École. De la salle de gym au lounge *dédié aux 5 à 7 entre employés, l'environnement qu'il a construit traduit son amour des gens et son besoin de les rendre heureux. Des aires formelles aux stations informelles, la combinaison d'espaces aux énergies différentes en fait un lieu où la rigueur et la créativité peuvent coexister librement.*

À LA RECHERCHE DE…

Mon père a commencé sa carrière en tant que gérant de banque. Dans le cadre de ses fonctions, un événement majeur a changé le cours de sa destinée, tout comme celle de notre famille. Pendant une journée qui s'annonçait sans surprises, des braqueurs ont pris d'assaut la banque. En quelques secondes, ce fut le chaos, et dans la peur et la perte de contrôle vécues par les voleurs, mon père s'est pris une balle. Désabusé par le traumatisme laissé par cette épreuve, il a réorienté sa carrière pour devenir représentant au sein de différentes compagnies, entre autres Sico et Kimberly Clark. Bien qu'il semblait apprécier ce nouveau travail, ça s'est terminé, du jour au lendemain, sans explications. Je crois qu'il s'est fait congédier, mais je n'en aurai jamais la certitude. Peu importe comment ça s'est réellement passé, mon paternel s'est retrouvé dans une situation de nécessité : il devait ramener de l'argent à la maison.

C'est ainsi qu'avec l'aide de son beau-père, à même le garage de ce dernier, il a démarré une activité économique toute simple : distribuer des produits sanitaires auprès de compagnies qui en avaient besoin. Rapidement, ses clients ont désiré étendre leur approvisionnement à des produits connexes. Comme le mot d'ordre de mon père a toujours été « oui », les besoins émergents des clients ont amené la petite boîte à se diversifier et à croître. Ancien banquier, il a bien su gérer les finances de l'entreprise, ce qui lui a permis de survivre jusqu'à ce que ce petit commerce devienne vraiment l'entreprise Emballages Cartier. J'avais 8 ans à cette époque. Mon père travaillait tard, mais il trouvait toujours le temps de venir me voir jouer au hockey. Je ne sentais pas que je vivais dans une famille d'entrepreneurs à ce moment. Pour moi, mon père allait travailler tous les jours, tout simplement.

Il était important pour lui d'offrir un avenir à ses enfants. Il entretenait l'idée, à tort ou à raison, que plus tôt il nous impliquerait dans l'entreprise, mieux ce serait pour nous. C'est ainsi qu'à partir de l'âge de 13 ans, j'ai dû travailler pour mon père et mon grand-père, été après été, ce que je détestais. En toute honnêteté, ma performance comme employé estival était médiocre ! Démotivé, n'ayant aucun intérêt à me joindre aux gens de l'entrepôt pour y exécuter machinalement des tâches que je croyais à faible contribution, j'étais paresseux... et j'admets que je le suis encore aujourd'hui !

À 16 ans, le cercle vicieux de nonchalance dans lequel je me trouvais s'est brisé quelque peu, grâce à l'obtention de mon permis de conduire. J'ai alors été transféré au service de livraison. J'assurais le transit des marchandises de l'entrepôt vers les entreprises clientes. Je m'acquittais de mes tâches le plus rapidement possible, puis j'embarquais mes amis à bord du véhicule lettré de la compagnie pour aller faire les quatre cents coups. Ma sœur Josée, de quatre ans mon aînée, œuvrait elle aussi dans l'entreprise familiale dans le cadre d'emplois d'été, mais dans les bureaux. Cela lui permettait de consacrer le reste de son temps à ses études pour devenir comptable agréée. À cette époque, je me disais que JAMAIS je ne travaillerais dans l'entreprise familiale quand je serais devenu adulte.

Au même moment, mon père a commencé à nous impliquer au niveau de l'actionnariat et à nous verser des dividendes. J'hésite encore quant à la motivation profonde ayant justifié cet élan de générosité de sa part : a-t-il pris cette décision pour des raisons fiscales ou pour nous responsabiliser ? Ça non plus, je ne le saurai jamais.

Je suis entré au cégep en sciences humaines sans mathématiques ; en d'autres termes, en rien. J'ai eu le privilège de sélectionner des cours hors du cursus régulier, comme du marketing, de l'administration, etc. Ils se sont avérés mes matières préférées. Parallèlement, mon père organisait des rencontres d'actionnaires, auxquelles ma sœur et moi étions conviés. Je pouvais ainsi appliquer les connaissances acquises dans mes cours à un cas concret : notre entreprise. J'ai alors constaté que je pouvais amener des idées intelligentes, cohérentes. Un autre mystère pour moi : mon paternel a toujours entretenu l'idée préconçue que ce serait moi qui prendrais la relève. Il semblait avoir d'autres plans que la présidence pour ma sœur, elle qui avait pourtant entrepris des études universitaires de comptable agréée.

Une fois mes études collégiales terminées, j'ai pris un congé sabbatique de six mois, au cours duquel j'ai travaillé en Europe pour un ami de mon père. Loin de mes repères et du nid familial, je privilégiais le plaisir facile, ce qui a entraîné différentes difficultés. Je ne faisais rien de si mal pour le jeune adulte perdu que j'étais, mais je ne réalisais rien de bon non plus. Je n'allais nulle part, je n'entretenais aucune ambition.

À mon retour, je me suis inscrit à l'université en sociologie. Armé de mon déficit d'attention, préférant démonter ma brocheuse et ma calculatrice qu'écouter un professeur qui parlait beaucoup trop longtemps, j'ai vite constaté que ce n'était pas pour moi ! Dans cette grande confusion, j'ai demandé à ma mère si elle avait du travail pour moi au sein de l'entreprise familiale, en attendant… « En attendant » signifiait : qui me permettrait de procrastiner jusqu'à découvrir ce que je voulais réellement faire de ma vie. Ce n'était guère plus valorisant pour moi. J'arrivais en retard. J'avais un bureau, mais je n'avais pas d'ouvrage. Je faisais semblant de travailler ou je partais à la recherche de bureaux vacants pour m'allonger, à l'abri des regards…

PUIS, DIEU MERCI, VINRENT LES RESPONSABILITÉS !

J'eus un jour le mandat de m'occuper des départements d'entrepôt et de livraison de l'entreprise, deux mal-aimés dont personne ne se souciait. C'est là que tout a changé ! Fermer la succursale de Montréal, congédier quelqu'un, négocier des contrats pour la location et l'achat de camions… Enfin, je sortais de l'énergie « je me lève le matin parce que je suis obligé ». J'éprouvais la volonté réelle de faire quelque chose de bien avec l'entreprise, dans mes fonctions. De plus, j'avais toute la latitude nécessaire pour le faire, puisque personne n'avait à cœur ces départements.

Je me suis mis à prendre des décisions qui se sont avérées bonnes. L'une d'entre elles a été de congédier, à l'âge de 19 ans, un livreur à forte ancienneté. Il était le frère d'un des actionnaires de la compagnie, mon patron à l'époque. Ce dernier, qui était mon supérieur hiérarchique, a tenté de renverser cette décision, qui me revenait pourtant. Il m'a demandé de rencontrer son frère pour régler ça… Le lundi matin, il nous a placés dans une salle de réunion, puis il a quitté la salle. Seul avec l'employé, je lui ai simplement expliqué qu'il n'y avait plus rien à régler, que je l'avais officiellement congédié. Quand mon patron est revenu en me demandant si c'était arrangé, je lui ai répondu par l'affirmative, en disant que son frère ne faisait dorénavant plus partie d'Emballages Cartier. Il est clair pour moi que l'étoffe d'un leader se dessine en fonction des décisions qu'il prend et de son courage à les assumer. Congédier cette personne négative a eu l'effet de mobiliser les employés derrière moi. La reconnaissance de mes pairs me faisait un bien fou et contribuait à bâtir ma propre confiance.

Par la suite, j'ai dû rapidement embaucher un livreur. Je recherchais principalement un bon gars, avec une excellente attitude, ce que j'ai déniché. Ce dernier nous a ensuite ouvert son réseau et, de fil en aiguille, a amené d'autres bonnes personnes à se joindre à l'équipe. En greffant une bonne équipe autour de nous, nous sommes devenus de véritables champions : système de localisation, chauffeurs habillés aux couleurs de la compagnie, flottes de camions toujours propres... Les services d'entrepôt et de livraison sont passés des pires en termes de plaintes de clients à des départements qui faisaient la fierté de l'entreprise.

De son côté, mon père se consacrait aux ventes, aux finances et au démarrage d'autres entreprises. Peu présent, il m'octroyait énormément de latitude. Je n'ai jamais vécu de conflits graves avec mon père, notamment parce que nous avions chacun nos terrains de jeux. Ce fut très différent pour ma sœur Josée, puisqu'ils touchaient aux mêmes sphères dans la compagnie. En même temps, nous étions dans des années de forte croissance. Du budget, il y en avait pour les bonnes idées !

Même si je n'avais pas les compétences pour gérer une flotte de camions et un entrepôt, j'ai su m'entourer des bonnes personnes et me faire confiance. Cette réussite a certes contribué au succès de l'entreprise, mais encore davantage à ma motivation à y travailler. Je partageais de merveilleux moments avec mon équipe, autant à l'intérieur qu'à l'extérieur de l'entreprise. C'était important pour moi d'être apprécié et aimé, ce qui m'amenait à être très généreux avec les membres de l'équipe. Je voulais que mes gens soient bien.

Pour être totalement transparent, je dois avouer que je n'ai jamais eu l'ambition de monter les échelons dans l'entreprise. La réalité est que ça s'est tout naturellement ouvert devant moi. Je devenais la bonne personne pour différentes situations que vivait l'entreprise, et il était normal que ce soit moi qui m'en charge. Par exemple, en 1998, le service à la clientèle, qui avait pourtant connu de belles années sous la direction de ma tante, avait été rapatrié sous la responsabilité du directeur des ventes. Quelque peu délaissé, ce département est devenu, petit à petit, dysfonctionnel. J'avais contribué par le passé à l'informatisation de l'entreprise; néanmoins, la plupart des gens ne savaient toujours pas ce qu'était une souris et encore moins comment cela fonctionnait.

C'est ainsi que j'ai récupéré le département du service à la clientèle. J'avais la conviction, à l'époque, que les tâches exécutées par cette équipe n'existeraient plus dans l'avenir. Ils répondaient au téléphone, notaient la commande et l'entraient dans le système informatique. J'avais la certitude intrinsèque qu'un jour, le système du client parlerait directement à notre système, rendant ainsi les tâches de ces employés désuètes. Pour éviter que cela se produise, je me suis fixé l'objectif de valoriser leur rôle pour qu'ils agissent dorénavant à titre de conseillers au service à la clientèle. Je voulais qu'ils se servent du moment privilégié qu'ils passaient avec le client pour optimiser la vente en vendant d'autres produits. J'ai suivi ma vision.

Pour y arriver, j'ai embauché une firme en ventes pour former nos employés. Après trois jours de diagnostic, le consultant a abdiqué en me disant que notre équipe n'avait aucune méthode de travail. Ce verdict a eu l'effet d'un coup de poing en plein visage! En deux heures, j'ai développé une méthode de travail, que j'ai nommée OPC, «Opération Pas de Crayon». L'idée était de leur enlever le papier et le crayon et de leur mettre un casque sur la tête pour qu'ils entrent directement la commande au système. Cela leur permettait, en un seul appel, de confirmer les prix, l'état des stocks et les délais de livraison. À l'époque, on m'a traité de fou! Les employés me disaient que c'était impossible. Devant cette résistance au changement, j'ai donc fait des tests avec eux, pour leur montrer que c'était faisable. À partir de vraies commandes reçues par fax, je jouais le rôle du client imaginaire, appelant mes employés qui, eux, devaient entrer ces commandes directement dans le système. Le tout s'est implanté tranquillement, chacun d'eux s'exerçant à effectuer systématiquement les dix étapes de la méthode. Son implantation, et surtout son appropriation par l'ensemble de l'équipe, a réglé une énorme problématique qu'était l'iniquité de la charge de travail. Le résultat a été de ramener un brin d'harmonie au sein du service à la clientèle.

ASSUMER SES DÉCISIONS, MALGRÉ TOUT !

Quand j'ai accepté le mandat de relever ce département, j'étais empli de bonnes intentions : y ramener le plaisir, le bonheur et l'harmonie. Puisqu'être ami avec les employés m'avait bien servi dans le passé, j'ai essayé de faire la même chose dans ce département. J'ai frappé un mur. L'entreprise, et particulièrement ce département, traversait une période extrêmement difficile en termes de ressources humaines. Gestion du changement, comportements problématiques, attitudes négatives, difficultés personnelles se répercutant abusivement au bureau, moral collectif sur une pente descendante... Les valeurs de l'entreprise nous ont toujours guidés à aider nos employés autant que possible. Par contre, même si nous aimions nos gens, la situation était telle que des décisions laborieuses devaient être prises. J'ai donc dû écarter des gens que j'appréciais et qui avaient eu la vie dure, pour prioriser le bonheur collectif et la santé globale de l'entreprise.

POURSUIVRE SON APPRENTISSAGE

Après avoir amené le département du service à la clientèle à se conformer à ma vision, est arrivé ce que je redoutais le plus : le département des ventes. J'avais tellement détesté les vendeurs au cours de mon existence ! Les départements des ventes et de la production vivent souvent des frictions au sein des entreprises, l'un mettant de la pression sur l'autre et le second freinant les ardeurs du premier. J'ai pris en charge une portion du département des ventes, avec, comme trame de fond, ce préjugé qui m'habitait. J'ai dirigé un représentant qui couvrait le territoire de l'Estrie, en plus de couvrir moi-même par la suite le territoire de Montréal, avec des comptes majeurs à ma charge. J'aurai au final dirigé quatre représentants, pour ensuite atteindre la direction des ventes, en plus de celle du service à la clientèle. J'ai travaillé énormément sur les méthodologies de travail et sur les systèmes informatiques. J'ai également rehaussé la fierté des représentants, notamment en instaurant un code d'honneur, ce qui a permis de diminuer leurs revendications quotidiennes.

Bien que j'aie accompli de belles choses comme directeur des ventes, je dois avouer que les trois années durant lesquelles j'ai occupé ce poste ont été difficiles pour l'entreprise, marquées par un arrêt de la croissance. Nous le savons, qui dit absence de croissance dit décroissance en affaires, car les compétiteurs, eux, croissent et viennent se nourrir à même ce qu'on laisse sur la table. J'ai une part de responsabilité à endosser à ce niveau. Je l'assume totalement. En même temps, cet épisode aura été salutaire pour l'entreprise, car il nous a obligés à revoir notre vision. En effet, celle-ci n'avait pas évolué depuis la présidence de mon paternel ; elle ne nous permettait plus de nous distinguer de nos compétiteurs.

Parallèlement à mon ascension dans l'entreprise familiale, mon père a démarré, de son côté, plusieurs autres entreprises. Il était un entrepreneur en série, un pur. Ma tante, ma sœur et moi avons d'ailleurs dû le racheter totalement. Nous nous sommes assurés qu'il parte, car il mettait Emballages Cartier en péril avec une autre de ses organisations. Cette action fut très difficile à poser, et encore davantage à communiquer. Tout comme avec des employés problématiques, nous ne pouvions mettre à risque la pérennité d'Emballages Cartier parce que son fondateur la mettait en jeu pour faire vivre ses autres entreprises. Mon père a compris. Il s'est consacré à ses autres entreprises, ce qui s'est soldé par une faillite personnelle. Il a tout perdu. Aujourd'hui, il termine ses jours dans un CHSLD, atteint d'Alzheimer grave. Il ne parle plus, ne nous reconnaît pratiquement plus. Nous croyons aujourd'hui que ses derniers moments comme entrepreneur ont été marqués par l'apparition de la maladie, sans que personne s'en rende vraiment compte. Il était devenu tel un joueur compulsif: il a joué *all in* avec ses entreprises, et il a perdu son pari.

À la même époque, ma tante, ma sœur et moi réalisions différents tests psychométriques. Nous souhaitions apprendre à mieux nous connaître, afin de faciliter nos collaborations et de dessiner le futur de l'entreprise relativement à nos rôles dans celle-ci. Les tests ont démontré mon potentiel comme futur président, et celui de ma sœur comme directrice générale. Toutefois, ni elle ni moi n'étions encore réellement prêts, sans compter que Josée ne manifestait pas d'intérêt réel pour ce poste. Elle était bien davantage stimulée par des projets touchant à la structure et à l'organisation du travail, pour lesquels elle avait la droiture requise, mais le secteur d'activité de même que le marché dans lesquels Emballages Cartier évoluait perdaient pour elle de l'intérêt au gré du temps qui passait. Pour sa part, ma tante Luce, qui avait efficacement rempli ce rôle dans le passé, envisageait de se retirer aux alentours de 50 ans et n'était donc plus intéressée par de telles fonctions.

Le trio familial que nous étions gérait sur la même chaise, par consensus. Nous nous freinions les uns les autres. Et puisque nous n'avions pas le courage d'accomplir les actions importantes, la compagnie s'en allait clairement sur une pente descendante.

L'EMBAUCHE D'UN DIRECTEUR GÉNÉRAL EXTERNE

Dans ce contexte, nous avons pris la décision d'embaucher un directeur général externe doté d'une force que notre trio n'avait pas: le développement des affaires. Un homme avec une belle personnalité, charismatique, courageux, que rien n'arrête. Dès son arrivée, lui et moi avons convenu que je quitterais le poste de directeur des ventes au profit de quelqu'un ayant plus d'expérience en la matière. Nous jugions tous deux que c'était la meilleure décision pour l'entreprise. Nous avions toutefois négligé un aspect fondamental: les ventes sont le cœur d'une entreprise. En embauchant un nouveau directeur des ventes, nous mettions à la tête de ce poste central une troisième personne depuis trois ans, ayant moi-même été le second à l'occuper. Cette décision a fait mal à Emballages Cartier.

C'est là que la musique s'est arrêtée...

Durant sa première année en poste, notre nouveau directeur général a demandé que son propre rendement soit évalué sur les profits de l'entreprise plutôt que sur les ventes. Il nous a présenté un plan pour y arriver, qui consistait notamment à diminuer les dépenses salariales en coupant 15 emplois. Ce que nous avons accepté... Les coupures affectaient des postes que nous considérions comme non essentiels au bon fonctionnement de l'entreprise. J'ai même dû débaucher un proche de la famille à cette époque. Au départ du directeur général, trois ans après son embauche, le moral des troupes était démoli.

J'ai quand même appris à travers tout ça. J'ai compris que dans une entreprise, même si on aime les personnes que sont nos employés, il est essentiel de s'adapter au marché. Certaines tâches deviennent désuètes, les rôles changent. Le directeur général en poste a eu le courage d'amener cette transition qui était nécessaire, et nous l'avons suivi. Il nous a aussi énormément *challengés* sur la vision et la mission d'Emballages Cartier, introduisant la notion de spécialiste qui est maintenant partie intégrante de qui nous sommes et d'où nous souhaitons amener l'entreprise.

UN PRÉSIDENT EST NÉ !

Un beau matin, notre directeur général est venu m'annoncer qu'il nous quittait. On lui avait offert un poste qu'il ne pouvait refuser. En toute honnêteté, je l'aurais congédié de toute façon. Seulement, je n'étais pas tout à fait prêt à le faire.

En allant annoncer la nouvelle à ma sœur, dont le bureau se situe à l'autre bout de l'étage, je sentais mes craintes s'estomper à chaque pas que je franchissais. Je regardais dans les bureaux et chaque visage qui défilait devant mes yeux me rapprochait d'une certitude. Il n'y avait en fait aucun problème avec la situation que nous vivions : c'était NOTRE gang. De plus en plus détendu à chaque enjambée, j'ai franchi l'embrasure de la porte du bureau de ma sœur en lui lançant simplement: «Il s'en va, et je prends la présidence!» Josée a lancé une exclamation de bonheur, comprenant que je me sentais enfin prêt à assumer cette fonction. Il était temps que nous reprenions le contrôle de notre entreprise.

La première chose que j'ai faite a été d'installer mon bureau dans une salle de conférences. Je tenais à être en plein milieu, central, pour casser l'ancien rythme et instaurer une nouvelle dynamique, la nôtre. Je voulais être avec mon monde. Et c'est alors que les doutes sont revenus me troubler. Seul au milieu de mon grand bureau, j'ai réalisé, à ce moment précis, que la bouchée était énorme. Nous venions de procéder à de nombreuses mises à pied et de perdre notre directeur général. L'entreprise était en décroissance, les fournisseurs avaient de moins en moins confiance en nous. La faillite vécue par mon père avait laissé un écho dans le marché. Je ne me sentais comme rien de moins qu'un imposteur. Je me questionnais à savoir si j'avais vraiment ce qu'il fallait pour réussir. Je me demandais si j'avais atteint la présidence seulement parce que j'étais le fils du *boss*. J'éprouvais le sentiment d'être si petit... Je ne savais vraiment pas par quel bout prendre tout ça. Par quoi commencer?

SE METTRE EN MOUVEMENT, UN PAS À LA FOIS

Pour me sortir de ma torpeur, je me suis mis en mouvement. Un pied devant l'autre, dans l'action, une chose à la fois. Dans ma première année de présidence, j'ai travaillé à rebâtir les ventes, en embauchant un directeur et en lui donnant tout le pouvoir nécessaire. Il aura tout de même fallu deux ans avant que j'aie pleine confiance en lui, sans doute en raison de mes expériences passées. Bâtir cette relation de confiance a valu la peine, puisque cette personne-clé travaille toujours avec nous aujourd'hui.

De mon côté, j'ai recommencé à faire ce que je fais le mieux: parler avec mes gens. Mes employés, mes clients, mes fournisseurs, mes banquiers... C'est un incontournable. Des allers-retours à Montréal, où je partais au milieu de la nuit et revenais tard le soir, j'en ai fait plusieurs cette année-là. Nous avons tous mis de l'huile de bras, ce qui n'est pas dans ma nature profonde.

CONCRÉTISER ET FAIRE VIVRE LA VISION

L'heure était maintenant venue de faire vivre notre nouvelle mission au sein de l'entreprise. Celle-ci nous permettait de devenir plus porteurs pour nos clients, de ne plus être pour eux que de simples distributeurs de produits sanitaires et d'emballage, une identité que la majorité de nos concurrents pouvaient tout autant se vanter d'incarner.

Pour ce faire, nous avons analysé nos deux principales gammes de produits, à savoir les produits d'emballage et les produits sanitaires, en nous demandant simplement : « Comment apporter de la valeur ajoutée pour nos clients dans chacune de ces gammes ? » Dans le cas des produits sanitaires, celle-ci est évidente pour nos clients œuvrant dans l'industrie agroalimentaire. Par exemple, les employés d'une grande entreprise de ce secteur s'essuient les mains en moyenne 30 fois par jour. Bien qu'il soit facile de trouver de la valeur ajoutée au niveau de l'essuyage des mains, par exemple pour contrer les gerçures, optimiser la salubrité, etc., force est de constater que les entreprises agroalimentaires de cette taille sont peu nombreuses au Québec. Et ailleurs que dans cette industrie, la valeur ajoutée était difficile à trouver.

Par contre, dans l'emballage tertiaire, nos clients, tous secteurs d'activité confondus, veulent tous la même chose : protéger leur produit pendant le transit entre leur entrepôt et celui de leur client. Les bris liés au transport sont un mal nécessaire pour nombre d'entreprises, au Québec et ailleurs. À cet effet, les compagnies affichant les meilleurs taux en Amérique du Nord perdent tout de même 2 % de leurs ventes annuelles en bris pendant le transport. Imaginez ! Si un client perd 7 % de sa *business* parce qu'il emballe mal, il y a matière à ce que nous analysions la situation et aidions ce client à en récupérer une portion.

C'est ainsi que nous nous sommes positionnés comme spécialistes en solutions d'emballage. Après avoir exposé dans un premier *show* local à Québec, nous nous sommes aperçus que tout le monde se dit spécialiste en quelque chose dans le monde industriel. Le mot est galvaudé, c'est devenu cliché. Pourtant, c'est réellement ce que nous étions. C'est à ce moment que j'ai compris qu'il fallait rendre le sens de ce terme très tangible pour les clients.

Après avoir étudié les pratiques existant partout dans le monde, nous nous sommes associés avec l'International Safe Transit Association, qui établit les normes en termes de transport. Cette organisation peut, par exemple, calculer le nombre de G que subira une boîte de telle dimension si le camion, le train, l'avion, le bateau qui la transporte accélère, freine ou prend une courbe serrée. Par contre, nous ne souhaitions pas seulement respecter ces normes avec nos solutions d'emballage ; nous aspirions à améliorer nos produits et nos processus pour que nos clients subissent toujours moins de pertes.

Claude McMaster de DBox nous parlait, pendant un séjour à l'EEB, de courage. Il arrive des moments dans la vie où une ligne se présente, et on doit décider si on la franchit ou pas. Le commun des mortels préfère ne pas trop prendre de risques et rester dans la conformité des règles. L'entrepreneur, lui, doit sauter le premier. Les autres le suivront quand les risques diminueront. Et là nous avons plongé, avec l'appui de mon directeur technique ! Nous avons acheté les outils et avons développé notre propre laboratoire, pour recréer les conditions de transport dans lesquelles circulent les produits emballés de nos clients. Grâce au laboratoire, nous avons poussé la vision plus loin pour l'amener à devenir plus qu'un simple concept marketing. L'entreprise fait vivre sa mission et sa vision. Les clients voient la valeur ajoutée pour eux, parce que c'est maintenant du concret.

L'approche client a complètement changé. Nous ne voulons plus seulement leur vendre un produit ; nous œuvrons à comprendre leurs problématiques pour leur permettre de livrer eux-mêmes un produit conforme à leurs standards de qualité tout en subissant le moins de pertes possible.

Avec l'équipe de direction en place, nous nous sommes entendus pour apporter des changements à la structure de l'entreprise, afin que cette vision puisse s'incarner au sein de l'organisation. Nous sommes passés d'une douzaine de représentants aux ventes à cinq. Ces derniers se consacrent exclusivement aux clients majeurs, qui sont à la recherche de solutions au niveau de l'optimisation de leurs produits d'emballage. Ils visitent leurs clients plusieurs fois annuellement, font avec eux des revues trimestrielles de différents indicateurs de performance mis conjointement en place. Plusieurs d'entre eux font maintenant l'objet d'ententes commerciales d'achat exclusif chez Emballages Cartier. Ils sont heureux de les signer, car ils s'assurent qu'ils demeureront une priorité et que nous continuerons à optimiser leurs solutions d'emballage. Ces clients représentent 40 % de nos ventes annuelles actuelles, ce qui constitue un chiffre d'affaires assuré.

L'autre partie du chiffre d'affaires provient majoritairement de ce que nous nommons les ventes internes, pour lesquelles nous avons d'ailleurs créé un département. Celui-ci gère une masse d'environ 1500 clients qui s'approvisionnent chez nous de façon récurrente, sans pour autant avoir besoin d'une expertise poussée en solutions d'emballage. Notre personnel a tout de même été formé pour détecter ceux qui pourraient devenir des clients potentiels au niveau de l'expertise en solutions d'emballage.

Je ne dis pas que c'est parfait pour le moment, mais nous évoluons clairement dans la bonne direction. Nous vivons une croissance intéressante depuis quatre ans, le bien-être des employés a nettement augmenté, nos gens sont mobilisés et fiers de travailler chez nous, nous sommes respectés dans le marché, et ce, autant par nos clients que par nos fournisseurs.

UNE DÉCISION SALUTAIRE POUR MIEUX VOIR LES OPPORTUNITÉS

Mon parcours dans le Programme Élite de l'EEB est arrivé à travers tout ça. Je n'ai pas complété d'études universitaires, et cet aspect de mon cheminent personnel continuait de me complexer. Alors que j'organisais un événement, j'ai invité une amie entrepreneure qui avait évolué au sein de ma cellule au Groupement des chefs d'entreprise. Nous nous sommes ainsi remis à jour dans nos vies respectives, et elle m'a raconté qu'elle s'était inscrite à l'EEB. Ma sœur m'avait déjà parlé de cette école non traditionnelle, me disant qu'elle m'y verrait.

Trois jours plus tard, j'étais inscrit. Malgré mes réussites professionnelles des dernières années, j'étais fané. Mon entreprise allait bien, elle remontait la pente, mais ça ne me suffisait pas. Je voyais venir les problèmes à l'avance, je faisais des prédictions qui se réalisaient. Les idées fourmillaient toujours aussi puissamment dans ma tête, mais l'énergie de les concrétiser me faisait défaut. Je me cachais derrière le fait que je suis un être paresseux, me rassurant en me disant que ce n'était pas à moi de tout faire. Je ne m'assumais pas. C'était la même chose dans ma vie personnelle. J'avais tout pour être heureux: trois enfants formidables, une femme exceptionnelle, de beaux biens matériels. Mais tout me blasait.

Quand je me suis ouvert sur mon état de désillusion auprès des membres de ma cohorte lors de mon premier séjour à l'EEB, le monde s'est ouvert. Je n'étais pas le seul à éprouver cette sensation. Comme entrepreneurs, plusieurs d'entre nous ont eu tout très tôt dans la vie. Tout ce que propose la société et qui nous fait envie, nous l'avons obtenu, souvent à un plus jeune âge que le commun des mortels. La femme, les enfants, les biens matériels, la première maison, le poste prestigieux... Je me retrouvais à 40 ans, me sentant comme si j'en avais 60.

L'EEB m'a aidé à reconnaître mes forces. J'ai accepté le fait que je suis un bon communicateur. Communiquer était ma hantise depuis le secondaire 2; durant un exposé oral, j'avais fait une erreur en disant que les volcans entraient en «érection»! J'ai également admis que je suis mal à l'aise dans les activités de réseautage, mais je passe par-dessus mes peurs. Je les fréquente de plus en plus, et ça entraîne des résultats. Ce courage me vient d'un défi réseautage lancé par Pierre Pomerleau, à notre premier séjour. Je me suis pointé à l'événement vingt minutes avant ma cohorte, dans une salle bondée. J'ai été accueilli, j'ai rencontré des gens, ce qui m'a amené à gagner le défi réseautage. Pierre Pomerleau m'a d'ailleurs expliqué que lui aussi, il l'a bâti, son réseau. Maintenant, quand il arrive à un tel événement et qu'il entre dans la salle, ce n'est plus aussi difficile qu'au début. Je le vis aussi maintenant. J'ai encore une légère montée d'adrénaline, mais je connais de plus en plus de gens et, dans le cas contraire, je me présente à ceux qui sont là. Je demande préalablement les listes d'invités des événements auxquels je suis convié, et je choisis ensuite si j'y vais ou non.

C'est comme si, d'un seul coup, je m'étais mis à voir. Je sais que c'est cliché, mais c'est ainsi que je l'ai vécu. Mes antennes étaient brouillées ; maintenant, je vois des possibilités. Je me fais inviter à une manne d'événements, ce qui n'arrivait jamais avant. Je suis « dans le trafic ». Mon réseau de contacts de qualité est au moins 60 fois plus gros qu'il ne l'était au moment de mon inscription à l'EEB. Je siège également sur des comités consultatifs et sur des conseils d'administration, car je suis davantage connu et, surtout, j'ai pris confiance en moi.

Après deux ans à l'EEB, j'ai vaincu la plus grande peur qui me restait : j'ai embauché un nouveau directeur général. Je savais que je devais le faire, mais je n'osais pas ; j'étais emprisonné dans mes croyances, dans mes mauvais souvenirs. Pendant 12 modules, je ressassais mon expérience difficile. Mes amis de la cohorte et mon *coach* s'efforçaient de me faire voir la réalité avec de nouvelles lunettes, mettant en évidence des croyances aussi clichées que les miennes. « Ce n'est pas parce que j'ai mangé un jour une pizza infecte que je ne mangerai plus jamais de pizza ! » J'ai fini par comprendre qu'ils avaient raison. Et je me suis engagé, devant ma cohorte, à intégrer un nouveau directeur général à mon entreprise. Je ne l'ai jamais regretté.

Je me suis développé comme entrepreneur grâce à la richesse des expériences que j'ai traversées et des modèles, positifs ou négatifs, que j'ai côtoyés ; grâce aux gens qui m'entourent et aux employés, qui dessinent, par leur travail quotidien, le succès de l'entreprise. Des décisions importantes doivent être prises au bon moment, et des actions significatives doivent s'ensuivre. C'est ce que j'aime dans le métier d'entrepreneur. Aujourd'hui, je peux affirmer que je suis passé de locataire de la compagnie de mon père à propriétaire de ma propre entreprise. Elle ne fait plus juste fonctionner. Je la mets à ma main, elle se transforme pour me ressembler de plus en plus, chaque jour. Je me plais à faire le tour de mes employés tous les matins, mon café à la main. Je détecte ainsi un paquet de choses, tant sur le niveau d'énergie et de bonheur de mes gens que sur les tâches et processus à optimiser. L'entreprise va bien. Ce que nous avons instauré a engendré des résultats à fort impact.

Avec mon directeur général en poste, je suis aujourd'hui complètement détaché des opérations quotidiennes. Mon rôle est d'améliorer l'entreprise, de la faire rayonner et de m'assurer que mes gens sont heureux. Son rôle à lui est d'aligner les équipes vers la réalisation de leurs plans d'action. Dans ce contexte, je peux décider d'aller m'asseoir avec mes employés du service à la clientèle, de leur demander de me donner des tâches pendant quelques heures et de revenir ensuite avec un projet d'optimisation. Le fait d'avoir le nez loin de l'arbre me permet de voir la forêt en entier, l'environnement dans lequel elle pousse, et ainsi l'améliorer. Je demeure paresseux, ce que je perçois maintenant comme une grande qualité. En toute honnêteté, j'éprouve de la compassion pour les gens qui ont la qualité d'être travaillants. Ils s'épuisent. Moi, j'ai la capacité de prendre du recul et de simplifier les façons de faire. Le travaillant va pelleter, moi je vais m'organiser pour simplifier et optimiser, afin de diminuer le temps à la pelle sans faire souffrir la qualité.

LA PERTINENCE AVANT TOUT !

Nous qui voulions auparavant qu'Emballages Cartier soit le plus gros au niveau pancanadien, nous caressons désormais le rêve qu'il soit tout simplement le plus pertinent. Je veux que nous nous fassions une niche et que le téléphone sonne pour notre expertise. Alors que tous nos concurrents se font la guerre pour être le plus gros, notre combat est celui d'apporter toujours davantage de valeur ajoutée pour le client.

Pour la première fois de ma vie, je vais bientôt me retrouver seul comme actionnaire au sein de l'entreprise. Ma sœur quitte officiellement la direction des finances d'Emballages Cartier pour se consacrer à la cidrerie, notre nouveau bébé. L'héritage de ma sœur à l'entreprise familiale ne peut être passé sous silence. Elle est sans contredit l'architecte des départements des finances, des ressources humaines et de l'informatique. Au fil des années, elle y a apporté structure, rigueur et intégrité. Emballages Cartier est une entreprise droite et intègre grâce à l'apport de Josée. Nous devons maintenant travailler à préserver ces grandes forces qu'elle a inculquées dans notre culture.

Je suis actuellement en processus de rachat d'actions auprès de ma sœur. Nous nous sommes entendus sur la valeur de l'entreprise, mais dresser le plan financier pour le faire atterrir n'est pas nécessairement dans mes forces. Je devrai m'entourer. Les prochaines étapes m'inquiètent, c'est normal. Je ressens un petit vertige, mais il s'agit de mon prochain défi à relever dans ma courbe d'apprentissage. Je dois me développer là-dedans si je veux être en mesure de procéder à des acquisitions pour rendre Emballages Cartier plus pertinent. Je veux faire les choses correctement, et m'assurer que l'entreprise ait assez d'air pour pouvoir procéder à des acquisitions malgré mon rachat.

Seul actionnaire à bord, j'entrevois l'avenir positivement. Je ne suis plus blasé, je m'assume pleinement, et j'ai le courage et l'énergie nécessaires pour propulser mes idées. Avec mes implications connexes dans des conseils externes, auprès de jeunes en affaires et comme entrepreneur-entraîneur au sein du Programme Émergence à l'EEB, les sources pour m'alimenter et m'aider à me réaliser sont très nombreuses.

LA CIDRERIE : NOTRE NOUVEAU PROJET ENTREPRENEURIAL FAMILIAL

Quand j'ai rencontré ma femme, il nous arrivait fréquemment d'aller rendre visite à mon beau-père, qui s'était établi sur une vaste terre agricole où il faisait la culture du maïs et l'élevage de porcs. Ce coin de paradis abritait également une érablière, où je m'impliquais à l'occasion, le printemps venu. Ces visites représentaient des moments de quiétude privilégiés pour moi. Bien que je n'aie jamais été de type très manuel, cela me ressourçait profondément. Je me souviens de ces matins où j'allais casser du blé d'Inde à l'aurore, pour aller livrer les épis à Sherbrooke et revenir travailler chez Emballages Cartier ensuite… Nombre d'idées pour mon entreprise ont surgi durant ces moments passés dans la nature, que ce soit dans le champ de maïs ou sur un lac, à la pêche.

Lorsque mon beau-père, vieillissant, a pris la décision de vendre sa terre agricole, un vide s'est soudain installé en moi. J'ai alors voulu me rapprocher de certaines personnes du coin qui travaillaient la terre, et j'ai commencé à côtoyer des gens qui produisaient du cidre. Michel Robert, de Robert Transport, Michel Jodoin, de la Cidrerie Jodoin… Les entendre parler de leur passion réveillait quelque chose en moi, à un point tel que l'idée d'avoir « un coin de nature bien à nous » s'est mise à me faire rêver.

Au même moment, mon beau-frère, le conjoint de Josée, a perdu son emploi. L'indemnisation reçue lui permettait de vivre environ un an sans besoin immédiat de travailler. Je pouvais facilement l'imaginer dans l'industrie agroalimentaire, lui qui est passionné de cuisine et de bon vin. C'est là que je leur ai parlé, à ma sœur et lui, du projet qui m'habitait. Ma sœur, pourtant cartésienne à l'excès, est tombée complètement amoureuse du projet.

Nous avons entendu dire qu'un monsieur âgé souhaitait vendre son verger, qui était immense. Cette information, il la gardait pour lui-même, sachant trop bien qu'afficher ses intentions pouvait s'avérer néfaste, particulièrement dans ce secteur d'activité. Les astres se sont alignés, la magie a opéré. Étant lui aussi tombé amoureux de notre projet, il a accepté de nous vendre son verger, pour un montant égal à d'autres offres qu'il avait pourtant déclinées dans le passé. Il avait compris que ce qui nous motivait, c'était le cœur avant tout.

Nous avons ainsi acheté un verger de 15 000 pommiers, sur lequel il n'y avait pas de cidrerie. Nous l'avons imaginée, développée, construite, financée. Ça a coûté la totale ! Ça peut sembler fou, ce l'est d'ailleurs sans doute ! Mais quand une crampe au cerveau attaque simultanément trois êtres humains passionnés qui aiment travailler ensemble, ce sont les tripes qui parlent et non la tête. D'autant plus quand le vendeur veut faciliter la vie de ces êtres pour qu'ils puissent réaliser leur rêve. C'est aussi ça, être entrepreneur : franchir la ligne que d'autres ne traverseraient pas…

Nous avons ainsi partagé l'actionnariat en trois parts égales. Bien que ce soit mon idée, la cidrerie est devenue la passion de vie de Josée et son mari. Mon beau-frère s'en occupe au quotidien, et ma sœur quitte Emballages Cartier pour s'y consacrer aussi à temps plein. De mon côté, j'agis davantage comme investisseur silencieux. Ce projet m'a permis de remplir le vide qui s'était installé en moi, cette recherche de projets qui habite nombre d'entrepreneurs. Et j'ai mon coin dans la nature pour me retrouver et imaginer de nouveaux projets. Chacun d'entre nous y gagne à sa façon, et nous nous employons à rendre l'entreprise rentable. Nous avons développé, ensemble, en famille, notre havre de bonheur, lucratif bien sûr !

En terminant, je sais qu'Emballages Cartier et la cidrerie traverseront d'autres moments difficiles. La différence est qu'en date d'aujourd'hui, je l'anticipe positivement, car j'ai hâte de voir comment je me comporterai dans l'adversité. Mon *coach* à l'EEB nous disait : « Arrêtez d'essayer d'être bons, soyez bien. Vous serez alors excellents. » C'est ce que je travaille chaque jour à mettre en œuvre, dans ma vie et dans mon entreprise.

Un seul conseil aux entrepreneurs !

Je pourrais me prononcer sur différents enjeux, mais j'aurais peur de diluer le message que j'ai à partager. Celui-ci s'adresse aux entrepreneurs œuvrant dans une entreprise familiale.

Si vous saviez à quel point j'aimerais avoir les cédants et les relèves potentielles assis devant moi, dans une même salle, pour les brasser ! Ça n'a aucun bon sens, tout le monde s'attend ! L'un dit qu'on ne lui laisse pas de place, l'autre dit que la relève ne prend pas sa place… Confrontez-vous ! Et surtout, parlez-vous ! La question est pourtant simple : « Veux-tu que je sois ta relève, oui ou non ? » Si oui, faites un plan et tenez-vous-y. Sinon, acceptez d'avoir un autre rôle dans l'entreprise, ou quittez.

Les jeunes n'osent pas initier cette conversation, sans doute par peur de la réponse et par manque de confiance en eux. À mes yeux, il vaut mieux en avoir le cœur net et afficher ses couleurs le plus tôt possible. Ça vous évitera bien des embûches !

SERGE LOUBIER, DE MARQUIS, COMMENTE L'HISTOIRE DE DAVID CARTIER

Cher David,

J'ai senti bien vite que nous avions des atomes crochus, toi et moi, et à la lecture de ton texte, j'en suis maintenant certain. L'appel de la terre, la pêche, le sentiment d'imposteur, autant de similitudes qui nous rapprochent.

Je crois que nous aurions été amis si nous étions nés dans le même village. Quelle histoire rocambolesque que la tienne, mais aussi celle de ton père, qui échappe aux balles des braqueurs ! Tu devrais écrire un livre, je l'imprimerais avec plaisir et passion.

Diriger, c'est prendre des décisions, et chaque décision comporte sa part de risques. Quand les responsabilités sont arrivées dans ta vie professionnelle, tu as dû trancher, des amis ont dû partir, mais garde en tête que même le plus beau des pommiers va se tarir si on ne lui coupe pas quelques branches. De la livraison aux ventes, tu as su aligner Emballages Cartier avec ta vision. Tu as instauré des pratiques gagnantes au sein de ton entreprise et tu as su lui développer une personnalité. Tu es maintenant prêt à te remettre en danger; un entrepreneur qui cesse de prendre des risques n'est plus tout à fait un entrepreneur.

Ton marché est fragmenté, il appelle à la consolidation, tu dois changer ton horaire pour y inclure la recherche active de cibles d'acquisition.

Quand on a la bonne recette, on doit la partager. Tu rendras plus de gens heureux si tu poursuis ta croissance! Les pommiers de la cidrerie pousseront sans toi et ils vont continuer de fleurir tous les printemps. Va défricher de nouveaux marchés et profite des occasions qui s'offrent à toi pour faire grandir tes parts de marché. Oublie l'imposteur et fais grandir l'entrepreneur, tu verras que lui aussi peut produire de beaux fruits!

Ariane Cloutier, Les Coups de Pieds et Les Camps Futés

Ariane Cloutier, présidente
Entrepreneure-athlète, cohorte 4 du Programme Élite

Les Coups de Pieds n'est pas une agence. C'est un groupe de spécialistes de la communication, de l'événementiel, de la vidéo et du Web très créatifs, visant à se « donner le coup de pied » de communiquer autrement avec authenticité, innovation, réflexion et intuition. Les Coups de Pieds créent une cohérence, un sens et des résultats à travers les outils de communication des clients.

Les Camps Futés, c'est un concept de divertissement réfléchi, pour stimuler la confiance des enfants par le jeu et dans l'action. Huit objets symboliques permettent de bonifier les activités d'un camp de jour, d'une journée pédagogique ou d'une journée familiale et fournissent aux enfants les outils dont ils ont besoin pour se découvrir et mieux communiquer, le tout dans un environnement axé sur le plaisir.

•••

Un mot me vient en tête quand je pense à Ariane: tornade! Non pas à cause de ce qu'elle risque de briser sur son passage, mais bien de l'énergie et du mouvement que sa présence et ses paroles entraînent. Elle est un phénomène qu'on ne voit pas venir et qui stimule les cœurs et les esprits, tout en chamboulant les idées préconçues et les façons de faire traditionnelles. Ambassadrice du «non au statu quo», c'est sans doute l'une de ses plus grandes forces comme entrepreneure. Bienvenue dans l'œil de la tornade, une tornade mère de plusieurs bébés!

ÇA PREND TOUT UN VILLAGE POUR ÉLEVER UNE ENFANT

Je suis originaire de Granby. J'ai vécu dans une famille unie, avec mon père, ma mère et mon frère cadet. Mes grands-parents étaient aussi très présents dans ma vie, tout comme mes oncles, tantes, et les amis de la famille. Ils ont tous contribué à m'outiller pour que je devienne l'adulte que je suis, m'aidant à forger ma personnalité d'aujourd'hui. J'aime dire que j'ai été privilégiée de grandir dans un environnement aimant, entourée de gens qui m'ont permis, dès mon jeune âge, de développer ma créativité, mon côté artiste et ma confiance en moi.

Mon père, conseiller d'orientation, a sûrement influencé mon côté pédagogique, qui se retrouve dans le concept même des Camps Futés. Ma mère, dotée d'un instinct maternel fort, prenait soin des enfants en service de garde. Elle y a donc sûrement contribué également. C'est d'ailleurs grâce à elle que j'ai décroché mon premier emploi dans le design intérieur et la décoration, ce qui a commencé à aiguiser mon côté créatif.

La personnalité de mon frère est différente de la mienne. Plus jeune, il était très agité, «tannant», à la limite de l'hyperactivité. Quand on nous regarde aujourd'hui, on dirait que les rôles se sont inversés! Maintenant c'est moi qui ai de l'énergie à revendre et qui gère ma vie de façon rocambolesque aux yeux de plusieurs. Comme c'est à la mode, je dirais que j'ai sûrement un trouble de déficit d'attention non diagnostiqué! Quand je regarde ma vie, je réalise que je la crée en réalisant au quotidien diverses choses à la fois, en véhiculant les fondements de mes principes, valeurs et compétences de façons variées. La cohérence est toujours présente, malgré ce qu'un observateur extérieur pourrait croire. C'est différent, c'est hors de l'ordinaire, ça peut déranger; bref, c'est la manière Coups de Pieds! Qui a dit que c'était mal? J'ai confiance en moi, et aujourd'hui, à l'âge de 37 ans, je n'ai plus besoin de me valider ou de prouver quoi que ce soit à qui que ce soit. Je suis bien, car j'ai accepté la personne que je suis, en misant sur mes forces.

Enfant, j'ai appris ce que le mot «conformité» signifiait. Comme l'école fonctionnait ainsi, j'y ai eu beaucoup de facilité, excellant malgré ma forte personnalité déjà perceptible. Ma fougue n'entravait pas ma réussite; au contraire, dotée d'une excellente mémoire, j'étais même considérée comme une élève modèle. Surprenant, quand on me voit aujourd'hui! Au fond, à bien réfléchir, j'avais besoin que les gens m'aiment. J'avais besoin de plaire à tout prix. Maintenant, j'aime croire que c'est la sagesse qui prend le dessus. J'éprouve davantage le besoin d'être bien, et c'est à moi que je désire plaire par-dessus tout, en me respectant!

Malgré une apparence de perfectionnisme et d'acharnement à maintenir cette image de l'enfant modèle à qui tout réussit, j'ai bâti mes expériences sur des bases solides. J'ai eu un cadre idéal pour grandir, avec une famille aimante qui a influencé l'adulte que je suis devenue aujourd'hui.

MOUTON NOIR OU ENTREPRENEURE?

Je suis principalement une autodidacte, mais parfois, les gens insistent et me demandent: «Dans quoi as-tu étudié pour faire ça...?» Je leur résume mon parcours scolaire comme suit.

Mon expertise est en communication et en événementiel. J'ai étudié au Champlain Regional College à Lennoxville en entrepreneurship, dans un environnement anglophone, ce qui m'a permis d'améliorer ma deuxième langue. Ensuite, j'ai reçu un diplôme du Collège Lasalle en *fashion marketing*, pour finalement compléter un certificat en relations publiques et communications à l'Université de Montréal.

Savoir qu'on est différent sans savoir pourquoi exactement, c'est fatigant ! J'ai toujours eu tendance à essayer de trouver des solutions, de changer les façons de faire, de faire les choses autrement. Vous savez comment l'humain fonctionne… Je me suis retrouvée à ramer constamment à contre-courant. Ce n'était rien d'autre que ma fibre entrepreneuriale qui tentait de s'exprimer naturellement, mais pas nécessairement dans le bon environnement ! Je l'ai enfin découvert vers l'âge de 25 ans…

En milieu de travail, ça n'a pas été de tout repos. À mon premier emploi en répartition, au siège social des boutiques Jacob, j'ai rapidement compris que tenter d'innover dans ce poste n'était pas souhaitable ! Je crois que la personne que je dérangeais le plus était ma superviseure. Par la suite, le Club Med a été un tremplin d'apprentissage incroyable.

Dans ce travail, j'éprouvais une véritable dualité amour-haine. J'adorais ce que je faisais, mais je remettais sans cesse en question l'efficacité du système. Chaque fois que je tentais de modifier les façons de faire, je me faisais remettre à ma place, ce qui me faisait sentir coupable. La direction ne voyait pas ce que moi je voyais, et ça drainait beaucoup de mon énergie.

J'avais envie de voyager, d'assouvir mon côté nomade et de trouver un endroit où je me sentirais davantage à ma place. J'ai donc quitté le Club Med pour joindre un autre groupe du genre, les Sandals Beach Resort. Cette compagnie, plus de type hôtelier, travaillait uniquement dans les Caraïbes et adoptait une approche plus américanisée. Je me suis retrouvée dans la même situation qu'avec mon expérience précédente : j'étais un tourbillon, je canalisais mal mon énergie. Mon leadership, ma fibre entrepreneuriale, ma redéfinition constante des processus dérangeaient ; je me faisais perpétuellement rappeler à l'ordre. Ayant fortement besoin de la reconnaissance des autres, j'avais énormément de difficulté à supporter le fait d'être le mouton noir. Aujourd'hui, je comprends que j'étais incapable de suivre la vision de quelqu'un si je n'en comprenais pas le sens. Qu'importe pour qui je travaillais, je le faisais comme si c'était pour ma *business*. Quand les visions et valeurs de la compagnie ne correspondaient pas aux miennes, ma motivation chutait drastiquement, à la suite de quoi je démissionnais.

J'ai donc travaillé *in and out* entre le Sud et Montréal pendant quatre ans. Ces emplois m'ont permis de perfectionner mon anglais et ont contribué à mon développement entrepreneurial tout en m'offrant des opportunités. Beaucoup de mes inspirations actuelles proviennent de ces expériences. Ces dernières m'abreuvent toujours. Mais à l'époque, ma fibre entrepreneuriale parlait trop fort, je ne pouvais plus la refouler ! D'ailleurs, une ancienne collègue m'a mentionné dernièrement que je lui ai déjà dit, jadis, que je prévoyais être à mon compte à l'âge de 29 ans.

C'est aussi durant cette période que j'ai découvert la méditation. Bien que méditer soit un grand mot pour décrire ce que je faisais à l'époque ! J'allais plutôt me calmer sur la plage en canalisant mon énergie par l'eau, par l'océan. J'ai besoin de la présence de cette masse impressionnante d'eau pour m'aider à reprendre le dessus. Grâce à ces moments de réflexion, j'ai fini par comprendre que j'étais faite pour être mon propre patron. Et c'est en le disant aux gens qui m'entouraient que j'en ai pris de plus en plus conscience. J'aurais pu démarrer mon entreprise dans le Sud, mais j'avais alors la fausse croyance que ce serait plus facile de le faire chez nous, au Canada. C'est à mon retour que l'aventure a commencé…

MES PREMIERS PAS EN ENTREPRENEURIAT

Je suis revenue au Canada en 2009, à l'âge de 28 ans. Je n'avais pas d'idée précise, mais je savais que mon entreprise aurait un lien avec la communication. Depuis toujours, j'ai un don pour vulgariser l'information. Je ne le réalisais pas encore à l'époque, mais mes différences en tant qu'entrepreneure artistique et sociale allaient devenir un avantage concurrentiel dans tous mes projets. Inspirée par mes expériences à l'étranger, j'allais créer Les Coups de Pieds ainsi que les Camps Futés. Je vivrais également une grande histoire d'amour avec Professionvoyages.com, un média spécialisé en tourisme et voyages que je bâtirai de toutes pièces – et que je vendrai finalement en 2017.

Mais en décembre 2009, je ne savais rien de ce qui m'attendait. Cela faisait déjà six mois que je cherchais une idée d'entreprise. Le temps froid étant de retour, je commençais à remettre sérieusement en question ma décision de revenir au Canada. C'est alors que deux femmes, Ève et France, rencontrées en septembre dans un réseau d'affaires, m'ont contactée. Elles disaient avoir besoin de ma fougue pour développer leur nouveau projet et voulaient s'associer avec moi. Nostalgique devant l'hiver qui s'installait, je me demandais bien ce qu'elles avaient perçu en moi que je ne voyais pas ! N'ayant rien à perdre, j'ai suivi mon instinct et assouvi ma curiosité ; j'ai sauté à pieds joints dans l'aventure. À l'époque, je n'aurais jamais pu imaginer que j'y serais encore investie huit ans plus tard !

Ce projet était essentiellement basé sur la motivation, sur le principe de se choisir et d'agir. Nous le présentions principalement à des groupes de femmes, en formule conférences ou ateliers. Nous avons ainsi rodé les principes d'écoute, d'engagement, de lâcher prise, de communication, de confiance en soi pendant environ trois mois. Je n'avais jamais entendu de conférenciers de ce genre auparavant. J'ai donc beaucoup appris dans ce processus. Et en avril 2010, quand nos activités ont vraiment commencé à prendre forme, je leur ai donné une identité officielle en fondant Les Coups de Pieds.

En parallèle, nous faisions beaucoup de séances de méditation de groupe, organisées par France, notre collègue. Cela m'a permis de découvrir une forme de méditation qui fait désormais partie de mon quotidien.

Puis, France nous a annoncé qu'elle souhaitait quitter le projet. Après deux jours de réflexion, mon autre partenaire, Ève Raymond, a mis la main sur une citation inspirante : « Un succès partagé est un double succès. » Comme elle avait toujours rêvé d'écrire un livre, elle m'a offert de le coécrire avec elle en utilisant les concepts que nous avions développés au sein de nos conférences. Ce livre, intitulé *Un coup de pied bien placé*, présente 15 objets associés à 15 principes de vie dont on a besoin pour grandir et s'accomplir, pour se choisir et agir, toujours dans une approche motivationnelle.

Nous nous sommes lancé le défi de l'écrire en six mois, ce que nous avons réussi, en plus de l'autoéditer. Ce fut essoufflant, mais incroyablement enrichissant ! Nous étions si fières ! Nous avons relevé le défi de montrer aux gens que tout est possible, même si on s'était fait décourager par des maisons d'édition qui affirmaient qu'il était impossible de sortir un livre en six mois. Nous, nous l'avons fait !

Aujourd'hui, je dois l'admettre, le livre m'a apporté une certaine crédibilité, en plus de contribuer à la notoriété de mon concept. J'ai grandement construit ma confiance en moi durant cette période emplie de défis. En testant nos symboles grâce au livre, aux ateliers et aux conférences, j'ai ainsi rodé le *show* de ma mission de vie et validé l'efficacité de ce qui deviendrait les fondements du divertissement réfléchi.

C'est à ce moment qu'Ève a atterri et que je me suis envolée. En janvier 2011, elle a décidé de retourner travailler cinq jours par semaine pour rencontrer ses obligations financières. Malgré ses nouvelles responsabilités, nous avons créé, durant les six mois suivants, quatre produits en lien avec le livre, soit un agenda, un livre audio, des cartes d'inspiration et des carnets de gratitude. Nous souhaitions développer une collection avec chacun des objets du livre. Certains ont été disponibles dans une trentaine de points de vente au Québec. Une autre fierté !

DE FAMILLE À MÈRE MONOPARENTALE

De mon côté, je travaillais à 100 % pour l'entreprise. Je me sentais comme une impostrice quand je me présentais en tant qu'auteure, et le côté conférencière ne me nourrissait plus suffisamment. En 2012, les options sont devenues claires : soit j'arrêtais de travailler pour la compagnie, soit je rachetais les parts de mon associée. Ève et moi avons opté pour la seconde option. Je lui ai donc racheté ses parts, commençant ainsi mon parcours d'entrepreneure solo.

Je n'ai aucun regret. Ce fut une aventure intense et enrichissante, mon laboratoire pour découvrir qui j'étais en tant qu'entrepreneure.

Je m'alimente de mes expériences. Je pense, je dis, je crée. C'est dans le mouvement que je trouve mes idées, que je réfléchis. Ce projet m'a d'ailleurs permis de développer et de matérialiser les deux autres compagnies que je m'apprêtais à créer.

DE *TRAVELWEEK* À *PROFESSION VOYAGES*

Parallèlement aux Coups de Pieds, j'ai été approchée en juin 2011 par un ancien contact afin de rédiger deux articles par semaine pour *Travelweek*, un magazine d'information sur le tourisme et les voyages particulièrement connu dans le Canada anglais. Ce travail d'appoint me permettait d'engranger quelques revenus supplémentaires sans pour autant limiter les efforts investis dans Les Coups de Pieds.

Le propriétaire de ce magazine m'a ensuite approchée pour assurer le développement de la version virtuelle francophone : www.professionvoyages.com. Évoluant à l'EEB dans le Programme Élite, j'en suis arrivée à me demander pourquoi je m'investissais autant dans le développement de ce produit voyage sans réellement faire partie de l'entreprise. C'est ainsi qu'en janvier 2015, je suis devenue associée à 50 %. Je peux vous assurer qu'à ce moment, j'ai appuyé encore davantage sur la pédale, même si nous étions le quatrième média de voyage à arriver sur le marché. Nous avons, en deux ans, atteint une place de choix dans l'industrie, en plus de doubler nos revenus chaque année durant cinq ans.

VENDRE MON BÉBÉ !

Je consacrais 80 % de mon temps au site Web. Alors que je voulais faire des dépenses pour nous mener au sommet rapidement, notamment en embauchant, mon associé préférait y aller de façon plus graduelle. Cette divergence de visions, tout comme l'impression de ne pas réellement utiliser mon côté créatif, m'ont donné envie de quitter le navire. Par mon manque de motivation soudaine, je devenais l'ennemie de notre projet ! Je devais prendre une décision difficile mais rationnelle, soit celle de concentrer mes énergies sur le développement de ce concept génial de camps de jour et de m'amuser en développant le laboratoire d'expériences que sont Les Coups de Pieds.

UN COUP BIEN PLACÉ : LES CAMPS FUTÉS

Toujours par l'entremise des Coups de Pieds, j'ai fait la rencontre, en 2013, de Miguel Ouimet, copropriétaire de la firme de loisirs L'Air en fête et expert dans la gestion de camps de jour depuis plus de quinze ans. Il était curieux de savoir si mes outils de communication pouvaient être adaptés à une clientèle enfantine. Y voyant un fort potentiel, j'ai accepté, et nous avons lancé le projet des Camps Futés, dans le cadre des camps de jour privés que Miguel gérait déjà. Cette entreprise est en fait une matérialisation de mon concept de divertissement réfléchi utilisant 8 des 15 objets du livre. Elle permet de bonifier les activités traditionnelles d'un camp de jour en fournissant aux enfants les outils dont ils ont besoin pour évoluer, grandir et se transformer. Le concept est d'aider l'enfant à se découvrir et à mieux communiquer, le tout dans un environnement axé sur le plaisir. Nous touchons, par les Camps Futés, au monde municipal et au communautaire. Il s'agit donc d'une implication sociale, d'une conscientisation, d'un projet plus grand que soi et très gratifiant, même si le retour sur investissement n'est pas si important. Le projet a plu à Miguel.

Le réseau Camps Futés occupe actuellement sept sites, et ce n'est qu'un début ! Maintenant que je prends le temps d'explorer les possibilités, j'entrevois de belles opportunités pour mon « enfant prodige »... Je souhaite que le concept de divertissement réfléchi soit présent partout sur la planète, au-delà des camps de jour. J'aimerais qu'il s'étende également aux journées pédagogiques et qu'il touche la formation des professionnels qui travaillent avec les enfants. Animer, c'est un art que le concept « Futé » met en valeur.

ASSUMER SA DIFFÉRENCE

En janvier 2017, j'ai passé très près de tout quitter. Je me demandais pourquoi je me rendais la vie aussi difficile, pourquoi je travaillais à ce point-là. J'ai réalisé que je me compliquais la vie plus souvent qu'autrement par mon côté créatif, que j'avais de la difficulté à expliquer clairement mes idées. Je suis un type d'entrepreneure difficile à cerner. Bien que cela ne paraisse pas beaucoup, j'ai aussi un côté très calculé et réfléchi qui chevauche mon côté aventurier. Je suis polyvalente et j'éprouve un malin plaisir à gérer plus d'une chose à la fois. J'ai développé ma confiance en tant qu'entrepreneure au fil du temps. Oui, je fais les choses différemment. Je l'assume et je m'assume. Lorsque je suis essoufflée, je m'accorde le droit d'aller un peu plus à gauche ou un peu plus à droite. J'en ai le droit, j'en ai le plein pouvoir. Ce n'est pas dans le compliqué que je m'accomplis, c'est dans le différent !

Tout ce que je développe est basé sur les valeurs suivantes : authenticité, réflexion, innovation et intuition. J'ai peaufiné l'art de communiquer et d'animer. Je suis une artiste de la communication, et je m'affaire à créer des projets qui vont être utiles pour l'humain dans ses communications avec les autres.

Conseils à d'autres entrepreneurs

- Faites évoluer vos manières de recruter et ne sous-estimez pas les endroits inusités (à l'épicerie, sur le coin de la rue) où les gens croisent votre route, et les diverses manières de rencontrer des personnes intéressantes (par un ami commun, par un statut Facebook, etc.). J'ai ajouté la décalade à mes formations, pour tester si une personne peut travailler avec moi à long terme. Une manière intense, mais tellement efficace pour savoir si je mets mon énergie sur les bonnes personnes, si je m'entoure bien. Filtrez les candidats pour éviter de vous emballer sur le mauvais numéro, et pour apprendre à identifier les gens qui sont vraiment nécessaires et utiles au développement de votre entreprise. C'est un *must*.

- Osez demander de l'aide et poser des questions ! Parce que nous sommes des « solutionneurs », nous avons le réflexe de nous débrouiller seuls ou n'avons pas la patience d'attendre la contribution des autres. Demander de l'aide n'est pas un signe de faiblesse. D'ailleurs, les meilleures idées sont souvent dans la tête des autres. Je valorise beaucoup cela. Il ne faut pas attendre que notre élastique soit trop étiré pour oser demander de l'aide.
- Donnez-vous le temps de vous comprendre, de vous connaître. Il y a un processus dans le fait d'être entrepreneur. Donnez-vous le coup de pied de faire les choses afin d'être bien. C'est fondamentalement ce que l'être humain recherche : être tout simplement bien !
- Finalement, prenez du recul, prenez du temps pour vous. Faites des choses pour vous-même ! J'ai compris, avec le temps, que j'avais besoin d'équilibre dans ma vie. Faire du yoga et de la méditation sont des activités qui m'aident à me détendre, à diminuer le *spin* des hamsters de mon cerveau et à arrêter de courir après le temps. Le temps n'est pas quelque chose qu'on a, c'est quelque chose qu'on prend. Il ne faut pas être trop rigide. Les « il faut » et les « je dois » sont les ennemis de l'âme rebelle. Ils m'ont menée souvent à de la procrastination. Désormais, mon leitmotiv est plutôt : TOUT EST POSSIBLE !

L'ENTREPRENEUR SYLVAIN TOUTANT COMMENTE L'HISTOIRE D'ARIANE CLOUTIER

Cette Ariane ne manque pas d'énergie et de créativité ! Son cheminement menant à la découverte de son « pourquoi » est fascinant. Ariane est animée de ce désir profond de faire la différence pour les autres. Elle a mis à contribution ses talents, qu'elle semble avoir découverts très tôt… Créative et extravertie, son talent de communicatrice est omniprésent dans ses projets d'affaires. Elle a souvent réussi à combiner talents et passion pour se lancer dans des projets tout aussi stimulants les uns que les autres. Sa recherche de liberté se concrétise par le voyage, par l'entrepreneuriat, et par sa volonté de faire les choses à sa façon, avec passion et énergie.

Puisqu'elle est consciente de devoir ralentir son « hamster » pour nourrir sa réflexion, je demanderais à Ariane : Comment fait-elle pour prendre des décisions ? Par quels moyens prend-elle conscience de ses biais dans son processus de décision ? Quel rôle jouent ses émotions dans sa prise de décision ?

Une telle énergie et créativité, c'est comme un carburant pur pour stimuler l'entrepreneurship… L'histoire d'Ariane est celle d'une gagnante cherchant sans arrêt à nourrir ses passions afin de contribuer au développement et au bonheur des autres… et au sien !

Robert Michaud, Ramp-Art

Robert Michaud, président-directeur général
Entrepreneur-athlète, cohorte 1 du Programme Élite, et entrepreneur-entraîneur dans le Programme Émergence

Leader québécois dans la conception, la fabrication et l'installation de rampes en aluminium et en verre depuis plus de trente ans, Ramp-Art est le partenaire de choix pour les projets institutionnels et commerciaux de toutes envergures. Design, innovation et sécurité sont des valeurs communes à l'ensemble de ses employés.

•••

En ouvrant la porte de chez Ramp-Art, on perçoit immédiatement l'organisation, la structure méticuleuse de l'entreprise. Chacun est à sa place et semble être en parfaite maîtrise de ce qu'il a à faire. Pas d'urgence, pas d'employés qui courent, pas de feux à éteindre. Un sentiment de calme y règne, ce que dégage d'ailleurs Robert de tout son être.

DE LA CÔTE-NORD AU GRAND NORD

Je suis né au sein d'une famille de trois garçons, dans la ville de Sept-Îles. À l'époque, la municipalité était en fait une seule rue, qui offrait une perspective est-ouest. Au bout de la 138, pour nous, c'était Québec et le boulevard Laurier.

La culture familiale dans laquelle je baignais en était une d'autodétermination. Jamais nos parents ne nous disaient quoi faire, à mes frères et à moi ; ils avaient confiance en notre intelligence, même si nous étions enfants. Nous étions libres d'expérimenter. Ce type d'éducation était favorisé par le fait que nous habitions une petite ville très sécuritaire, où tout le monde se connaissait. Encore aujourd'hui, je qualifie la communauté dans laquelle j'ai grandi d'enviable.

Mes grands-parents, architectes et constructeurs, étaient marginaux ; ils amassaient une multitude de choses, ce qui faisait de leur cour arrière un véritable coffre aux trésors ! Nous réparions des objets, que nous revendions.

C'est dans ce contexte aux multiples opportunités que l'entrepreneur en moi s'est éveillé. Dès l'enfance, des bouteilles consignées, mes frères et moi en ramassions, lavions et revendions pour plusieurs centaines de dollars chaque année. Du haut de mes 8 ans, j'étais déjà indépendant financièrement. Je n'ai d'ailleurs jamais demandé d'argent à mes parents à partir de cet âge. À 12 ans, je gardais des enfants ; à 13 ans, je faisais le ménage dans des compagnies. J'achetais ma première voiture à 15 ans et demi, et j'ai célébré mes 16 ans en m'installant en appartement, avec ma première blonde. Je pouvais me procurer tout ce que je souhaitais, sans rien demander à mes parents. L'autonomie est venue de façon précoce, certes, toutefois dans un bonheur constant. Rien ne m'obligeait à travailler ainsi, je le faisais de mon propre chef, pour la paye. J'étais libre.

Je crois avoir toujours été entrepreneur, je portais ce tempérament en moi. Tout de même, un concours de circonstances a contribué à ce que ça devienne mon métier aujourd'hui. Quand j'avais 18 ans, mes parents ont acheté un commerce pour mes frères et moi, une station-service. Un gros Irving, avec 12 pompes à essence et un dépanneur, ouvert 24 heures sur 24. L'entreprise était pratiquement en faillite quand mes parents l'ont acquise. Un an après, le chiffre d'affaires du Dépanneur Michaud et fils avait triplé ! Déjà, nous nous démarquions par notre service à la clientèle, appelant chaque client par son prénom. Nous allions systématiquement chercher la prochaine vente en offrant un produit pour que le client passe une meilleure soirée en famille. Nous étions proches des gens, c'est comme ça que nous nous sommes fait un nom. Quelle fierté j'éprouvais, à peine adulte, de lire notre nom sur la bannière ! Nous faisions alors preuve de beaucoup de créativité, évoluant dans une forte conscience des opportunités à saisir.

Diplômé en mécanique diesel, spécialisé en calibrage de pompes, je n'aurai au bout du compte jamais travaillé, pas même une heure, dans un emploi lié à ma formation académique. Mes parents, peu scolarisés, ne nous poussaient pas nécessairement dans cette direction non plus. Qui plus est, aller à l'université était synonyme de déménager, de quitter Sept-Îles pour Québec, par exemple. Quitter mon petit village, où j'étais bien, ne m'interpellait pas du tout à cette époque.

À l'âge de 21 ans, j'ai décroché un emploi dans une banque, sans détenir aucune formation pertinente. Je devais devenir bilingue, ce que j'ai accompli rapidement en m'inscrivant à un cours privé. Je saisissais alors une occasion d'aventure ; mon entrée à la banque n'était pas du tout motivée par une envie fondamentale d'être banquier. Un ami de longue date, avec qui j'aimais jouer aux échecs, avait déjà travaillé pour une banque flottante (en d'autres termes, une banque-navire), et c'était précisément ce que je ferais dans ce nouvel emploi. Le bateau quittait Rimouski à destination de Sept-Îles, où je montais à bord pour agir comme banquier jusqu'à Blanc-Sablon. La banque ouvrait au gré de l'arrivée du bateau dans les ports, pour desservir, hebdomadairement, les habitants des villages. Puisque le concept de banque flottante célébrait ses 25 années d'existence, l'exposition médiatique a été forte cet été-là. Passer dans les journaux à 21 ans m'a prouvé à quel point j'aimais sortir de ma zone de confort ! La fin de l'automne entraînant avec elle le retour des glaces (et, donc, l'arrêt des activités de la banque flottante), je devais rapidement saisir une autre opportunité pour pouvoir continuer à travailler. Après que j'ai manifesté au grand patron mon intérêt dans la poursuite de mon développement avec la banque, celui-ci a décidé de miser sur moi, défrayant mes études universitaires et ma formation continue à même les profits annuels de l'organisation.

Cet investissement aura été rentabilisé. J'ai évolué dans cette banque durant 13 années, occupant divers postes importants. Le premier de ceux-ci a été mon envol, le 21 décembre 1986, pour Kuujjuaq à bord d'un 737. Ce mandat, qui devait être un remplacement de deux mois, a finalement duré deux ans. Je me rappellerai toujours le choc que j'ai ressenti quand la porte de l'avion s'est ouverte. À ma première respiration à l'extérieur de l'avion, j'ai pratiquement fait une embolie pulmonaire tellement le froid a pris de l'expansion dans mes poumons. Nous étions environ 300 Blancs pour 1500 Inuits, donc nettement en minorité. Mes objectifs étaient ambitieux pour un jeune homme de 22 ans... Kuujjuaq a aussi été la scène du démarrage de ma vie conjugale et, peu de temps après, de ma vie familiale, aux côtés de la même femme qui avait, à l'époque, accepté de partager mon premier appartement.

À 24 ans, de retour à Sept-Îles, j'ai décroché le poste de directeur du département de consommation, un poste dans le cadre duquel je gérais 50 millions de dollars. J'étais extrêmement motivé, et la banque le voyait bien : les portes s'ouvraient naturellement devant moi.

À 26 ans, je suis devenu le plus jeune directeur de succursale, après avoir décidé, d'un commun accord avec ma femme, de retourner à Kuujjuaq. En m'impliquant au sein de la communauté par de la sensibilisation et de la formation à l'aspect bancaire auprès des jeunes, j'ai pu convaincre le maire de ne pas laisser entrer Desjardins sur le territoire. Je me souviendrai toujours du moment où je trimbalais mon vice-président, en complet cravate, à l'arrière de mon quatre-roues pour l'emmener à cette rencontre décisive ! Lui aussi, sans doute...

Ces trois années auront été à la fois douces et fortes en apprentissages pour moi. La pêche, la chasse, mon traîneau à chiens, bref, les coutumes autochtones m'ont permis de comprendre ce qu'est la vie communautaire. Je suis arrivé en me disant que puisqu'il n'y avait rien, tout était à créer. Et c'est ce que nous avons fait, en communauté. Malgré ce bonheur, je doutais de la qualité de l'enseignement disponible sur ce territoire; mes enfants grandissaient, et je ne voulais pas qu'ils soient scolarisés là-bas. C'est ce qui a justifié mon retour à Québec, avec, en trame de fond, la Caisse populaire qui prenait pignon sur rue à Kuujjuaq quelques mois après mon départ.

Notre déménagement à Québec aura été un autre choc culturel pour ma famille. À 30 ans, je me suis retrouvé avec un statut enviable, consommant les distractions et attraits que la vie en ville procure. Avec deux autos, deux enfants, deux maisons, deux chiens et... deux femmes, l'équation ne fonctionnait plus. J'ai regretté certains de mes choix, évidemment, mais la douleur demeure un précieux refuge pour réaliser de nombreux apprentissages. Professionnellement, je cumulais les belles réalisations à la banque, foncièrement propulsé par ma soif pour la croissance. Je doublais les chiffres d'affaires systématiquement.

LE PLONGEON DANS L'ENTREPRENEURIAT

Et un beau matin, j'ai décidé de faire le fou pour moi-même! J'ai enfin sauté de l'autre bord du bureau! J'ai acheté ma première entreprise à l'âge de 34 ans, avec aussi peu que 10 000 $. À mon arrivée, cette compagnie de portes et fenêtres haut de gamme était clairement en difficulté financière. En dix ans, nous sommes passés de 300 000 $ de chiffre d'affaires à environ 8 millions, avec un profit annuel frôlant les 800 000 $. Je considérais cette entreprise comme un fleuron entrepreneurial au Québec. Elle a d'ailleurs remporté nombre de prix d'excellence sur la scène québécoise. J'y étais attaché, c'était mon bébé. Avec les lunettes avec lesquelles je percevais la réalité à l'époque, il n'y avait pas de limites à la croissance. *No fucking limit!* Et elle en affichait une très belle, toujours dans les 20 % et plus annuellement, avec une marque de commerce forte, prisée, respectée. Mon intention était de la faire croître jusqu'à 20 millions, puis 50 millions, et ainsi de suite. Ce n'est toutefois pas ainsi que l'histoire a écrit la suite...

Quand j'ai sauté à bord de l'aventure, nous étions quatre actionnaires. Nous avions divisé la propriété en parts égales : 25 % pour le fondateur initial, 25 % pour l'installateur, 25 % pour un individu qui connaissait très bien le monde des portes et fenêtres, et les 25 % restants pour moi, qui œuvrais comme président-directeur général. La vérité, je peux l'avouer maintenant, c'est qu'aucun d'entre nous ne savait, à l'époque, comment fonctionnait la division de la propriété de l'entreprise, de ses actions. Tout s'est très bien passé durant les premières années : l'entreprise innovait technologiquement avec un brevet nord-américain en main, remportait plusieurs prix, gagnait en notoriété, s'enrichissait. Nous voulions à l'époque la même chose, nous partagions la même vision et, surtout, nous déployions les mêmes efforts à la faire croître. Comme président-directeur général accompagné de trois autres actionnaires, je n'ai jamais sorti un seul dollar de l'entreprise. En effet, j'ai rapidement compris qu'il aurait fallu que j'en sorte quatre chaque fois... J'ai donc capitalisé dans l'entreprise, si bien qu'elle était riche après dix ans. Plein d'argent en banque, beaucoup de placements qui rapportaient, aucune dette.

Après coup, je peux affirmer que lorsqu'on commence à faire de l'argent dans une entreprise, un changement psychologique s'opère pour beaucoup d'individus et d'actionnaires. Ils ralentissent, sont à l'aise dans leurs pantoufles, deviennent pris dans ce que Jean Domingue, de XEOS Imagerie, appelle leur « *sweet spot* ». Mes coactionnaires entraient travailler à 9 h 30, partaient à 15 h 30, visaient une faible croissance, voulaient commencer à sortir de l'argent de l'entreprise. De mon côté, je redoublais d'efforts, je croyais en notre capacité d'aller chercher un 50-60 % de croissance annuelle. Il y avait donc des écarts qui se créaient, se creusaient, jusqu'à devenir inconciliables. C'est à ce moment que j'ai annoncé à mes partenaires mon intention de les racheter.

Deux d'entre eux me disaient être prêts à vendre, alors que le dernier, agissant alors comme partenaire silencieux, me donnait le choix entre se faire racheter ou rester. À travers tout le processus de négociation, mes partenaires s'inquiétaient, car nous n'avions pas intégré de clause d'achat-vente forcée dans notre convention initiale, la fameuse clause « shotgun ». Dans l'optique de les rassurer et de faciliter la transaction, nous avons donc, ensemble, ajouté cette clause dans une nouvelle convention d'actionnaires. Ce que je n'avais pas réalisé à l'époque, c'est qu'ils avaient en tête, dissimulée derrière cette demande d'ajout, l'intention de m'acheter moi, par l'entremise d'un individu externe qui avait les fonds nécessaires.

C'est ainsi que j'ai reçu une offre d'achat, un vendredi après-midi, par l'intermédiaire d'un avocat. Je l'ai acceptée, sans broncher. Je ne me suis pas battu, car j'avais réalisé que mes partenaires ne voulaient plus vendre. Cela aurait signifié, pour moi, entrer dans un combat de négociation qui, même s'il se soldait par une victoire, minerait mon moral et grugerait mon énergie tout au long de la transition. J'ai donc pris l'argent et j'ai levé les pattes, ce que je n'ai, à ce jour, jamais regretté.

Quand ils m'ont racheté, ils ont jeté le modèle d'affaires à la poubelle. En pensant gagner du marché, en récupérant la cote du distributeur en distribuant eux-mêmes, ils se sont mis les distributeurs à dos. Ils ont ouvert un point de vente direct aux consommateurs à Montréal, alors que nous faisions, par le passé, exclusivement affaire avec des distributeurs indépendants. Ces derniers ont alors renié la marque. Mes anciens associés ont négligé le fait que créer un réseau de distribution prêt à vendre directement aux consommateurs nécessite plusieurs années. En ignorant l'expertise de nos distributeurs indépendants à cet égard, ils ont payé le prix fort. Deux ans et demi après qu'ils m'eurent racheté, l'entreprise a fait faillite. Je retiens de cette aventure que lorsqu'on fait un «*take over*», la vision et la mission de l'entreprise ne doivent pas être changées de manière drastique. C'est suicidaire!

Personnellement, je me suis retrouvé à 45 ans, nouveau retraité, à l'aise financièrement, certes, mais sans être assez riche pour être indépendant de fortune. J'étais carrément en état de choc, mais je ne le disais à personne. J'ai agi comme plusieurs entrepreneurs: j'ai gardé mes sentiments pour moi, souffrant en silence. Je venais de perdre mon bébé. Quelle serait ma prochaine étape? Comment pourrais-je me réaliser dès lors? Un tumulte de questionnements m'habitait, et les réponses se faisaient rares. Confiné à la maison, me cherchant à travers tout ça, je me suis consacré à mes enfants pendant un an, et ce, de façon maximale. Ce rapprochement avec mes enfants me permettait de produire du bonheur, d'être présent, m'étant davantage consacré auparavant à mon autre bébé : l'entreprise.

CELLE-CI SERA LA BONNE !

Après cette année d'investissement familial, il m'est apparu clairement, comme dans un ciel qui se dégage, que je devais m'engager pleinement et acheter une autre entreprise. Par l'entremise de mon comptable, le même depuis toujours, une opportunité d'affaires s'est présentée : l'entreprise Ramp-Art était à vendre. Celle-ci présentait des problèmes au niveau de l'actionnariat, car elle ne pouvait prendre plus de croissance avec les compétences des actionnaires en place. Ces derniers avaient décidé de prendre la bonne décision pour l'entreprise et de la mettre en vente, conscients qu'ils l'avaient amenée le plus loin qu'ils le pouvaient par eux-mêmes.

Ramp-Art était alors une entreprise de près de 25 ans d'âge, rentable, avec une notoriété intéressante au Québec, et elle appartenait à des gens que je connaissais depuis longtemps. Elle m'intéressait car elle touchait l'enveloppe du bâtiment, la beauté. En effet, on peut passer devant un Ramp-Art et dire : « Wow, c'est nous qui avons fait ça, regarde comme c'est beau. » Ma mère étant artiste, j'ai hérité de ce côté moi aussi. Mon père, lui, était meneur d'hommes, l'un expliquant sans doute un peu l'autre. Participer à la beauté de la création, dans l'industrie de la construction, ça me faisait vibrer, et c'est encore le cas aujourd'hui.

Au moment même où j'ai acheté Ramp-Art, je voyais bien que le principal frein à sa croissance était l'absence de structure, de système. En effet, les dix années passées dans un marché ultracompétitif m'avaient amené à grandir énormément comme entrepreneur. Je savais, en achetant Ramp-Art, que si je voulais la faire croître, je devais d'abord développer un bon système organisationnel. J'ai commencé par revendre aux deux anciens propriétaires 10 % d'actions, le but étant qu'ils continuent à se voir comme des partenaires de croissance de l'entreprise.

Au même moment, je commençais le Programme Élite de l'École d'entrepreneurship de Beauce (EEB), au sein de sa cohorte pionnière. C'est aussi à cette époque que le sport a recommencé à prendre une place importante dans ma vie. J'ai compris qu'il fallait être en forme pour affronter toutes les montagnes russes que le métier d'entrepreneur nous amène à traverser. L'EEB a été un véritable *game changer* pour moi. Le petit cul de Sept-Îles, l'ancien banquier, qui s'en va vivre des 24 h à Saint-Georges de Beauce pour être formé par les grands leaders du Québec inc. ! Ce fut un grand carrefour : j'ai alors commencé à sentir que j'étais dans les ligues majeures. Tout ce que j'entendais qui pouvait coller à ma réalité et à celle de Ramp-Art, je le mettais en place. J'arrivais au travail le lundi matin et je lévitais ! J'avais vécu une telle qualité de discussions, d'idées durant les séjours que je projetais une image positive, rayonnante à mon retour dans l'entreprise. Mes employés et directeurs voulaient toujours davantage de cette fraîcheur.

J'ai dû mettre de l'ordre, travailler à nous structurer, en précisant qui fait quoi, en fonction des talents des gens et des besoins de l'organisation. Organiser également les relais entre les individus et les fonctions, pour optimiser leurs impacts au service de ce même système. En quelques mois, j'ai développé l'organisation, l'organigramme, les descriptions de poste, la vision, la mission, les valeurs, la planification stratégique. J'ai également mis en place un comité de direction. Tous les nouveaux employés que j'embauchais devaient être inspirés et animés par un fort désir de croissance. Je m'entourais d'employés qui partageaient cette valeur forte. Et là, on s'est mis à prendre de la croissance solide !

Deux ans après l'achat, nous avions fait 100 % de croissance, nous l'avions doublée. Qu'est-ce qui explique cette réussite ? J'en suis certain aujourd'hui : le système complet que nous avons instauré.

Comme un directeur général dans une équipe de hockey arrive avec son système, les présidents-directeurs généraux de compagnie doivent, eux aussi, être conscients de LEUR système. J'ai payé des centaines de milliers de dollars pour créer mon système. Je me suis inspiré des systèmes d'affaires qui avaient eu le plus de succès ailleurs dans le monde, notamment en Californie, et qui sont d'ailleurs aujourd'hui répandus un peu partout sur la planète. J'ai acheté la recette WISE, et je me suis fait accompagner par un formateur qui m'a aidé à l'implanter chez nous, dans le contexte de Ramp-Art. En même temps, je m'inspirais des grands leaders du Québec inc. et je confrontais mes façons de faire avec celles des autres membres de ma cohorte à l'EEB. Bref, j'ai bâti, de cette façon, ma propre structure. Si je devais changer d'entreprise demain, j'amènerais mon système dans cette nouvelle aventure. Je pourrais pratiquement en faire un copier-coller. D'ailleurs, si je voulais acheter une autre compagnie, j'en chercherais une qui a besoin de ce système.

Pendant ces années de croissance agressive, j'ai fait un autre constat important comme entrepreneur. Dans mon domaine, de 100 % sur mesure, même si je parvenais à aller chercher 3 millions de plus de ventes une année, la ligne du bas ne suivrait pas. L'entreprise ne faisait pas beaucoup plus d'argent qu'en vendant moins. Une année, nous avons atteint jusqu'à 75 % de croissance. J'ai aujourd'hui la certitude qu'il est tout aussi difficile de gérer de la croissance que de la décroissance. C'est beau, augmenter le chiffre d'affaires, mais pas à tout prix. On ne doit pas gérer que par la ligne du haut, mais par la ligne du bas également.

Qui plus est, notre niveau de bonheur collectif était faible, malgré la présence d'employés fortement stimulés par la croissance. Trop de charge, trop de pression, trop de stress. Tant d'efforts, pour aboutir avec le même gain financier que l'année précédente. Les employés se sont syndiqués, sous l'influence de deux d'entre eux, qui ont quitté quelques mois après l'accréditation syndicale. Force était alors de constater qu'il me manquait encore des indicateurs dans mon système organisationnel. On pensait tous qu'on l'avait, la patente, mais on ne l'avait pas encore !

LA MESURE SUPRÊME : LE BONHEUR !

Il a fallu que je sorte de là. Mon bonheur, comme celui de mes troupes, est important pour moi. La notion de *sweet spot* a dès lors commencé à résonner en moi. Son ambassadeur, Jean Domingue, avec qui j'avais vécu un 24 h à l'EEB, m'a d'ailleurs aidé durant cette période. C'était à l'époque de la Commission Charbonneau, une période de ralentissement économique. J'en ai profité pour diminuer la taille de Ramp-Art. J'ai coupé près de 25 % de la masse salariale de notre PME d'un coup. J'ai descendu le chiffre d'affaires au niveau où on faisait beaucoup plus d'argent, dans le bonheur. J'ai pris cette décision car j'avais fait une autre découverte : on ne peut pas battre le temps. Si l'on embauche plusieurs employés en même temps, même s'ils sont compétents, ils auront nécessairement besoin de temps pour se développer dans le domaine spécifique de l'entreprise, dans sa réalité – concrètement, l'assembleur, même s'il a de l'expérience, n'a pas nécessairement déjà assemblé de garde-corps. Qui plus est, ces nouvelles ressources humaines devront aussi affiner leur compréhension de mon système organisationnel. Il faut qu'elles aient le temps d'adopter ce système, de vivre avec, de l'utiliser fréquemment pour se l'approprier réellement ; sinon, ça crée des manques d'efficacité.

En somme, j'ai compris que je devais développer mon propre système et habiliter mes gens à l'utiliser, mais que celui-ci devait aussi tenir compte du plaisir au travail. Mon orientation porte maintenant beaucoup sur le bonheur de mes employés, ce qui signifie aussi apprendre à mieux doser ma volonté de croissance. Aujourd'hui, quand je fais mes budgets, je planifie une croissance, certes, mais agréable, pas systématiquement agressive. Ça signifie aussi savoir dire non à de nouveaux clients parfois, même si on prend ainsi le risque de voir la concurrence se les approprier.

Pourquoi ? Simplement parce que je suis maintenant persuadé que trop de croissance à court terme est synonyme d'anti-croissance à long terme. Dans une entreprise axée sur l'excellence et sur l'entière satisfaction du client, ces critères doivent être atteints, améliorés en continu. En trop forte croissance, mes gens auront tendance à abaisser leurs standards pour livrer plus. « Ma barre est élevée ; ne viens surtout pas essayer de me la faire descendre ! » Notre réussite est basée sur l'entière satisfaction de la clientèle et sur la croissance soutenue, pas sur un coup d'argent rapide. C'est facile de vendre quelque chose ; ce qui est plus difficile, c'est de revendre aux mêmes entrepreneurs.

L'ambiance est maintenant calme dans l'entreprise, c'est organisé, ça roule et les gens sont heureux. J'embauche sur les valeurs, encore plus que sur les compétences. Quand j'engage quelqu'un, je lui demande sur quel aspect de son travail il voudrait se mesurer pour performer. Les gens, ainsi, progressent vers les résultats qui les animent, qui ne leur sont pas imposés. On affiche d'ailleurs les résultats de leurs indicateurs et de ceux de l'entreprise en général. Ceux-ci sont analysés, sous forme de tendances, puis présentés en graphiques : les employés les voient et les suivent. La mesure prend toute sa place chez nous.

Mes gens sont responsabilisés et je ne *by-pass* jamais la responsabilité des employés. Jamais. Si je dois m'adresser directement à un employé, c'est parce que le travail de l'un n'a pas été fait correctement et qu'il n'a pas suivi le système. J'irai éteindre un feu au besoin, mais surtout, je m'organiserai pour ne plus avoir à éteindre le même feu dans l'avenir. On travaillera pour ne plus que ça arrive.

Le comité de direction se réunit presque hebdomadairement dans le cadre d'un dîner. Nous analysons les résultats, traitons d'avancement des projets inclus au plan stratégique, nous penchons sur les urgences. Il s'agit aussi de moments privilégiés pour passer du temps significatif ensemble, à partager une bonne bouffe. À mon avis, aucune faille ne peut être tolérée dans le comité de direction d'une PME ; ses membres doivent être en harmonie.

J'ai également constitué un conseil d'administration composé des deux membres fondateurs, de mon contrôleur financier et de moi-même. Commencer un premier conseil d'administration avec la question : « Toi, tu te vois où dans cinq ans ? » fut pour moi révélateur. Cela m'a permis, notamment, de racheter rapidement l'un des fondateurs qui ne savait pas s'il voulait vraiment s'investir avec la nouvelle vision de Ramp-Art. Aujourd'hui, nous sommes heureux tous les deux. Enfin, j'ai commencé à travailler sur ma relève, particulièrement en ce qui concerne la direction générale.

Mon intention est d'occuper exclusivement le rôle de président, à temps plein, au cours des trois prochaines années. Je suis déjà engagé et impliqué dans mon industrie à l'échelle provinciale, et dans d'autres organisations, conseils d'administration, etc. Pierre

Pomerleau nous disait, lors de son 24 h à l'EEB, qu'un président se doit d'aller à l'extérieur même s'il ne connaît personne. Qu'il doit jouer le rôle de mascotte de l'entreprise pour la faire rayonner à l'extérieur de ses murs. Il est vrai que tout cela prend de plus en plus d'espace, mais je m'investis seulement dans les causes qui me passionnent, me gratifient, me procurent du bonheur.

Les conseils issus de mon expérience personnelle

Je terminerais en disant qu'un entrepreneur ne doit jamais rester seul au sommet. Il doit se créer un cercle autre que sa famille, avec d'autres chefs d'entreprise, pour se développer. Je me suis, à quelques reprises, surpris à me dire que je devrais tout vendre, faire comme les autres, exiger moins de moi-même. Dans ces moments, j'avais perdu le sens du « pourquoi je fais tout ça ». J'ai persévéré, notamment en observant les autres autour de moi, en admirant leur résilience, leur capacité à rebondir, qui font d'eux des gagnants. C'est dans ces périodes de tourmente que l'on doit avoir des gens autour de soi, des gens qui ont vécu les mêmes tempêtes.

S'entourer signifie aussi oser demander de l'aide, ce qui n'est souvent pas très naturel pour un entrepreneur. Dans mon cas, j'avais peur que les autres me jugent, je craignais ce qu'ils pouvaient penser de moi si je mettais un genou par terre. Étant intuitif, je sais la plupart du temps quoi faire et comment le faire ; j'essaie, du moins. Si je me casse la gueule, je me relève, je prends une autre voie et ça réussit. J'ai aujourd'hui réalisé qu'une des plus belles choses, c'est de demander de l'aide ; plusieurs têtes et expériences d'entrepreneurs valent mieux qu'une. Maintenant, quand quelqu'un me demande de l'aide, il a toute mon attention et mon admiration. En effet, je reconnais l'humilité nécessaire pour oser demander…

GENEVIÈVE BIRON, PRÉSIDENTE ET CHEF DE LA DIRECTION DE BIRON GROUPE SANTÉ, COMMENTE L'HISTOIRE DE ROBERT MICHAUD

J'ai éprouvé énormément de plaisir à lire l'histoire de Robert Michaud. Je me suis retrouvée à tourner les pages, les unes à la suite des autres, sans effort et avec un réel intérêt à en connaître davantage sur cet entrepreneur au parcours à la fois unique et inspirant.

Je lui lève d'entrée de jeu mon chapeau ! Pour divers aspects de son parcours, notamment pour son courage. Pour être personnellement allée dans le Grand Nord, s'y installer avec toute sa famille en y voyant une mer d'opportunités témoigne à la fois de son audace et de son grand positivisme.

Étant à la base une femme de ressources humaines, je suis depuis longtemps convaincue de la nécessité de prendre soin de nos gens, pour qu'ils puissent ensuite prendre soin de nos clients. Robert, lui aussi, y attache une grande importance chez Ramp-Art. Il a clairement le souci du savoir-être, s'assurant de choisir des collaborateurs partageant ses valeurs et celles de son entreprise. Il leur donne le temps nécessaire pour s'approprier les nouvelles compétences inhérentes à leur poste, les amène à se fixer des objectifs... Bref, il prend soin d'eux.

Je partage également l'importance qu'il accorde à développer son propre système de gestion. Il m'a d'ailleurs fallu plusieurs années en affaires pour développer le mien, allant chercher des outils à droite et à gauche et les adaptant à ma réalité. Et celui-ci continue à se peaufiner au gré des expériences vécues. Développer son système de gestion demande temps et énergie, mais il a l'avantage de nous suivre par la suite dans nos différents projets entrepreneuriaux.

Robert partage aussi une grande leçon dans ce texte, une leçon qui s'apprend souvent après plusieurs années d'expérience. Nous sommes nombreux à croire, notamment durant la phase de démarrage d'une entreprise, qu'il suffit de vendre davantage pour terminer l'année avec de bons chiffres. La réalité est que les profits ne suivent pas tout seuls. Il faut mettre autant d'efforts à gérer la ligne du bas qu'on en investit à gérer celle du haut. Et continuer à croître, sans cesse, de façon soutenue, même si la tolérance au risque décroît avec l'âge (sans doute parce qu'il nous reste moins de temps pour nous refaire en cas d'échec!). Je ne dis pas qu'il faut miser l'entreprise chaque année, mais bien que l'on doit continuer à transformer son modèle d'affaires afin de tenir compte du contexte concurrentiel changeant, tout en gérant le quotidien. Rien n'est jamais gagné en affaires; s'asseoir sur ses lauriers annonce le début d'une triste fin.

En terminant, j'ai aimé constater à quel point Robert Michaud a appris tout au long de son parcours. Souvent à la dure, encaissant des échecs également. Ce sont ces apprentissages qui ont façonné l'entrepreneur qu'il est aujourd'hui et qui lui servent, chaque jour, à faire de Ramp-Art un succès. Nous suivrons de près les lignes qu'il saura ajouter à son histoire...

Claude Poulin, Néomédia

Claude Poulin, président-directeur général
Entrepreneur-athlète, cohortes 1 du Programme Élite et du Parcours Techno

Néomédia est un groupe médiatique 100 % numérique qui aide les communautés locales à se développer et à se faire entendre. Fier de ses 17 quotidiens Web présents partout au Québec, c'est par l'information majoritairement locale que le groupe tire son épingle du jeu dans le monde des médias, qui vit actuellement d'importants bouleversements.

•••

Quand j'ai sollicité les diplômés de l'EEB pour leur proposer de contribuer au premier livre signé par l'EEB en nous racontant leur histoire, Claude m'a répondu : « Je ne remplirai pas ton questionnaire, viens me voir au bureau et je vais t'en raconter, des histoires. » Il a tenu parole. J'étais très loin de me douter que j'arriverais dans un moment aussi décisif de son parcours entrepreneurial…

UNE ENFANCE À SE DÉFINIR

Je suis le deuxième fils d'une famille de quatre garçons. Mon père, qui travaillait chez Pomerleau à l'époque, passait de nombreuses heures au travail, ce qui faisait qu'on le voyait peu. Nous étions pratiquement en garde partagée : la semaine avec notre mère et la fin de semaine avec notre père ! Presque tous les samedis, nous l'accompagnions, mes frères et moi, à la cabane à sucre, sur la terre de mon grand-père. Nous bûchions du bois, faisions les foins. Courir les érables ou conduire un tracteur à l'âge de 8 ans avec une quinzaine de personnes dans la remorque était monnaie courante chez nous. Cette latitude octroyée par nos parents nous a donné confiance en nous-mêmes très jeunes. Nous avions la liberté d'expérimenter, de nous cogner le nez et d'apprendre de nos erreurs, à la façon d'un entrepreneur.

Passer une journée dans la grange à 37 degrés, c'était formateur ! Tout comme travailler à la taille de sapins de Noël à Saint-Honoré, en compagnie de gens de tous âges. C'était à peu près comme évoluer dans un chantier de construction, mais dans le bois, à l'âge de 11 ans.

Mes activités se résumaient au baseball, à la canisse bottée, au hockey, à la chorale (une condition de ma mère pour me laisser jouer au hockey !) et au théâtre. Point de vue caractère, j'étais têtu et bagarreur. Il faut dire que les batailles dans la cour d'école étaient fréquentes à cette époque. J'avais tout de même une arme secrète en poche : mon grand frère me protégeait quand la carrure de mon adversaire méritait son attention !

Jeune, je rêvais de conduire des « jouets pour adultes ». Au départ, des camions, puis mon ambition s'est tournée vers les avions et les hélicoptères. Je me rappelle encore à quel point une visite au collège militaire m'avait motivé à suivre cette voie. Je me rappelle également comment la venue de deux oncles militaires, une semaine après ma visite, a vite fait de bousculer mes plans.

Puis est venu ce moment où mon histoire a commencé à s'écrire autrement. J'étais alors en secondaire 5. Les hommes de la famille et moi étions, comme à l'habitude, à la cabane à sucre. Une branche imposante d'un érable menaçait de s'effondrer sur la cabane. Mon père a donc grimpé dans son échelle pour mettre fin à la menace. Tandis qu'il coupait la branche, l'érable en entier est tombé. Mon père a fait une chute de 40 pieds. Les secours ne pouvant se rendre sur les lieux, nous avons installé un vieux siège d'auto sur le tracteur pour amener mon père au village. L'ambulance l'a finalement conduit à l'hôpital l'Enfant-Jésus, où il est demeuré quelques semaines aux soins intensifs. Souffrant d'un grave traumatisme crânien, il s'est réveillé, mais dans un état qui n'avait rien à voir avec celui qui était le sien auparavant. Il a ensuite séjourné au centre François-Charron, pour une longue et fastidieuse réhabilitation.

Ma mère le veillait de jour et moi de soir, moment dont je profitais pour faire mes devoirs. Mon intérêt pour l'école a drastiquement chuté à ce moment. J'avais de bonnes notes, mais je travaillais peu. J'ai tout de même terminé mon cégep en trois ans, en sciences pures, dans l'optique de poursuivre mes études en génie civil. Logement en main, inscription faite, ma route a néanmoins bifurqué, et j'ai plutôt commencé à travailler.

L'informatique m'amusait déjà. J'avais commencé à m'y intéresser quelques années auparavant. Depuis 1992, j'avais acheté deux ordinateurs sur lesquels j'expérimentais. Accéder à Internet relevait du miracle à cette époque… À force d'essais, j'étais parvenu à me brancher via la longue distance, engendrant des factures de téléphonie astronomiques ! Mon intérêt n'était pas de jouer, mais plutôt de faire fonctionner les jeux. D'installer du stock, de régler les problématiques associées au manque de mémoire. Tout était à découvrir, sans cours offerts pour y arriver. J'étais totalement autodidacte et allais puiser des pistes de solutions auprès des autres intéressés en la matière. Nous nous entraidions, apprenant tous par essais et erreurs.

Après un bref emploi chez Sears, je me suis finalement joint à Aventure Électronique. À ce moment, l'entreprise ne vendait que de l'électronique, l'informatique n'étant pas encore populaire. Étant payé à la commission, j'ai rapidement compris que l'organisation en versait une beaucoup plus intéressante sur la vente d'ordinateurs que sur le matériel électronique. Passionné d'ordinateurs, je possédais le langage. J'étais convaincu et convaincant. J'ai été le premier à compléter une vente informatique, et j'ai continué jusqu'à ce que l'entreprise m'offre le poste d'assistant-gérant à son nouveau magasin de Thetford Mines. L'opportunité était intéressante à saisir, puisque le modèle d'Aventure Électronique offrait différents avantages aux deux personnes jouant les rôles d'entrepreneur et d'assistant-entrepreneur au sein de ses magasins. Là aussi, les ventes d'ordinateurs allaient bon train.

Puis, le 26 octobre 1996, un emploi m'a été proposé par le propriétaire de Bureautique Guy Drouin, à titre de vendeur de produits informatiques à Saint-Georges. Je l'ai accepté et rapidement, en décembre, j'ai changé de poste pour devenir représentant pour le territoire de la Beauce-Sud. Nouveau manteau chic sur le dos, valise de vendeur en aluminium entre les mains, j'ai rencontré plusieurs entrepreneurs beaucerons, puisque j'étais chargé d'acheter leurs ordinateurs. Cette expérience m'a permis de me construire un réseau de contacts incroyable à Saint-Georges. À 19 ans, mes ventes m'ont permis de gagner 50 000 $ en salaire la première année !

UN GENOU PAR TERRE POUR MIEUX SE RELEVER

En 1999, alors que je travaillais toujours pour Bureautique Guy Drouin, plusieurs clients revenaient à la charge en me disant qu'un magasin montréalais offrait les mêmes produits à un prix beaucoup plus bas que le nôtre. Constatant que leurs dires étaient vrais, j'y ai vu une opportunité… J'ai eu la brillante idée de me lancer en affaires, dans le même secteur d'activité que mon employeur ! Le patron y a vu de la concurrence, ce qui m'a amené à quitter. J'ai ainsi démarré le site Web Netpurchase.net, de mon sous-sol, un site transactionnel permettant d'acheter directement en ligne, ce qui était très innovateur à l'époque ! La première année, j'ai vendu pour 250 000 $ de produits informatiques ; la seconde, pour 500 000 $.

L'aspect finances n'étant pas mon point fort, je récupérais à ce moment à peine 5 % de profit sur les produits vendus. De fil en aiguille, la compagnie s'est endettée, ce qui m'a mené aux comptes spéciaux. Je ne devais que 40 000 $ sur une marge de crédit, mais mon institution financière a gelé ma marge, bloquant par le fait même ma capacité à émettre un chèque. J'étais tout près de la faillite... La lettre bancaire reçue par la poste le confirmait. On me menaçait de tout saisir. À 23 ans, un tel épisode marque profondément. Ça m'aura pris trois ans pour parvenir à retourner à la poste, et encore aujourd'hui, c'est ma fille qui va chercher le courrier pour moi. Mais je m'en suis sorti. Ma belle-mère et ma mère m'ont finalement endossé, m'aidant également à changer d'institution bancaire. Ma nouvelle banque a cru en moi, puis, après que j'eus retrouvé une certaine marge de manœuvre financière, la *business* a repris.

Deux ans plus tard, deux nouveaux associés joignaient l'aventure, et iClic est née. Nous commencions déjà à développer des sites Web. Je sais que ça peut sembler commun aujourd'hui, mais à l'époque, nous étions bien en avance sur notre temps. Cette période en fut une de réel plaisir; nous apprenions chaque jour, et les clients nous vénéraient: ce que l'on offrait était nouveau, unique et différent.

J'ai toujours été comme ça, très entreprenant. Je n'ai besoin d'aucune garantie pour avancer: j'ai une idée, je la présente à mon équipe et je délègue pour qu'elle voie le jour, du moins pour la tester. Mes gens me le reprochent parfois, répliquant que je «tire tout le temps de nouveaux projets dans la *business*», mais j'ai la certitude que c'est la seule façon de faire pour réussir. Mon talent le plus fort est celui d'idéateur. Il m'est naturel de m'abreuver des gens qui m'entourent et de mon environnement pour construire de nouvelles idées. C'est notamment ainsi que je propulse mon leadership au sein de mon équipe. Quand je propose le leadership d'un projet à mes gens, je récolte peu de mains levées, mais quand je délègue officiellement à quelqu'un, cela génère d'excellents résultats. J'aimerais bien avoir un directeur général sous ma direction, qui prenne toutes mes idées, les mâchouille et les décortique efficacement pour que l'équipe y adhère plus simplement. Pour moi, gérer est un mal nécessaire; alors qu'entreprendre, ça me coule dans les veines...

Dans cette passion d'entreprendre, j'ai rapidement réalisé avec iClic que je ne souhaitais pas bâtir exclusivement une entreprise de services. Je refusais que tout repose sur mes épaules et sur le temps-ressources investi. Je souhaitais bâtir une organisation qui croît, une entreprise soutenue, qui aurait de la valeur même si je devais la quitter. Je ne pouvais m'imaginer plus tard, à l'heure de ma retraite, devoir rester deux ans supplémentaires pour assurer le transfert des clients, etc. La beauté d'une entreprise de services en «*business to business*», c'est que si on n'a pas de contrats, on prend l'auto, on va rencontrer des clients, et le pipeline va se remplir. En même temps, ça peut descendre aussi vite que ça monte.

Ce fut une décision difficile à prendre. En passant du service au produit, je perdais ma vache à lait. En même temps, si je n'arrêtais pas d'agir en expert en vendant mes services, je ne pouvais pas me concentrer à développer un produit à forte valeur ajoutée. J'ai d'ailleurs pu constater, depuis, qu'il est plus aisé pour une entreprise de verser un salaire lorsque ses clients ne sont pas facturés à l'heure. À mon avis, toutes les entreprises technologiques devront produire de la valeur ajoutée dans un avenir rapproché.

LA CROISSANCE ORGANIQUE ET PAR ACQUISITIONS

J'ai fait officiellement le saut le 4 juillet 2006 en démarrant mon premier quotidien électronique, *EnBeauce.com*. L'exploitation n'a pas été chose facile, puisque plusieurs grands acheteurs de publicité demeuraient fortement ancrés dans une mentalité «papier». Il s'agit là d'une particularité que vivent la grande majorité des entreprises technologiques: elles répondent à un besoin qui n'est pas encore ressenti par les acheteurs potentiels. Il faut donc sensibiliser, éduquer, former les clients potentiels à ce besoin. À force d'efforts et de persévérance, nous y sommes arrivés. À la suite de ce succès, j'ai créé Néomédia, dont la mission première est d'aider les entreprises locales à se promouvoir sur le Web. De fil en aiguille au cours des années, j'ai acquis différents quotidiens locaux numériques qui se sont ajoutés à mon offre. Néomédia en possède aujourd'hui 12, en plus d'être partenaire de 5 autres médias, augmentant le compte à 17. iClic, pour sa part, demeure l'entreprise technologique qui génère la recherche et le développement, et qui développe les applications.

Avec mes entreprises, ma vision est claire : j'aspire à devenir le plus grand groupe médiatique au Québec. Le contexte actuel m'offre des opportunités exceptionnelles. Aujourd'hui, à peine 0,01 % de l'information médiatique concerne les régions, alors que 99,99 % couvrent les grandes villes (Montréal, Québec, etc.). Qui plus est, des géants comme TC Média ont vendu leurs quotidiens régionaux à faible coût, voire les ont donnés… Ce marché représente de 300 à 600 millions de dollars de budget publicitaire au Québec, local et numérique. Dans cet univers, Néomédia se trouve en position de force, tant au niveau de sa rapidité que de sa fonctionnalité. D'ici peu, avec les efforts investis en termes d'analyse, de création de contenu dynamique et d'intelligence artificielle, nous serons en avance de plusieurs pas sur les nouveaux venus sur le marché.

Ma stratégie de croissance aussi est claire : commencer par être roi et maître chez nous, ici, au Québec. Les occasions d'étendre mes activités ailleurs seront ensuite à portée de main. Il me restera à clarifier si je veux vraiment de cette vie. Pour moi, la croissance, c'est comme aller aux fraises des champs : je tombe sur une bonne talle, elle est belle, elle est près de chez nous, je décide naturellement de la récolter. Parfois, d'autres talles sont encore plus attrayantes, mais elles demanderont plus d'efforts, elles sont situées plus loin, etc. Tout ça demeure une question de choix. Selon moi, s'internationaliser implique beaucoup de temps, d'argent, d'énergie, demande de passer la majeure partie du temps à l'extérieur du pays et signifie avoir de la misère à voir mes enfants. Pour viser l'international, il faut vouloir de cette vie. Ce n'est pas celle que je choisis, du moins, pas pour le moment…

ÊTRE ENTREPRENEUR, UN MÉTIER STRESSANT !

Malgré la clarté de ma vision et ma forte volonté de croissance, être entrepreneur, ce n'est pas toujours rose, même pour l'ultra optimiste que je suis. Devenir le seul gros joueur médiatique, uniquement numérique et local, au Québec est une source de stress constante. Depuis 2015, j'ai investi 500 000 $ avec l'achat de TC Média, passant de 500 000 $ de liquidités à 0 $ en l'espace de neuf mois. Pour m'en sortir, j'ai dû couper des postes. Si c'était à refaire, je le referais, sans doute différemment, mais je recommencerais.

En même temps, les pires problèmes vécus engendrent souvent de mirifiques leçons. L'an dernier, j'ai vécu ce que je percevais comme la plus grande catastrophe imaginable : au cours de la même année, j'ai perdu mes quatre programmeurs. Comment l'expliquer ? L'effet boule de neige ! Au départ, je me disais que le premier était parti à cause du salaire. J'ai préféré attendre de trouver le bon candidat avant de le remplacer. Ceux qui sont restés se disaient qu'ils devaient faire le travail de quatre personnes à trois, donc l'un d'eux a aussi décidé de quitter. Celui-là, j'ai vraiment essayé de le retenir : j'ai augmenté son salaire de 39 % en l'espace de trois négociations, sans succès ! Il a décidé de partir tout de même, avec l'un de ses collègues ! Le dernier, non rassuré par le fait qu'il se retrouvait seul programmeur dans la compagnie, a quitté également. Avec le recul, j'ai réalisé que nous avions manqué de *feedback* de leur part et que nous ne les avions pas écoutés suffisamment. Nous n'avions pas géré le négatif que nous pressentions de leur côté, et ça nous a rattrapés. J'ai appris à prendre le blâme pour ce qui nous est arrivé. Après tout, c'est moi qui ai le rôle de gouverner ce bateau, c'est pour ça que je suis là. J'assume. Mes réflexions m'amènent à penser que le salaire doit simplement être dans la moyenne de l'industrie pour le même type de poste. Nous ne souhaitons pas être l'employeur qui verse les plus gros salaires, non plus être celui qui défraie le plus bas. Les bons employés savent reconnaître qu'ils sont bien, avec de bons avantages et un salaire concurrentiel.

Je peux aujourd'hui affirmer que ce qui me semblait la pire chose qui puisse arriver s'est finalement avérée l'une des meilleures ! Quand ce genre d'événement se produit, on n'a pas le choix de se questionner sur comment changer. La réalité est que ce contexte m'a offert sur un plateau d'argent l'occasion de construire une nouvelle équipe. Avec tous les apprentissages réalisés depuis les vingt dernières années, c'était une réelle occasion de repartir à neuf. Certes, nous avons perdu beaucoup de savoir-faire et d'expérience avec le départ de ces programmeurs. En même temps, quand de nouvelles personnes se joignent à l'équipe, elles n'arrivent avec aucune idée préconçue. Elles ont la capacité de remettre en question ce que leurs prédécesseurs ont accompli, ce qui nous permet de devenir meilleurs. Nous sommes ainsi passés de quatre programmeurs à deux, et le chiffre d'affaires de l'entreprise continue à croître. C'est une belle réussite pour moi.

Je cherche tout de même encore à embaucher, dans l'optique de rendre mon produit toujours plus innovateur. Pour ce faire, j'explore actuellement en France, et je ferai de même en Tunisie. Les données le disent, la main-d'œuvre disponible se fera de plus en plus rare au cours des dix prochaines années. Il est essentiel de se bâtir un plan B dès maintenant. Mon intention est de tester les travailleurs étrangers en leur faisant développer un système au complet, et d'en analyser les résultats au bout de quelques mois. Cela me fait penser au concept de parallélisme d'affaires, dont Richard Speer nous a entretenus lors d'un séjour à l'EEB. L'idée est d'avoir une compagnie parallèle à la nôtre, administrée par un gestionnaire différent, mais dont nous sommes actionnaires. Cette entreprise a pour but de nous faire du tort en développant un produit plus novateur que celui que nous offrons présentement, agissant ainsi comme un perturbateur. Elle nous oblige à l'excellence et à l'innovation pour survivre, sans quoi la nouvelle venue l'emportera. Le risque lié au statu quo est parfois plus grand que le risque d'expérimenter... La clé est de savoir à l'avance à quel moment on tirera la *plug* au besoin.

Je suis confiant, mais la peur fait partie de la réalité même d'entreprendre. Pour moi, le désir de développer prend le dessus sur cette crainte. Je suis ultra positif, je l'ai toujours été et je le resterai. Dans le pire des cas, je démarrerai autre chose. Bien sûr, je veux faire de l'argent, je ne souhaite pas en manquer. Je tiens à être à l'aise pour offrir un certain train de vie à ma famille. Mais ce n'est pas l'enrichissement qui me fait sortir du lit le matin. La flamme qui m'anime chaque jour, c'est le désir profond de développer, de créer de la valeur ajoutée, d'améliorer la vie des gens. Le commerce en ligne va briser bien des retraites et coûter nombre d'emplois. J'essaie d'éduquer les entrepreneurs à ce sujet, les aider à passer à travers cette nouvelle réalité sans démolir ce qu'ils ont mis tant d'efforts à bâtir depuis plusieurs années.

OSER REMERCIER SON ASSOCIÉ

La peur... Je suis de ceux qui ont tendance à repousser les discussions difficiles. Dans le tourbillon du quotidien, des projets à livrer, des feux à éteindre, il est pratique de procrastiner en ce qui a trait à certains enjeux stratégiques de l'entreprise, particulièrement ceux qui risquent de faire de la peine à des gens loyaux. Mais mon passage à l'EEB m'a beaucoup aidé en ce sens. Je ressens aujourd'hui une satisfaction incroyable à faire bouger les choses, à faire avancer les affaires, particulièrement celles que l'on repousse, qui sont difficiles.

Au départ, iClic était formée de trois partenaires : mon associé actuel, son meilleur ami et moi-même. En 2007, nous avons sorti l'ami de la compagnie, une décision éprouvante, particulièrement pour mon associé actuel.

Et nous voilà, fin 2017, à une autre étape charnière de mon parcours entrepreneurial. Je souhaitais reprendre le contrôle de ma compagnie. Cette décision n'avait rien d'un coup de tête. Ça faisait des mois que j'y pensais. Les gens de ma cohorte m'ont répété, séjour après séjour, que j'évoluais aux côtés d'un employé présent mais d'un associé absent. Marc Dutil, de CANAM, me disait d'ailleurs qu'il était sain, dans le cadre d'un si gros changement, de procéder avant les vacances. Ça nous donne le temps de digérer la nouvelle avant le retour dans l'entreprise, de prendre du recul. Dans mon cas, c'est arrivé juste avant les vacances d'été.

Honnêtement, ce conseil fut judicieux, car la scène ne s'est pas du tout déroulée tel que je l'avais visualisée. Mon intention était de passer de 50 % d'actions à 90 %, en expliquant à mon associé la différence que je voyais entre un bon employé cadre et un entrepreneur. Il a refusé mon offre, pour finalement accepter de conserver 25 % des actions, me ramenant à une majorité de 75 %. À la suite de cette conversation, notre fiscaliste nous a conseillé d'attendre la fin d'année pour finaliser le tout, évitant ainsi nombre de complications, de frais et de paperasse. Mais le temps a laissé place à la réflexion. De son côté, mon associé ne souhaitait plus posséder seulement 25 % des actions de nos entreprises. Du mien, le 75 % n'allait pas dans le sens que je souhaitais ; je voulais être seul maître à bord. L'option privilégiée par mon associé était de conserver iClic et de me laisser Néomédia. Mais ce n'était pas une possibilité : les deux entreprises sont beaucoup trop liées, un constat validé par les financiers, notaires, fiscalistes que j'ai rencontrés. La meilleure solution était de conserver les bâtisses en commun, mais que l'un de nous deux reprenne les entreprises. Peu importe comment ça allait se solder, j'étais prêt. Rester dans l'immobilisme n'était pas une option pour moi. Je voulais avancer à ma vitesse, et cette action me permettrait de le faire, au sein des entreprises qui sont nôtres actuellement ou d'une autre.

Pourquoi reprendre le contrôle ? Mon associé et moi avons tout simplement grandi différemment, chacun dans son parcours. Au stade où j'en suis dans ma carrière d'entrepreneur, j'ai besoin d'un associé qui me *challenge*. Aujourd'hui, j'accepterais de ne pas avoir le contrôle entier de mon entreprise si, et seulement si, mon associé était en compétition saine avec moi à l'intérieur de la compagnie. Je refuse maintenant de compter sur un partenaire actionnaire qui agit comme un employé, j'ai besoin de coudées franches. Dans le cas contraire, je préfère être seul maître à bord.

Il était conscient de mon besoin, tout comme du fait que notre convention d'actionnaires prévoyait une clause « shutgun ». L'ultimatum a été fixé en décembre 2017, et nous en sommes actuellement dans les dernières étapes pour mener à bien mon rachat complet de l'entreprise, comme propriétaire unique. Ce processus n'a pas été facile et ne l'est toujours pas, de part et d'autre. Une chose est certaine, j'ai énormément appris à travers tout ça. C'est extrêmement émotif, en plus d'être complexe d'un point de vue fiscal. Certaines étapes doivent être réalisées avant qu'on puisse avancer à une autre, entraînant perte de temps, d'énergie, de motivation… Certains jours, je me dis que ça aurait été plus facile de vendre. Mais je me rappelle dans ces moments de doute que je fais tout ça pour créer de la valeur. Je n'y ai pas investi autant d'efforts pour abandonner maintenant, si près du but.

Ce genre de décision, un entrepreneur la repousse autant que possible. Tant et aussi longtemps qu'on la retarde, ça nous draine énormément d'énergie. On attend car on craint de blesser l'autre, de décevoir, de briser la petite routine ou l'équilibre apparent de l'entreprise. Quand on prend enfin la décision et qu'on l'annonce, ça nous donne une montée d'adrénaline incroyable. Par la suite, on défoncerait tous les murs qui se pointent sur notre route. La leçon, c'est que prendre ces décisions le plus vite possible nous procure la plus belle énergie, dont on a besoin pour continuer à briller. Je me suis enfin respecté et reconnu moi-même en prenant cette décision.

CONTINUER D'ENTREPRENDRE, À SON RYTHME

Des opportunités et des menaces, j'en ai vécu plusieurs au cours des dernières années. Actuellement, je sens que nous avons quelque peu perdu le momentum. Dans le passé, nous étions une petite boîte innovatrice, créative, pleine de plaisir. Aujourd'hui, d'autres joueurs profitent de l'attrait de leur nouveauté auprès des clients, ils ramassent de la *business*. Ils sont jeunes, nouveaux; ils font autrement. Les clients recherchent « l'effet Trump » auprès de ces jeunes compagnies. Même si mon entreprise s'est grandement améliorée dans d'innombrables aspects depuis ses débuts, je ne peux malheureusement pas tout contrôler. La leçon de cette histoire est qu'il faut créer du différent dans notre entreprise, tout le temps ! Il faut se réinventer à tout moment. Et ce, autant pour les employés qui ne veulent plus faire un travail redondant que pour les clients. C'est ça, le monde des technologies, et c'est sans doute la même chose pour nombre d'entreprises manufacturières ou de services.

Puisque j'aime particulièrement essayer de nouvelles choses, une compagnie technologique est un bon véhicule pour me garder motivé. Car une chose est claire : la journée où je ne m'amuserai plus, où le marché ne me surprendra plus, où la routine me dominera, la compagnie sera vendue à quelqu'un qui se plaira dans une telle stabilité…

En même temps, je ne suis pas du genre à lancer la serviette. Ma plus grande force comme entrepreneur est sans l'ombre d'un doute ma persévérance. En affaires, ce n'est pas le coup de circuit chaque fois. Parfois, on doit se rendre au premier coussin, et ça prend quelques tours avant de placer un autre gars sur les buts. Si tout le monde changeait de terrain, d'équipe, de position après quelques tours d'essais, il ne se passerait pas grand-chose. L'acharnement, quand on est convaincu que ça va marcher, a un grand potentiel.

Et je continue à me former. Optimiser chacun des aspects de ma personne, c'est ce qu'ont fait pour moi l'EEB et son Programme Élite. Dans les faits, j'ai 42 ans et je me sens comme un entrepreneur qui a 10 ans d'expérience de plus que je n'en ai réellement. J'ai compris énormément de choses en deux ans. J'aurais pu m'arrêter là, mais j'ai aussi fait le Parcours Techno pour m'aider à propulser mon entreprise à un autre niveau. Tout à coup, je me suis surpris à comprendre plus facilement les concepts. Je les appliquais plus rapidement. J'ai l'impression de voir deux coups à l'avance maintenant. « Un programme EEB c'est bien, mais deux c'est mieux ! »

J'entreprendrai toujours, mais à mon rythme. Arrêter n'est pas une option pour moi. L'adrénaline de la vie se trouve là, dans le feu de l'action, dans les projets. Arrêter d'entreprendre reviendrait pour moi à cesser d'évoluer. Ce que je souhaite par-dessus tout, c'est croître à ma vitesse, à celle qui me rend heureux.

Conseils à d'autres entrepreneurs

- Un chef en forme est la base d'une entreprise en bonne santé. Sportif à l'adolescence, j'ai mis le sport de côté à l'âge adulte. Les enfants qui débarquent dans notre existence, l'entreprise dans laquelle nous investissons beaucoup de temps, les dîners d'affaires qui nous font perdre le contrôle de ce que nous mangeons... La vie d'un entrepreneur étant ce qu'elle est, bouger est malheureusement ce qui est le plus facile à reléguer aux oubliettes au cours d'une journée occupée. Maintenant que je fais de l'exercice plusieurs fois par semaine, je constate un impact direct sur mon énergie. Mes idées sont plus claires, je me sens en super forme pour gérer le reste. J'évacue mon stress au fur et à mesure, je ne me laisse plus envahir. Si j'arrive à la maison le soir avec une situation préoccupante, je ne me couche plus avec ce stress, je sors marcher, n'importe quoi, pour le faire passer. L'exemple de Pierre Pomerleau, que j'ai rencontré à mon premier module à l'EEB, me revient d'ailleurs souvent en tête. Pierre n'aurait jamais passé au travers du dossier du CHUM, tellement énergivore et stressant, s'il n'avait pas été en forme.

- Repousser les décisions difficiles draine de l'énergie. S'y attaquer sans attendre procure l'effet inverse. Une montée d'adrénaline s'ensuit, qui te permet d'affronter vents et marées.
- Croître est essentiel pour toute entreprise. Ne pas croître revient à mourir à petit feu. Mais la vitesse et l'ampleur de cette croissance constituent des choix qui reviennent à l'entrepreneur. Il s'agit réellement de choix, car elles ont un impact sur la vie personnelle et familiale. Il faut trouver une vitesse de croisière qui nous rend heureux.

STÉPHANE LAFOND, PRÉSIDENT-DIRECTEUR GÉNÉRAL DE LALEMA, COMMENTE L'HISTOIRE DE CLAUDE POULIN

En lisant l'histoire de Claude Poulin, il est clair pour moi qu'il a le profil « entrepreneur coriace persévérant et résilient ».

Nous ressentons beaucoup de passion et d'ambition à travers les pages de son histoire. Et ce jeune capitaine a déjà traversé plusieurs tempêtes, ce qui est tout à son honneur.

Claude a maintenant 42 ans. L'énergie de la jeunesse risque de commencer à diminuer au cours des prochaines années. L'ayant personnellement vécu il n'y a pas si longtemps, j'aurais envie de partager avec lui une réflexion que j'ai moi-même entretenue. Le bon moment est sans doute venu pour qu'il prenne le temps d'évaluer ses projets, ses stratégies et la qualité de ses relations avec les personnes les plus importantes dans sa vie. Prendre une plus longue période pour réfléchir avant d'agir ou de foncer n'est pas toujours une perte de temps. L'action est importante, certes, mais l'efficacité l'est tout autant.

À mes yeux, il pourrait être intéressant qu'il se trouve une personne fiable et loyale, avec un tempérament différent et complémentaire au sien, pour l'assister. Il pourrait ainsi défoncer les portes et les murs, et l'autre pourrait ramasser les débris après la casse. Claude pourrait être le visionnaire et le relationnel, alors que l'autre pourrait être celui qui exécute dans les détails et dans les délais.

Je partage ces lignes en toute humilité, d'un entrepreneur à un autre, tout simplement car ces réflexions furent source de succès pour moi.

Je termine en souhaitant à Claude un succès à la hauteur de ses ambitions et de sa coriacité !

« *Be the change that you want to see in the world !* »

Christian Genest, Sushi Taxi et Buddha-Station

Christian Genest, fondateur de Sushi Taxi, grand ninja de Buddha-Station Entrepreneur-athlète, Parcours Techno, et entrepreneur-entraîneur dans le Programme CEED

Buddha-Station a pour mission de chambouler l'industrie du *fast-food* en l'envahissant de nourriture santé de manière excitante, accessible et électronique. La vision, c'est d'être présent dans 100 villes en Amérique du Nord d'ici cinq ans, une entreprise à la fois.

•••

Chaque fois que j'ai un moment privilégié avec Christian Genest, l'analyste en moi s'en retrouve ébranlée. Totalement assumé dans ses paradoxes, il me bouleverse pour ensuite me faire rire, me choque pour après me rendre admirative, me faisant passer par toute une gamme d'émotions contradictoires en moins de deux. Il est un doux mélange de refus du statu quo et de créativité innovante, de profondeur et de folie, d'égocentrisme et d'attentions sincères. Il demeurera sans doute éternellement un mystère, ce qui fait de lui l'un des rebelles que je me plais le plus à tenter de percer, une confidence à la fois. Une chose est certaine, il a la capacité de nous faire sentir spéciaux, ce qui constitue sans doute l'une des clés de son succès.

MA JEUNESSE

Je suis un petit gars issu d'une famille moyenne dysfonctionnelle du quartier Saint-Sacrement à Québec, que je me plais à surnommer « Saint-Sacrement Hood ». Je dis toujours que j'ai eu trois chances dans la vie. La première : être né au Canada ; la deuxième : être en santé ; et la troisième : avoir un trouble de déficit d'attention (TDA). Mes parents ayant compris dès mon jeune âge mon caractère turbulent, ils m'ont instinctivement poussé à faire du sport. J'ai nagé dans un club de compétition pendant douze ans, ce qui m'a appris à garder le focus malgré mon esprit qui vagabonde. Puisque j'étais entouré de gens disciplinés et investis dans le sport, cela m'a également tenu éloigné de nombreux vices. M'entraînant matin et soir, le temps disponible pour mes études s'en trouvait limité, ce qui m'obligeait à maintenir un certain niveau de concentration pour réussir.

J'ai fait mes études collégiales au Cégep de Sainte-Foy en étant un peu perdu, intéressé par toutes sortes de choses autres que mes études. Après l'obtention de mon diplôme, j'ai annoncé à mon père que je souhaitais utiliser les sous que j'avais amassés pour partir en voyage. Je comptais arrondir mes fins de mois en faisant des petits boulots pour me permettre de réaliser ce rêve d'adolescent. Mon paternel, me connaissant trop bien, a eu une réaction plutôt forte ! Il m'a donné le choix : soit je faisais dès maintenant mes études universitaires tout en résidant à la demeure familiale, soit je partais et je devrais payer moi-même pour celles-ci plus tard. Ne souhaitant pas passer à côté de cette opportunité, je me suis inscrit en droit à l'Université Laval, influencé par mon père. Malgré mes ambitions très floues, j'ai été confronté à une certitude dès ma première session : je détestais le droit ! Trop logique, trop encadré, trop politique, trop de

« par cœur ». J'étais ni plus ni moins qu'un créatif emprisonné dans une boîte dont je remettais les règles en question…

Comme nombre de jeunes adultes, je recherchais une certaine indépendance financière pour me donner les moyens de profiter de la vie, m'habiller, m'acheter une voiture. Je me suis retrouvé serveur dans un bar de danseurs nus qui, deux semaines après mon embauche, a été transformé en club de danseuses. La patronne m'a dès lors offert de devenir portier. J'avais en effet le profil de l'emploi : j'étais en bonne santé, baraqué, d'allure fière, je ne consommais ni alcool ni drogue, je représentais quelqu'un de sain. Quelque six mois plus tard, on m'a offert de devenir gérant de la place. J'ai ainsi plongé dans un univers qui n'était en rien mon milieu, moi qui avais à l'époque l'impression que la drogue n'existait qu'à Brooklyn ! Confronté aux motards criminalisés le soir et aux études en droit le jour, la pression était lourde sur mes jeunes épaules. Je faisais un bon salaire, certes, mais j'évoluais dans deux mondes qui ne me correspondaient en aucun point.

COUP DUR OU COUP DE GRÂCE ?

Durant ma dernière année d'études, un événement majeur m'a amené à changer drastiquement la trajectoire de ma vie. Mon protecteur et ami au sein du milieu interlope, très haut gradé à l'époque, est décédé. Il était un homme de valeurs dont j'étais très proche, qui m'avait placé en lieu de confiance auprès des gens du crime organisé. Il a sauvé ma peau plus d'une fois, prenant ma défense et désamorçant les doutes que quiconque pouvait émettre sur moi. Le jour même où on m'a raconté les détails de son décès, j'ai démissionné officiellement. Après avoir été mis au fait des circonstances affreuses entourant sa mort, après m'être fait suivre et après que ma propre famille eut reçu des menaces, je savais que je devais m'éclipser de ce milieu.

Je refusais que mes parents souffrent par ma faute. J'avais honte d'avoir placé mon père, un homme de théologie, dans une situation confrontant ses propres valeurs et minant sa fierté intrinsèque. J'étais profondément déçu de moi-même. Je me reprochais d'avoir choisi la facilité, d'avoir trempé aussi jeune dans cette vie addictive de « sexe, drogue et rock'n'roll », d'argent facile, de nuit, de pouvoir, alors que ce n'était en rien nécessaire. Je m'en voulais d'avoir aimé cette adrénaline, celle qui apparaît quand on se retrouve au bord du gouffre. Il était temps pour moi de me faire oublier. Dans ma tête, j'étais un petit dur ! Et surtout, je n'avais rien à perdre.

Je suis allé à Vancouver, à l'âge de 23 ans, rejoindre l'un des seuls amis « modèles » qu'il me restait, avec la ferme intention d'assumer mon passé et de remettre ma vie sur les rails. Je considérais avoir perdu mon temps avec mes études de droit, puisque rien ne m'intéressait dans ce domaine. J'étais tout aussi préoccupé par le fait de n'avoir aucune idée de ce que j'allais faire de ma vie. Dans cette phase de questionnements existentiels, je me suis tourné vers ce qui m'apportait du réconfort étant jeune : le sport. J'ai recommencé à m'entraîner, et ensuite à bien manger, pour finir par mieux dormir. Tranquillement, une vie plus saine, qui me ressemblait, a repris son cours. J'ai décroché un emploi comme serveur dans un restaurant et m'alimentais de sushis, pour lesquels j'avais eu un coup de foudre ! C'est à ce moment que suis tombé amoureux de ce mets, nouveau pour moi à l'époque et qui n'existait presque pas à Québec.

De retour au Québec, un soir, j'ai invité un ami et sa copine à venir souper à la maison. En me demandant ce que j'allais leur servir, je me suis naturellement tourné vers les sushis, espérant leur faire découvrir ce mets japonais délicat. En ayant mangé tellement souvent, propulsé par mon côté artistique, ce fut assez facile pour moi d'en concocter. Je me souviens d'ailleurs de m'être surpris à éprouver énormément de plaisir à cuisiner. Le souper fut un franc succès. À un point tel que ces mêmes amis m'ont rappelé, me priant de leur cuisiner de nouveau des sushis et de leur vendre le fruit de mes efforts, dans l'espoir d'en faire eux aussi bénéficier leur entourage.

LA NAISSANCE ET LA CROISSANCE DE SUSHI TAXI

Cette prise de conscience subite se résume en un mot : épiphanie ! Bon, en deux mots : épiphanie totale ! Plutôt que de me trouver un travail sous-payé qui n'aurait rien eu à voir avec mes études, j'ai décidé de démarrer une micro entreprise qui, je le croyais, serait une façon de gagner ma vie pendant un certain temps. Mon flair me laissait croire que ça pouvait fonctionner car, à l'époque, les gens ne pouvaient pas se faire livrer autre chose que de la pizza ou du poulet rôti. Mon offre plus raffinée, plus santé, me distinguait.

J'ai décidé d'appeler mon entreprise Sushi Taxi pour la simple et bonne raison que je n'avais pas pignon sur rue. La seule option possible, à mes yeux, pour distribuer ma bouffe et la faire connaître était d'en faire la livraison. J'ai parti l'entreprise de mon 3½ avec, comme seul matériel, des cartes d'affaires et un petit, ou plutôt, un gros cellulaire ! J'achetais des petites annonces d'un dixième de page dans le journal *Voir*. Les clients me téléphonaient, sans même avoir accès au menu. Je leur offrais alors de le leur faxer ou, encore mieux, de leur monter une sélection selon leurs préférences alimentaires et leur budget. J'aime le dire encore aujourd'hui, mon premier vrai métier a été d'être comédien ! Je répondais au téléphone et mettais les clients en attente, feignant de parler à mes employés (imaginaires !). Je prenais les commandes pendant que je livrais moi-même celles qui étaient prêtes, prétextant que l'engouement était tel que le repas ne pourrait être livré avant telle heure. Je me ruais alors chercher du change, puis je retournais chez moi faire les sushis, pour rapidement repartir livrer. Je faisais semblant de parler au chef, au livreur, m'improvisant commis-réceptionniste alors que j'étais le seul et unique employé de ma compagnie ! Dans mon cas, avoir l'air *big* a plutôt bien fonctionné.

Dans l'angoisse de perdre du poisson, mais aussi avec la volonté d'avoir un revenu décent, j'ai rapidement réalisé que je ne pouvais attendre que le téléphone sonne. Je devais trouver le moyen de générer un revenu fixe et presque assuré. Je me suis alors monté une route où je vendais, jour après jour, des sushis à des poissonneries et à des épiceries. Je l'avoue, j'ai alors agi de façon illégale, mais les règles sont parfois… ou toujours… faites pour être contournées !

Le premier répit de ma vie d'entrepreneur, c'est Miville Simard qui me l'a donné. Il opérait une petite boucherie-poissonnerie, coin Crémazie et Cartier. Je lui ai proposé de m'installer dans son commerce, derrière un petit comptoir, dans l'espoir que toutes mes ventes transitent par sa caisse. Pour 10 % de mes ventes, il a accepté mon offre en décembre 1999. À peine six mois se sont écoulés avant que je ne réalise que notre entente ne m'était pas très avantageuse : je payais à toutes fins pratiques le loyer complet de sa bâtisse avec mon mince 10 %.

J'ai alors souhaité déménager dans mon petit local personnel, et ainsi voler de mes propres ailes. En juin 2000, j'ai loué un local au 813, rue Cartier. J'ai fait des travaux, peinturé, acheté des équipements, avec 500 $ sur ma carte de crédit. Petit, certes, mais bien à moi, ce local fut mon premier pignon sur rue. Je ne vous cacherai pas que ce fut une grosse année…

Le 31 août 2000, j'ai reçu mon tout premier réfrigérateur, pour lequel j'avais donné 25 % de dépôt, ayant négocié un financement sur le solde pour une durée d'un an. Cette date, je ne l'oublierai jamais. Alors que ma mère attendait sur place que la livraison arrive, la mère de ma fille accomplissait un exploit : donner la vie. Cette journée-là, une femme avec qui je n'avais aucun avenir était en train d'accoucher d'un enfant, ce qui était loin d'être un projet commun et contrecarrait mes plans d'éternel adu-lescent. Et soudainement, j'ai eu une autre épiphanie… la conviction profonde que cette enfant aurait un père. Je ne savais pas comment j'y arriverais, mais elle aurait un père. Je suis sorti de l'hôpital Saint-Sacrement à pied, marchant jusqu'à mon appartement situé rue de Lévis, me disant que cette enfant-là n'allait pas qu'avoir un père. Elle aurait le meilleur père au monde.

Encore aujourd'hui, il s'agit du plus bel événement de ma vie. Ma fille m'a amené à être meilleur chaque jour, à sortir de ma zone de confort, à apprendre, à écouter, et surtout, à aimer. Si je n'avais pas eu ma fille, je serais fort probablement un être très déplaisant aujourd'hui. Je suis très fier d'avoir réussi à garder une bonne entente avec sa mère, même si nos valeurs et personnalités sont bien différentes, et ce, sans devoir aller en médiation ou devant la cour. À coups de patience, de paix et de travail sur moi-même. C'est à mon sens un de mes vrais succès.

À travers tout ça, l'ouverture du commerce s'est somme toute plutôt bien passée. Assez rapidement, la caisse a sonné. Il rentrait des sous, il y avait de l'argent dans le compte de banque qui me permettait d'acheter mes matières premières. Je me disais tout simplement que la journée où il y en aurait assez, je rénoverais. Je l'avoue, rien de très poussé comme raisonnement… Mon côté artiste, sans doute !

À peine neuf mois plus tard, la routine commençait sérieusement à me peser. Il m'était impossible d'envisager demeurer chef cuisinier toute ma vie, je trouvais déjà le tout carrément ennuyant. Je me questionnais constamment sur la façon de sortir de ce manque de sensations fortes, d'apprentissages constants, tout en continuant à en vivre. Autre moment de grâce ! Être un entrepreneur, apprendre à le devenir… Ce besoin de quitter la cuisine, de faire des affaires, de devenir un entrepreneur explique ma seconde succursale.

J'ai alors embauché mon premier employé, tout en sachant que je devais démarrer une autre succursale rapidement pour le rentabiliser. J'ai alors fait une étude de marché, très poussée pour un rebelle comme moi : j'ai demandé à une dizaine de clients réguliers s'ils croyaient que ça pouvait fonctionner à Sainte-Foy. Devant leur approbation, mais aussi devant la montée de la popularité du sushi, c'était réglé ! J'ai démarré ma succursale, sans savoir combien ça me coûterait, rénovant à gauche et à droite avec des gens quelquefois un peu croches ! Mais toujours en me disant que ça allait bien aller… J'avais confiance en mon flair, bien plus qu'en moi-même, en fait. Mon déficit d'attention se manifeste par deux grandes qualités très positives pour mon parcours professionnel : ma créativité et mon flair. Un mentor du nom de Roland Gagnon, rencontré au cégep, m'a dit un jour que mon ambition et ma confiance allaient me tuer ; c'est resté imprégné en moi depuis. Lire sur l'entrepreneuriat, analyser ce qui fait qu'une compagnie fonctionne ou non, comprendre la comptabilité et les projections financières, apprendre, quoi ! C'était facile car j'étais, et je suis encore, un passionné de tout ça. J'évoluais, et quand je progresse, je me sens bien.

Dans la foulée, j'ai vécu un coup de foudre total. Cette femme était serveuse dans un commerce de bagels sur la rue Crémazie, où j'allais déjeuner presque chaque matin. Une légende à Québec d'ailleurs ! Pas la fille, mais le restaurant ! Cette relation de simples salutations s'est transformée le jour même où elle a déménagé. Nous avons dès lors commencé à nous écrire. Résidant en France avec son mari, elle est revenue en solo à Québec, le temps d'une semaine. Nous sommes partis deux jours ensemble, à Saint-Sauveur-des-Monts. Complètement fou d'elle, je me suis retrouvé également en amour avec la région. La première était inaccessible, la seconde l'était. J'y ai ouvert mon troisième Sushi Taxi. Une décision tout à fait émotive.

Ce fut très difficile. Il a fallu un temps considérable avant que les ventes soient au rendez-vous. Mon comptable m'a même téléphoné un soir pour me dire que si je voulais passer la semaine, je devais injecter 11 000 $ dans le compte de la compagnie. À l'époque, je réussissais de peine et de misère à me sortir 250 $ de salaire par semaine et j'étais sans économies. C'était tout simplement impossible pour moi d'allonger un tel montant. Je lui ai alors demandé de tout faire pour faire patienter les fournisseurs, voire se tromper volontairement de date sur les chèques. De mon côté, je m'engageais à diminuer les inventaires de cette succursale et à restreindre le nombre d'employés. À cette époque, la plus grande peur de ma vie était l'échec. C'était l'ennemi numéro un, l'ennemi à abattre. J'ai pensé fermer cette succursale à plusieurs reprises. En toute honnêteté, je ne savais pas trop comment fonctionnaient les histoires de faillite et ça me faisait extrêmement peur, ce qui justifie que je l'ai maintenue en vie. Au bout du compte, j'ai opté pour prendre un risque : plutôt que de diminuer mes effectifs, j'ai embauché une femme charmante, native de la région, qui voulait faire de Sushi Taxi son entreprise. Du jour au lendemain, les clients ont recommencé à venir, et cette fois-ci, de façon assidue. Elle les connaissait par leur nom, prenait de leurs nouvelles, les faisaient sentir à la maison, à un point tel que Sushi Taxi était perçu comme une destination locale incontournable. Quinze ans plus tard, cette succursale est devenue le restaurant phare de la compagnie ; on y faisait deux fois plus de ventes que dans mes autres places d'affaires.

L'environnement dans lequel la compagnie évoluait avait subi une transformation radicale depuis l'ouverture de mon premier restaurant. Le marché explosait. Des commerces de sushis ouvraient à tous les coins de rue, sans compter que des grosses chaînes de restauration commençaient à offrir ce mets de prédilection ; des réalités sur lesquelles je n'avais aucun contrôle. Par contre, j'avais tout le pouvoir quant à la stratégie de croissance à préconiser pour assurer la pérennité de mon entreprise dans ce monde hautement concurrentiel. J'avais une certitude : je ne remporterais pas la guerre en inondant le marché de nouvelles succursales aux quatre coins du Québec. Je n'avais pas les ressources pour le faire et je n'étais pas prêt à courir ce risque financier, pas plus qu'à jouer le jeu des prix ou du marketing.

J'ai donc choisi de bâtir une compagnie axée sur un produit créatif, avec le goût comme facteur de différenciation. Grâce à ma créativité, je savais que je pouvais remporter cette partie. Durant les quinze ans où j'ai été à la tête de Sushi Taxi, j'ai d'ailleurs personnellement dirigé cet aspect de l'entreprise, pour la simple et bonne raison que notre avantage concurrentiel, notre ADN, s'y trouvait. J'ai instauré le concept de nouveau menu chaque mois. J'ai ainsi créé un engouement avec des consommateurs qui avaient envie de nouveauté. Cela demeurait un défi, car nous devions former les chefs douze fois par année afin que le menu du mois se ressemble dans chacune des succursales, autant en termes d'apparence que de saveur. Pour y arriver, j'ai introduit la vidéo comme méthode de formation. Je faisais également mes achats en conséquence, selon les fluctuations du marché. L'entreprise était devenue tellement structurée autour de ce concept que nous pouvions prévoir combien nous allions vendre. Cela nous permettait de négocier à l'avance certaines matières premières, diminuant ainsi nos coûts d'opération mais nous poussant aussi à acheter des produits plus saisonniers. Ce concept de nouveau menu disponible pour un mois seulement fut un des points tournants de la genèse de Sushi Taxi. Il nous a permis de nous forger une identité, en plus de resserrer nos opérations et nos pronostics financiers. Enfin, notre avantage concurrentiel était puissant : aucune des grandes chaînes n'était en mesure d'être aussi agile. Entrer et sortir de nouveaux inventaires chaque mois, ça relève de l'impossible pour elles.

C'est à ce moment que mon quotidien est réellement devenu celui d'un entrepreneur. Je travaillais à bâtir une équipe exécutive forte. J'intégrais une nouvelle personne soit parce que je devais me libérer du temps en déléguant davantage, soit parce que l'entreprise saignait trop. À l'exception du menu du mois, j'en suis venu à me sortir complètement des opérations. Je déléguais l'opérationnel, me concentrant sur le stratégique, à savoir la gestion de la croissance de l'entreprise et sa différenciation. Je passais mes journées au bureau, entouré d'un comptable solide, d'une directrice des ressources humaines, d'un directeur produit, d'une adjointe exécutive à temps plein. Nous générions d'excellents revenus, avec une marge bénéficiaire de près de 15 %, dans une industrie où la moyenne se situait à 2,3 %. Ça relevait du miracle, ou presque !

LA VENTE DE SUSHI TAXI

Le succès de l'entreprise étant reconnu, je me suis fait approcher, en 2013, par une compagnie cotée en Bourse dans l'industrie de la restauration, fortement intéressée à acheter Sushi Taxi.

Pendant cette période, je me trouvais dans un creux important de ma vie d'entrepreneur. Je me sentais seul capitaine à bord, malgré la force de mon équipe. J'avais le sentiment oppressant que tout reposait sur moi, que je ramais plus fort que tout le monde. N'en pouvant plus de la résistance au changement, j'étais très émotif et profondément démotivé. J'étais entouré d'une équipe du tonnerre dont j'étais devenu la victime. Victime de leur horaire, notamment. Et je sais pertinemment que je suis le seul responsable de tout ça. J'ai été un leader avec un trouble de déficit d'attention, très impulsif, impatient, brusque... J'ai appris, à la dure, la nécessité d'avoir des relations plus humaines, de faire attention à ma façon de communiquer avec mes employés, d'éprouver de l'empathie pour eux. Là encore, il y a une ligne à tracer et des règles à fixer, ce dont je ne me suis pas assez occupé. Au bout du compte, je peux affirmer que ça m'a beaucoup nui en affaires. Quand j'ai commencé à serrer la vis, il était trop tard. Ça avait déjà eu des répercussions sur l'agilité de l'entreprise. J'étais prisonnier sur le bateau que j'avais moi-même construit. Je me demandais pourquoi je faisais tout ça... Il y avait tant d'autres choses que je voulais accomplir dans ma vie.

Malgré tout, j'avais encore confiance en moi et en mon flair. J'étais prêt à vendre. J'ai donc entamé les négociations avec cet acheteur potentiel. La quantité de travail que le processus de vente a exigé fut infernale. Le rythme de la transaction était incompatible avec ma vie professionnelle, déjà bien chargée. Il n'est pas sain de travailler 90 h par semaine, en passant 45 au bureau et 45 à essayer de vendre l'entreprise, et ce, pendant plusieurs mois. Nous nous sommes tout de même rendus très loin dans le processus. La lettre d'intention était signée, le contrat de vente également, les prises de garanties avaient également été négociées entre les deux avocats. Les employés de l'entreprise avaient été rencontrés à deux reprises par les acheteurs. Les baux étaient transférés, tout comme les comptes de paies. L'annonce avait même été faite sur le marché boursier ainsi que dans les médias.

Il arrive toujours un moment dans une vente où ça devient très corsé, très souvent pour des détails. Dans notre cas, les points de désaccord concernaient une employée dans un retrait-maternité, un camion pratiquement obsolète, ainsi que les tâches que je devais conserver dans le cadre de la période de transition d'un mois. Vous aurez compris que je ne suis pas un gars de détails… Dans les derniers jours avant de passer chez le notaire, les courriels revolaient de partout. Les échanges entre les deux avocats, le *broker*, le fiscaliste; je me retrouvais en copie conforme de chacun de leurs échanges. Ma boîte de courriels explosait, tout comme moi d'ailleurs ! Ce que je n'avais pas compris, c'est que la compagnie acquéreuse en avait, elle aussi, plus qu'assez que la vente soit ainsi bloquée pour de tels détails. Elle a donc impliqué dans le dossier une autre avocate, dans l'espoir de finaliser la vente plus rapidement. À cause de mon manque d'expérience, je n'ai pas réalisé, à ce moment, que la compagnie tentait simplement de mettre un terme à la guerre de coqs qui se jouait entre les deux avocats.

Imaginez le cocktail explosif: un entrepreneur émotif à quelques jours de tout transférer, une avocate de plus dans le dossier, les courriels incessants… Impulsivement, j'ai répondu à mon avocat, sur un courriel reçu de la nouvelle avocate, un message très concis: « T'en charges-tu, de la grosse #%& d'Italienne ? » Je ne l'avais jamais vue, donc honnêtement, je ne sais même pas si elle était réellement italienne. Par inadvertance, j'ai envoyé ce courriel à tous, plutôt qu'à mon avocat seulement. J'ai compris ce que j'avais fait une demi-heure plus tard, lorsque mon avocat m'a rappelé en me disant que la partie acquéreuse ne nous répondait plus. Il n'y avait plus de service au numéro que nous avions composé. La vente était perdue.

Dès le lendemain matin, l'huissier est passé au bureau, une lettre cassant le contrat en main. Une heure plus tard, les communiqués de presse parvenaient aux marchés boursiers et aux différents médias, annulant la vente. Ça, c'est l'aspect externe.

Que dire du climat interne ? Après six mois de travail acharné, que pouvais-je communiquer à mes équipes ? J'avais voulu me pousser, quitter, comment pouvais-je l'expliquer aux quelque 200 employés ? Le soir même, je leur ai écrit un courriel, les convoquant à une rencontre tôt le lendemain matin. Je leur ai raconté que j'avais perdu la vente, que le groupe s'était retiré. Je leur ai parlé avec mon cœur, en toute authenticité. J'ai nommé ma vérité, à savoir que je vivais de nombreux irritants au travail, que j'avais l'impression que nous étions devenus un gros bateau sur lequel la personne qui ramait le plus était moi. Que j'éprouvais de la colère face à eux quand ils se contaminaient les uns les autres dans leur peur du changement. Que les entreprises qui ne croissent pas sont souvent celles de dirigeants trop bien dans leurs pantoufles, et qu'elles finissent par mourir. Que je voulais carrément l'inverse pour nous : évoluer, apprendre, grandir, et que l'entreprise et les gens qui la composent en fassent tout autant. Je les ai par la suite rencontrés un par un, leur donnant le choix de rester ou de partir. S'ils décidaient de rester, ils devaient toutefois s'engager à être prêts à voir l'entreprise changer et à contribuer à ces changements. Je n'ai perdu aucun employé, et suis fier d'avoir abordé tous ces irritants un après l'autre de façon sympathique, mais avec intensité.

Sushi Taxi a évolué ; elle a grandi humainement, financièrement, et de réputation. J'ai retrouvé le bonheur à la faire croître, du moins jusqu'à ce que réapparaissent les petites voix qui venaient me hanter. Qu'est-ce pour moi que le bonheur au travail ? Quelle est ma récompense ? Vais-je leur manquer si je ne suis plus là ? Suis-je encore l'homme de la situation ? Vais-je être l'homme d'un seul projet ? Ces nombreuses questions me ramenaient à mon désir ardent d'accomplir autre chose, à mes autres rêves de vie. Personnellement, j'étais prêt. J'observais l'industrie de la restauration et j'y voyais de plus en plus de risques. De plus, la rareté de la main-d'œuvre apparaissait d'une manière flagrante ; j'avais la certitude que ce phénomène deviendrait une crise. Encore une fois, je me suis dit qu'il était temps. J'avais appris de mon expérience infructueuse. Cette fois-ci, je le ferais en m'appuyant sur un processus clair, auprès d'un acheteur solide, à un rythme conséquent avec ma vie professionnelle. J'ai beaucoup mieux vécu cette seconde tentative, qui s'est soldée par la vente de Sushi Taxi à un Français, immigré à Montréal deux ans plus tôt. Il a acheté en mars 2016, incluant une période de transition d'environ trois mois.

Je ne cacherai pas que la journée où j'ai fait ma boîte pour quitter officiellement Sushi Taxi, les émotions étaient très fortes. Même si j'étais prêt, j'étais encore profondément attaché à ce bébé que j'avais vu naître et grandir. Il avait été adopté, mais j'en demeurais le père biologique.

Les mois suivants ne furent pas faciles à vivre non plus. Je devais passer au bureau fréquemment, mes finances personnelles, ainsi que certains de mes autres investissements, n'ayant pas tous été transférés. Le plus pénible était de croiser mes anciens employés, ceux-là mêmes que j'avais formés, à qui j'avais transmis des connaissances, auprès de qui j'avais forgé mes valeurs, ma mission et ma vision. Je le vivais encore plus difficilement avec les gens de mon exécutif. Sous mon règne, je les formais plusieurs fois par année sur différents sujets d'affaires. Moi qui avais l'impression d'en avoir fait des intrapreneurs, je les ai vus se comporter en « *yes man* » aux côtés du nouveau propriétaire, sans doute par insécurité. Ça me peinait d'être confronté à ça, alors que c'était eux, les pros, dans leurs domaines respectifs.

Une chose que je répétais sans cesse avait déjà disparu : Attitude + Comportement = Résultat. Si rien ne change dans l'équation, impossible que le résultat change, à moins de croire à la magie. Cette formule en est une que je colle à presque tout et qui m'a très bien servi. Je rêvais de laisser un héritage professionnel aux membres de mon exécutif et j'avais l'impression que celui-ci s'est envolé avec mon départ. Ça me décevait terriblement. Incapable de côtoyer la source même de ma désillusion, j'ai fini par m'en détacher complètement, jusqu'à ne plus avoir aucun contact avec les gens de l'entreprise. Il arrive encore, souvent, qu'ils me manquent.

Je m'attendais certes à ce que le nouveau propriétaire apporte des changements. Je savais qu'il inculquerait une nouvelle vision et la porterait à sa façon. Mais que les valeurs soient autant chamboulées, je ne l'ai vraiment pas vu venir. Je me sentais mal à l'aise, impuissant devant le choc de valeurs que vivaient l'entreprise et les gens qui la composent. Avec le recul, cet épisode m'a appris une grande leçon d'affaires. Les vraies valeurs d'une entreprise sont celles qui collent à la peau de son leader, qui sont données, répétées, marchées et vécues par le leader, et elles doivent s'exprimer tout le temps, surtout quand le grand méchant loup n'y est pas.

La page est aujourd'hui tournée. Maintenant que j'en suis presque détaché, je considère n'avoir pas pris de grands risques avec cette *business*. J'aurais pu la faire croître bien davantage en prenant des risques minimes, par exemple en embauchant un directeur marketing à temps plein, un développeur Web, un expert spécialisé en financement. Bref, en faisant de petits investissements rapidement mesurables. Je n'ai même jamais eu une marge de crédit en quinze ans... Mais la vie est trop courte pour cultiver des regrets, je préfère labourer la gratitude.

LA NAISSANCE DE BUDDHA-STATION

En faisant mon deuil de Sushi Taxi, j'avais la ferme intention de rendre mon quotidien plus calme au niveau professionnel. J'envisageais de faire des affaires « pépères », d'investir en immobilier et dans quelques projets d'entreprises, et d'utiliser les leviers financiers pour faire fructifier la sécurité monétaire que je m'étais donnée. À l'âge de 42 ans, j'étais à un moment de ma vie où je ne voulais plus risquer ce que j'avais mis quinze ans à générer. En même temps, à force de côtoyer des entrepreneurs et de voir des idées se bousculer dans ma tête, je me suis aperçu que le cheval sur lequel j'avais le plus envie de miser, c'était moi. J'avais tant appris que je voulais mettre ces apprentissages à profit.

Une nouvelle idée d'affaires m'est venue le plus simplement du monde. Nouvellement jeune retraité, mon horaire demeurait particulièrement chargé. Impliqué dans une foule de projets, je siégeais également sur deux conseils d'administration, en plus de m'entraîner tous les midis. Chaque jour après mon entraînement de boxe, je me disais: « J'ai 15 minutes pour dîner, qu'est-ce que je pourrais bien manger qui soit santé ? » Devant la rareté, voire l'absence d'options disponibles, je me suis dit que puisque cette compagnie n'existait pas, j'allais la démarrer moi-même.

Cette fois, je suis reparti en affaires d'une façon différente. Plutôt que de lancer le projet sur un coup de tête comme ce fut le cas pour Sushi Taxi, je l'ai plutôt couché sur papier. J'ai également pris le temps de me poser des questions importantes. « Qu'est-ce qui, dans le domaine de l'alimentation, constitue des irritants pour moi, des aspects dont je n'ai plus envie dans ma vie professionnelle ? » Il y en avait quatre, majeurs. Tout d'abord, les cuisiniers ! Ils constituent un risque, autant en termes de rareté que d'attitude. Du moins, c'est l'expérience que j'en ai, ce qui était suffisant pour qu'il s'agisse d'un type de travailleurs que je ne souhaitais dorénavant plus fréquenter. Ensuite, investir dans du CapEx, des baux, des fours, de l'équipement, etc. C'est risqué et ça attache beaucoup de capital. Par ailleurs, appartenir au domaine de la restauration traditionnelle ne me disait plus rien, même si je suis passionné par l'alimentation. Le mot-clé était « santé ». C'est moi, ça me colle à la peau et, fort heureusement, ce type de mets continuera de gagner en importance dans les années à venir. Enfin, j'ai constaté que le commerce de détail était, et est encore, en profond chamboulement, alors que tout ce qui appartient au commercial mute vers la technologie et l'électronique. En rassemblant tout ça, il me restait à trouver un produit, des clients ainsi qu'une façon de discuter avec eux.

Dès la première journée, je savais très bien pourquoi je démarrais cette entreprise, une réponse qui m'était apparue après huit ans chez Sushi Taxi. Je voulais chambouler l'industrie du *fast-food* ! C'est ma mission, même si au départ je ne savais pas avec quel produit le faire. Puis la mission de l'entreprise est devenue claire : révolutionner l'industrie du *fast-food* en offrant de la bouffe santé aux entreprises de manière électronique.

Les quatre valeurs de Buddha-Station, les miennes en somme, ont été écrites avant même sa création. Élite : sois le meilleur au monde dans ce que tu fais, sois passionné. « *Get your shit done* » : sois responsable et imputable avec ce que tu réalises. Excitant : sois stimulé et stimulant, amuse-toi, relève des défis. Rebelle : sois créatif pour contourner les règles, aime faire ce qui n'existe pas encore, assume notre personnalité quand tu parles aux clients.

Et puis j'ai démarré l'entreprise officiellement. Tranquillement, en mesurant systématiquement ce qui marche ou non, de façon très agile, en réalignant l'entreprise au fur et à mesure sur ce qui fonctionne le mieux. C'est ainsi qu'une autre réponse m'est apparue : Buddha-Station est un traiteur électronique ouvert au public. Elle n'est pas un comptoir qui offre un service de traiteur. D'ailleurs, la seule façon de commander est en ligne. Aucun cuisinier, aucun serveur, aucune hotte, aucun four, aucun caissier… Que des sous-traitants qui font la transformation pour nous, selon nos propres recettes, et mes employés, appelés *bowlers*, qui dressent le montage final, afin de contrôler notre valeur ajoutée.

Pour percer le marché au départ, j'avais quand même besoin d'un lieu où rassembler mon équipe et où faire l'assemblage des plats. C'est ce qui justifie que nous avons pignon sur rue. Qui plus est, je misais sur le fait que monter les bols devant les yeux du public accélérerait la présentation de l'entreprise et du *branding*, permettant ainsi aux gens de sentir et de voir la marque. J'ai également pris la décision de vendre mes produits aux entreprises. Les particuliers ont plus de possibilités aujourd'hui avec les *food trucks*, les vendeurs itinérants et le prêt-à-manger dans les épiceries. Je me plais à répéter qu'à partir du moment où le consommateur sort de chez lui, une multitude de raisons s'accumulent pour l'empêcher de venir dans un commerce : stationnement plein, mauvaise température, manque de temps… Pour une entreprise, les options sont plus limitées. La façon de faire, quand il s'agit de commander des repas, est encore majoritairement de consulter le menu sur Internet et d'appeler ensuite. Chez nous, tout se fait en ligne. À cet égard, nous sommes révolutionnaires. Tous les gens du milieu de la restauration à qui j'ai parlé de mon modèle d'affaires, la sous-traitance et le commerce électronique, n'y croyaient pas. À mes yeux, ça voulait dire que j'avais une excellente idée. Si tout le monde trouve qu'un concept est bon, c'est qu'il existe forcément ailleurs. Les meilleures idées sont probablement celles que tout le monde regarde croche ! Mais au-delà de l'idée, c'est l'exécution qui est reine.

Je dois toutefois avouer que je ne me rappelais plus à quel point il est difficile de démarrer une entreprise. C'est enivrant, mais éprouvant et vachement insécurisant. Dans cette nouvelle aventure, je cherchais à avoir une vie professionnelle excitante, à me *challenger* : je suis bien servi, j'en ai plein la gueule ! Je suis totalement hors de ma zone de confort ! C'est énormément de travail, et le parcours pour construire ma crédibilité s'avère beaucoup plus long que dans mon souvenir.

Dans ma nouvelle entreprise, une tonne d'aspects me ramènent à Sushi Taxi, autant par rapport aux erreurs que j'ai commises qu'au confort que j'ai laissé derrière. Au moment de mon départ, l'entreprise comptait 225 employés. Un coordonnateur amenait ma voiture au garage et une adjointe s'occupait à temps plein de mes caprices personnels. Je jouissais de revenus presque assurés. Je m'étais construit une vie très confortable, dans laquelle je suis devenu mal à l'aise, par ma faute ou ma grande exigence constante. Je réalise aujourd'hui qu'il est aisé de faire des projets quand on a accès à des bénéfices imposants, mais que quand l'argent provient du fond de nos poches, c'est autre chose ! Mais tout cela est derrière moi. Ce qu'il en reste aujourd'hui, c'est l'expérience que j'y ai gagnée, dont je me sers chaque jour dans l'aventure Buddha-Station. Je sais administrer une entreprise et en être le leader, et je connais très bien le monde de l'alimentation. Je suis également dans un moment de ma vie où, chaque jour, je me dis qu'il est plus facile d'inculquer une culture et des valeurs dans une entreprise fraîchement démarrée que de transformer celles d'une moyenne entreprise, même si on en est soi-même le fondateur. Pas de sous-entendus, pas d'historique; l'hygiène relationnelle est propre. Une de mes priorités: tisser un lien de confiance fort avec ma nouvelle équipe. Ce *trust* est à mon avis la chose la plus importante, celle qui rend tous les projets possibles par la suite, celle qui permet d'accoucher de miracles. L'envers de la médaille, c'est que mon équipe ne lit pas sur mon visage, ne devine pas mes pensées. La communication est beaucoup plus verbale. Nous réussissons actuellement à former nos employés en quinze heures avec un iPad, peu importe leur expérience en restauration. Nous embauchons selon nos valeurs ainsi que selon l'importance que représentent la santé et l'activité physique pour ces candidats, et nous les formons aux compétences par la suite, avec un chemin rigoureux suivi de retours sur apprentissages.

J'ai tout de même dû aller me chercher des connaissances en technologies, ce que j'ai fait en me plaçant, tel un imposteur, dans le Parcours Techno de l'EEB. Cela m'a permis de comprendre beaucoup d'enjeux associés au monde de la techno, mais surtout de faire la différence entre la technologie à tout prix et l'utilisation de la technologie au service d'une entreprise pour apporter de la valeur à un projet. C'est une ligne extrêmement difficile à tracer, mais tellement essentielle!

J'ai ensuite été approché par un entrepreneur issu du monde des technologies, qui a manifesté son intérêt à investir dans ma compagnie. Les amis auxquels j'en ai parlé me disaient tous que j'étais fou, que j'avais beaucoup trop de leadership pour évoluer avec un associé. Ils avaient raison; il s'agissait bel et bien d'un défi humain pour moi. En même temps, je me sentais prêt au niveau de la confrontation des idées et je voyais en la complémentarité de nos expertises un atout redoutable pour Buddha-Station. Je me savais aussi plus mûr et moins intempestif, ce qui nous aiderait à préserver des relations saines à long terme. J'ai commencé par m'assurer que cet homme partageait les valeurs de l'entreprise et qu'il était animé par sa mission. Je tenais également à ce qu'il puisse vivre avec ma façon de travailler. Il m'a donc suivi un certain temps, observant comment je gérais mes rencontres exécutives mensuelles, comment j'alimentais mensuellement mes employés terrain par vidéoconférences, etc.

Le but était qu'il sente et entende le ton, pour voir s'il s'y sentait bien. Il a également passé quelques jours aux opérations afin de bien comprendre la dynamique et le processus. Puis est venu le moment d'être transparent au niveau des chiffres; je lui ai donné libre accès à ma comptable et à toutes les factures. Ça s'est fait sans signer de papier, à la confiance, en se regardant dans les yeux. Ensemble, nous nous sommes dès lors entendus sur une convention d'actionnaires, mettant sur papier ce que nous souhaitions, qui fut ensuite envoyée à un avocat, inconnu de nous deux. Après un processus long mais franchement agréable, nous sommes finalement devenus associés.

Buddha-Station est actuellement présente à Québec et à Montréal, et le sera très bientôt à Toronto. La compagnie n'a pas de barrières géographiques dans sa stratégie d'expansion, tout étant centralisé par l'utilisation de la technologie. À moyen terme, nous souhaitons opérer à partir de cuisines dans des parcs industriels, stratégie que l'on préconise pour de prochaines expansions, entre autres à Boston, New York et San Francisco. À long terme, la vision est d'approcher des traiteurs ou des restaurants qui souhaiteraient, de leur propre cuisine, ajouter des revenus à leur compagnie en se servant de nous pour leur fournir des commandes et pour gérer leur service à la clientèle, le tout avec un système de redevances. Mais il faut gravir une marche à la fois.

Moi, Christian Genest, je n'ai pas de rêves de grandeur, je ne recherche pas la célébrité. Générer tant de millions de chiffre d'affaires ne m'excite en rien. Je cherche simplement à faire une différence, autant au sein de mon équipe que dans le monde. Je veux changer les habitudes des entreprises en termes d'alimentation et de santé. Je rêve qu'elles réalisent que commander des menus santé pour dîner a un impact direct sur la performance de leurs employés en après-midi. Je souhaite qu'elles prennent conscience qu'en prenant soin de ceux-ci, en contribuant à ce qu'ils soient plus en santé, ils seront plus heureux, impliqués et productifs. L'entreprise va en bénéficier, tout comme la société à plus grande échelle. Répandre par contagion le cycle de vie qui me rend en santé est pour moi un idéal à atteindre. McDonald's, dans les années 1970, a apporté quelque chose de nouveau sur le marché, mais surtout, une façon innovante de déployer les opérations de restauration. En 2018, le monde est à l'ère de la prévention au niveau de la santé, et la corrélation est directe avec ce que l'on ingère pour s'alimenter. Seule chose, le mot « santé » fait très peur, car il est galvaudé ou souvent trop collé à tofu, luzerne et granola !

Nous devons éduquer nos clients potentiels et actuels à cet enjeu et aux impacts positifs que notre solution apporte. À partir du moment où une entreprise a fait une première commande, nous nous assurons de la récurrence en créant une relation avec elle. Un questionnaire qui tient en un emoji après la première commande, l'accès direct à notre directrice des ventes selon la réponse, un sondage un peu plus étoffé après la seconde commande, une lettre disant « Vous nous manquez ! » après 45 jours sans commande, un bol gratuit à l'adjointe administrative qui passe la commande si elle ne fait pas partie du lunch, l'envoi à cette même adjointe d'un outil sur les contraintes alimentaires de ses collègues pour lui faciliter la vie, peu importe l'endroit où elle passera une commande… Notre système de fidélisation des entreprises clientes est déjà extrêmement peaufiné et apporte des résultats éloquents. La préoccupation, voire l'obsession, de l'acquisition optimale des clients assurera une démarcation poussée de notre concept dans le monde de l'alimentation. Nous sommes d'ailleurs parvenus à abonner des compagnies sur une base hebdomadaire, leur fournissant par exemple des repas tous les mardis, pour lesquels elles ne défraient qu'une portion de la facture totale. Tout ce processus est informatisé de A à Z. La technologie permet que les actions se fassent, au bon moment, pratiquement sans intervention humaine. La relation avec le client, elle, doit par contre rester humaine, parce qu'elle est la réelle valeur de notre projet.

Le dernier risque qu'il nous reste à adoucir relève de la conversion client. En d'autres termes, il nous faut diminuer le temps entre le moment où une entreprise prend conscience de notre existence et le moment de son premier achat. Nous savons déjà qui sont nos clients potentiels et faisons différentes actions ciblées pour les rejoindre, en faisant alterner les approches électroniques et traditionnelles. L'envoi d'un courriel marketing à toutes les entreprises qui correspondent à notre client type, la livraison de deux bols gratuits à l'adjointe administrative et au président-directeur général ou à la responsable des ressources humaines, l'envoi d'un second courriel mettant en relation l'alimentation du midi et la performance en après-midi, etc. Nous avons également instauré un système de capture après une première visite du site Internet, suivie d'un envoi automatique de notifications se résumant en une phrase inspirante accolée au logo de Buddha-Station. Malgré nos efforts en ce sens, l'aventure que vit un client potentiel, avant sa première commande, n'est pas encore parfaite. L'enjeu de la première commande demeure bien réel, mais nous y travaillons sans relâche. C'est devenu une obsession totale ! Nous faisons des gestes ciblés, nous en mesurons l'impact, nous nous ajustons, mesurons à nouveau, et nous réajustons. Encore et encore, par essais et erreurs. Nous sommes en apprentissage continu à ce niveau, ce qui exige une agilité soutenue, mais surtout, beaucoup de patience, une qualité qui ne me caractérise pas particulièrement ! Je me sens un peu comme dans la traversée du désert... C'est un processus insécurisant. Tant que je n'ai pas mis le doigt sur la formule idéale, il m'apparaît trop risqué d'ouvrir d'autres marchés sans maîtriser parfaitement cet enjeu.

Il s'agit du dernier risque à éclaircir pour avoir un modèle d'affaires solide, qui tienne la route et qui nous permette d'aller chercher du financement. Mon associé et moi discutons activement de cette alternative, à savoir nous financer nous-mêmes ou nous tourner vers un fonds d'investissement. Personnellement, je penche pour la seconde option. C'est un défi humain extraordinaire que d'être obligé de faire un peu de politique, de négocier, de plaire à des financiers. Ce serait une réussite pour moi que de parvenir à faire ce dont je me croyais incapable, d'une façon détachée, sans que ça m'atteigne.

Vous aurez sans doute compris, au fil de mon histoire, que ce qui me passionne réellement se résume en deux mots : apprendre et faire une différence. Tout le temps, chaque jour. Mes apprentissages passent par tous les entrepreneurs et autres acteurs animés par ces valeurs, que je peux rencontrer, desquels je peux m'inspirer. Je suis maniaque de boxe, et une des choses qui m'attachent à ce beau sport, c'est pouvoir apprendre à chaque entraînement. Me sentir évoluer de fois en fois, même après dix ans ! À mes yeux, posséder mon entreprise, c'est me donner la liberté d'y mettre à profit le fruit de mes apprentissages et d'en mesurer concrètement les impacts. Le monde de l'entrepreneuriat est si vaste, en perpétuelle mouvance… Les occasions d'apprentissage sont illimitées. Les résultats sont réels. C'est un véhicule exceptionnel pour injecter sa couleur dans le monde, pour changer les mœurs et les coutumes, pour faire une différence. C'est construire, chaque jour, son legs à la société. C'est amener le monde à évoluer, une entreprise à la fois, un bol à la fois.

Conseils à d'autres entrepreneurs :

- **Le risque.** Se mettre à risque en affaires, ça ne se passe pas au niveau financier. Ça se passe au niveau humain, c'est être capable de se montrer fragile, de rester authentique. En 2018, pour moi, c'est ça, un entrepreneur qui prend des risques.
- **Être sexy.** C'est important d'être sexy dans la vie, et être sexy, ce n'est pas dans le décolleté que ça se passe. C'est une attitude, un savoir-être. Se tenir droit, serrer la main avec conviction, avoir l'étincelle dans les yeux et savoir écouter avec intérêt. C'est développer un *edge* qui nous rend uniques.
- **Nos employés = nos premiers ambassadeurs.** Nous sommes à l'ère où les premiers clients, les premiers ambassadeurs, ce sont nos employés. Pendant longtemps, j'ai cru qu'il y aurait toujours des employés qui ne seraient pas satisfaits. Avec la génération des milléniaux, il faut que les employés soient fiers de moi et de ma marque pour être convaincus et passionnés. Si mes employés ne « le sentent pas », mes clients ne le sentiront pas non plus.
- « ***Under promise, over deliver*** » : un adage auquel je crois dans la vie.
- ***Walk the talk.*** Mike Tyson disait : « *Everybody has a plan until they get punched in the face.* » Il y a tant de ressemblances entre la boxe et les affaires. Tu peux être capable de frapper, sauter à la corde, te déplacer, être en forme… Quand la

cloche sonne le début du combat dans un ring, c'est là que ça se passe. La journée où tu en reçois un entre les deux yeux, ton plan de match prend le bord. Et à ce moment, c'est qui tu es vraiment, tes réflexes qui prennent le dessus. C'est la même chose en affaires. Tout le monde peut être un top entrepreneur quand ça va bien, mais quand ça va mal, c'est là que tu vois ce qu'il a dans le ventre. Ses valeurs lui collent-elles à la peau ? *Does he walk the talk ?* La différence est là. Les compagnies fonctionnent toutes parfaitement bien sur Excel ! La réalité est bien différente.

- **Focus.** Nous avons été approchés pour un projet de distribution dans de grands supermarchés. L'offre est flatteuse, alléchante. Est-ce cohérent avec notre modèle d'affaires ? Courons-nous après des ventes ou travaillons-nous à changer l'industrie du *fast-food* par l'intermédiaire des entreprises ? Plus on grandit en affaires, plus le danger est grand de sauter sur de mauvaises opportunités. Il faut être capable de dire non et choisir en fonction de la cohérence avec notre mission et nos valeurs.
- **La notion de succès.** C'est une question archipersonnelle. Être partout et ultra-riche n'a jamais été une motivation pour moi. Avoir des passions réelles autres que la *business*, tout en amenant quelque chose de nouveau dans le marché qui changera les habitudes des gens, c'est ça, pour moi, le succès. Sentir que j'ai un impact certain sur une équipe est une autre notion importante pour moi. Il est très naturel pour un entrepreneur de travailler trop ; le défi est bien davantage de travailler moins pour parvenir à avoir une vie. C'est fou la quantité d'entrepreneurs qui me demandent comment je fais pour mettre une heure par jour sur mon entraînement. Je leur renvoie la question : comment font-ils pour ne pas le faire ? Ce moment m'apporte un bien-être extraordinaire, du calme, de la concentration. Il est vital pour la santé de mon cerveau.
- **Attitude + Comportement = Résultat**

DOMINIQUE BROWN, PRÉSIDENT DE CHOCOLATS FAVORIS, COMMENTE L'HISTOIRE DE CHRISTIAN GENEST

L'univers de l'entrepreneuriat est un petit monde. Surtout au Québec. Bien que les entrepreneurs ne se connaissent pas tous personnellement, l'accès à chacun d'eux se simplifie au gré des relations d'affaires qui se créent. Il m'est donc difficile de commenter le parcours de Christian Genest, un entrepreneur que je connais, que je respecte et dont je consomme les produits. Chaque entrepreneur est unique. Il a sa propre recette gagnante, qu'il améliore au gré de son expérience et de celle des autres entrepreneurs qui l'entourent. Je ne peux donc me rattacher qu'à mon vécu, mon expérience personnelle et ma façon de faire des affaires pour réagir à l'histoire de Christian. En toute humilité.

J'ai vu au fil des pages de son histoire un entrepreneur qui a eu à improviser au cours de sa carrière. Il est un homme d'intuition, fortement guidé par ses tripes. Mais il ne fait pas que rêver, il sait faire arriver les choses. Notamment par sa faculté à composer avec ce qu'il a dans le moment. Je crois qu'il est important d'avoir un plan, mais que l'on doit aussi apprendre à travailler avec les outils du moment. La réalité est parfois tout autre que ce qu'on a planifié au départ ! Comme il le dit, la vraie partie, c'est dans le ring qu'elle se joue. Bref, je vois en lui un entrepreneur intuitif, qui n'hésite pas à utiliser sa capacité d'adaptation.

Ce qui apparaît également, bien plus dans Buddha-Station que dans Sushi Taxi, est son côté planifié. Dès le départ, il a dessiné sa vision et sa mission d'entreprise. Chambouler l'industrie du *fast-food*. Changer les habitudes de vie en amenant les gens à manger mieux. Rendre ainsi les employés plus productifs, une entreprise à la fois. Certes, c'est inspirant. Mais demain, comme équipe, on fait quoi ? Mille chemins peuvent mener à la réalisation de cette vision. Ma croyance personnelle est qu'avec un objectif quantifiable, on peut se rendre plus loin. Et c'est ce que Christian a fait. En se fixant l'objectif d'être présent dans 100 villes en Amérique du Nord d'ici cinq ans, il s'est donné à lui-même, ainsi qu'à toute son équipe, une discipline lui permettant de suivre l'évolution de son entreprise dans la réalisation de sa vision.

La solitude qu'a ressentie Christian à un certain moment chez Sushi Taxi m'a interpellé également. J'ai vécu un peu la même chose chez Beenox. Cette impression de tout porter sur nos épaules... La réalité, et Christian la nomme lui-même, est que c'est souvent le leader qui en est la cause. Comme entrepreneurs, nous sommes responsables de la culture de notre entreprise. L'entreprise évolue, les gens également. Nous aussi devons évoluer dans notre rôle. À un certain moment, ce que nous faisions depuis toujours et qui engendrait de bons résultats doit être fait autrement. Il ne s'agit pas d'un virage à 180 degrés, mais bien d'une évolution. C'est se donner les moyens, à soi et à l'entreprise, d'aller plus loin, sans pour autant cheminer à l'encontre de ses valeurs.

J'ai fait les choses différemment au sein de Chocolats Favoris. J'ai travaillé rapidement à mettre en place tout un système de gouvernance. Ouvrir l'actionnariat, instaurer un conseil d'administration sont quelques initiatives qui me permettent aujourd'hui de dire que je ne me sens pas seul à bord. Je me suis entouré, et structuré, pour ne pas que l'histoire se répète. Je ne sais pas jusqu'où Christian souhaite aller en ce sens, mais pour ma part, m'entourer ainsi engendre des résultats extrêmement positifs.

Les émotions ressenties par Christian lors de la vente, puis au moment de son départ officiel de Sushi Taxi m'ont aussi amené à réfléchir. Le moment de quitter le navire qu'il a mis lui-même sur l'eau n'est jamais facile pour un entrepreneur. Et voir cette culture qu'il a insufflée se transformer ne l'est pas davantage. Le nouvel acheteur arrive avec son bagage personnel, animé par sa propre vision. Il débarque avec une tonne de nouvelles idées, certaines rafraîchissantes, d'autres douteuses. Il est ardu de laisser la chance au coureur, de lui offrir l'aide nécessaire tout en sachant se retirer au bon moment. Ce processus n'est pas chose aisée pour le nouvel acheteur non plus. Celui-ci a peu d'expérience dans l'entreprise, et les changements qu'il apporte pour la mettre à sa main sont partie intégrante de sa propre courbe d'apprentissage. Lui aussi se retrouve dans un nouveau rôle…

Mais tout cela est logique. Aucun président n'est pareil à un autre, et la culture d'une entreprise est le calque de sa présidence. Tranquillement, le nouveau venu intégrera sa façon de faire des affaires dans les valeurs mêmes de l'entreprise. Petit à petit, les directeurs comprendront ce qui est valorisé comme comportement et vont agir de plus en plus souvent en accord avec la nouvelle structure. Les employés verront les directeurs changer, et feront de même. L'impact ira jusque dans les fins détails des comportements de tout un chacun. Difficile, oui. Mais nécessaire.

Pourquoi ? Tout simplement car, à mon avis, il est là, le rôle du président… Honnêtement, d'un œil externe, le président semble peu contribuer au succès de l'entreprise au jour le jour. Par exemple, aujourd'hui, la trentaine de succursales de Chocolats Favoris a généré des revenus et des profits, le tout sans que j'aie touché à un seul chocolat. Mon rôle se situe dans l'influence, dans la stratégie et dans ma capacité à sortir le meilleur de nos équipes. Je terminerai d'ailleurs en partageant avec vous une grande leçon que j'ai apprise au gré du temps et des expériences. Mes limites personnelles, je les trouve systématiquement dans mon savoir-être. Pas dans mon savoir-faire. Ça me semble avoir été difficile pour Christian, et je vous assure que ce l'est tout autant pour moi. Il s'agit sans doute du travail de toute une vie, peu importe l'entreprise que l'on pilote et la vision qui nous anime.

Longue vie prospère à Buddha-Station !

Caroline Thuot, Techno Diesel

Caroline Thuot, présidente-directrice générale
Entrepreneure-athlète, cohorte 3 du Programme Élite, entrepreneure-entraîneuse dans le Programme Émergence et membre du conseil d'administration de l'EEB

Techno Diesel est le plus grand centre de services pour camions et remorques au nord de Montréal.

•••

Dans l'univers typiquement masculin qu'est Techno Diesel, il est fascinant d'éprouver un sentiment de familiarité, de proximité, mais surtout, d'entendre Caroline s'approcher pour nous accueillir, ses talons hauts qui claquent sous chacun de ses pas… C'est tout simplement Caro ! Un mélange de douceur, de féminité, d'attention, d'énergie, de fougue et de dynamisme. Bienvenue dans son univers !

MÉCANIQUE ET TALONS HAUTS

Je suis l'aînée d'une famille de quatre filles. Je suis née à Joliette en décembre 1978, précisément un an et deux mois après le démarrage de Techno Diesel par mon père, Marcel.

Ce dernier est le fondateur, l'entrepreneur, le fonceur, le charismatique, le visionnaire. Dès la création de l'entreprise, il a inculqué la « disponibilité à servir » comme valeur première. Cette philosophie s'explique par le fait que la seule réponse que mon père sait donner à toute question, et ce, encore aujourd'hui, c'est: « Oui ! »

Ma mère, Jacinte, s'occupait principalement, à l'époque, de l'aspect finances de l'entreprise. Elle éprouvait un besoin immense d'être sécurisée, elle qui vivait avec un entrepreneur libre. Elle faisait donc les suivis auprès des fournisseurs, des clients, mettant de la pression au niveau des comptes à recevoir pour que l'argent entre rapidement. Par ailleurs, ma mère a également en elle un amour des gens plus élevé que la normale. C'est elle qui s'assurait de bien traiter les clients, les employés, les fournisseurs. Elle a ainsi rapidement pris de la place au niveau de l'administration, de l'approvisionnement et de la gestion des ressources humaines.

Après un long moment, à savoir vingt ans, mes parents ont procédé à une clarification des rôles dans l'entreprise, officialisant le poste de ma mère à la direction générale et celui de mon père à la présidence. Marcel s'est alors retiré du comité de direction, permettant ainsi à Jacinte d'émerger réellement dans son leadership. Elle qui était vue jusque-là comme la « contrôleuse » qui freinait Marcel, elle a pu se développer dans un rôle dont l'entreprise avait bien besoin. En effet, il faut admettre que si nous avions toujours suivi l'entrepreneur, l'entreprise n'existerait sans doute plus aujourd'hui. À deux, avec leurs forces complémentaires, ils ont fait un succès de Techno Diesel. Ils forment une équipe extraordinaire.

LE LEADERSHIP DANS LE SANG !

Durant mon enfance, les soupers de famille ont tenu une place centrale dans notre dynamique familiale. Peu importait leur charge de travail, mes parents se libéraient chaque soir pour qu'on partage ensemble le repas, retournant fréquemment travailler durant la soirée. Nous procédions à un tour de table sur la thématique « Comment s'est passée ta journée », et nous finissions toujours par parler de Techno Diesel. C'était comme si nous lui réservions une place à la table familiale, comme si la compagnie était un membre à part entière de la famille et qu'elle devait s'exprimer, elle aussi, sur ses péripéties quotidiennes. Techno Diesel était réellement comme mon frère.

Deux semaines après leur naissance, mes sœurs allaient déjà à la garderie, chez la voisine, une cousine de mon père. Nous y avons été élevées. Mes parents travaillaient beaucoup trop, « pour se tenir les petites bobettes sur le corps », comme disait ma mère ; tout était mis en garantie. Mes parents mettaient toutes leurs énergies à assurer la pérennité de l'entreprise ; cet objectif prenait largement le pas sur le plaisir. Ils étaient avec nous les fins de semaine et l'été pour un voyage annuel. Mais au quotidien, ils travaillaient dur, et longtemps.

Dans ce contexte, je suis devenue responsable extrêmement jeune. J'étais la deuxième mère, je me mettais à *on*, sans que ma mère l'exige de ma part toutefois. Superviser les devoirs, préparer le souper, donner le bain à mes sœurs, les peigner pour l'école… Après nos leçons de patin, nous sortions de l'aréna et faisions tranquillement nos travaux scolaires jusqu'à ce que mes parents viennent nous récupérer. L'heure à laquelle ils finiraient de travailler était chaque jour un mystère. Mais n'allez pas penser que nous étions misérables, bien au contraire ! Nous étions responsables et libres. Mon enfance m'a d'ailleurs fourni un legs important pour ma carrière d'entrepreneure. En effet, mon grand sens des responsabilités demeure encore aujourd'hui ma principale qualité.

Je caresse de doux souvenirs des fins de semaine passées à jouer chez Techno Diesel avec mes sœurs. Nous allions nous cacher, puis nous nous appelions à l'interphone, partout dans la bâtisse, pour nous trouver. Nous jouions dans les camions ainsi qu'à nombre de jeux palpitants pour les petites filles que nous étions. Nous baignions dans l'environnement de Techno Diesel, tout le temps.

Quand mes amies venaient jouer à la maison, nous jouions à Techno ! Déjà, mon personnage était celui de directrice générale. Mon téléphone, ma calculatrice et mon papier avec le logo de l'entreprise en main, je jouais à diriger la compagnie, et mes amis tenaient le rôle des clients, des fournisseurs, des employés.

Au secondaire, j'ai fréquenté l'école publique. J'étais tout le temps la *boss*. J'étais « gère-mène », je devais tomber sur les nerfs de plusieurs ! J'organisais des soirées, des défilés de mode, je me mettais en charge des chorégraphies, je transigeais avec les fournisseurs, je dirigeais les techniciens de son ! Mon père me questionnait durant nos soupers quotidiens sur ce que j'organisais, me demandant si j'avais pensé à faire attention à mes employés (qui étaient en fait mes amis). Il partageait généreusement avec moi ses vues sur mon style de leadership. Il encourageait énormément le côté entrepreneurial qui se dessinait de plus en plus en moi.

Étant responsable, j'ai toujours eu de bonnes notes. D'aussi loin que je me souvienne, mon père insistait pour que j'aille à l'université. Le secondaire était donc seulement une étape pour m'y mener. Mon amour pour les gens, hérité de ma mère, émergeait tranquillement également. J'étais toujours entourée d'amis, et bien davantage de garçons que de filles, simplement parce qu'ils me rejoignaient davantage. Avec leur style direct et franc, la communication était claire, sans besoin constant d'explications, sans interprétation biaisée, ce que j'aimais et aime encore d'ailleurs.

Tout allait pour le mieux jusqu'en quatrième secondaire, où, sans crier gare, est arrivée une période d'adolescence plus intense. J'ai découvert ma plus grande ressemblance avec mon père : mon éternel besoin de liberté. Ce mot résonne très fort en moi. J'avais besoin d'espace, alors que j'avais toujours été la bonne grande sœur responsable. De 15 à 20 ans, j'ai éprouvé cette dualité à tous les instants : être la bonne fille de la famille, ou me contrebalancer de tout et être indépendante. Ma mère est dès lors devenue mon point central de confrontation. J'ai préféré briller par mon absence lors des voyages familiaux, j'ai arrêté de contribuer aux tâches domestiques, je refusais systématiquement la compagnie de mes sœurs dans mes activités personnelles. Ma mère n'y comprenait plus rien ! À mon tour de parole aux soupers quotidiens, aucun mot ne sortait. Je pleurais, je ne faisais que ça. Je voulais tout simplement être tout: la bonne fille, mais aussi l'adolescente libre. J'étais déchirée. Me sentant coincée, je me transformais en torrent.

C'est dans cette période un peu tumultueuse qu'est arrivée l'étape du cégep. Après quelques semaines de cours, j'ai réalisé que je m'emmerdais royalement! C'était beaucoup trop facile. Je ne me sentais pas mise au défi intellectuellement, et j'avais nettement l'impression de perdre mon temps. L'horaire étant cependant pour le moins commode, j'ai décidé de combiner mes études collégiales avec un travail chez Techno Diesel. J'ai pris en charge un projet de développement et, enfin, je me suis sentie revivre. C'était tellement stimulant! Je travaillais de pair avec plusieurs employés, nous débroussaillions, développions et construisions ensemble. Étant très structurée, je parvenais à clarifier l'organisation du travail, même dans cette phase chaotique de nouveau projet. Je faisais désormais réellement partie de l'environnement de Techno Diesel, j'y contribuais. J'arrivais même à faire la part des choses dans ma relation avec ma mère: elle était ma patronne. Nos rapports étaient bons. Et quand nous revenions le soir à la maison, les prises de bec reprenaient.

Puis ce fut le moment de l'inscription à l'université. Les tourments qui m'oppressaient se calmaient en moi. Même si mon père voyait l'université comme un incontournable depuis ma plus tendre enfance, je me disais que ce n'était qu'une continuité du cégep, une autre perte de temps, qui m'éloignerait du contexte dans lequel j'étais vraiment heureuse, à savoir chez Techno. Durant cette grande période de confrontation avec Marcel, il a joué sa carte la plus importante me concernant: si je ne faisais pas de demande d'inscription universitaire, il me congédierait, et la porte de l'entreprise familiale me serait fermée à jamais. C'est ainsi que je me suis inscrite à l'Université Concordia, au baccalauréat, en anglais, en me disant que même si l'université ne me servait à rien, j'allais au moins y apprendre la langue des affaires.

L'entreprise traversait alors des années difficiles. C'était particulièrement stressant pour mes parents. On venait d'y procéder à un agrandissement, et mes parents avaient dû se tourner vers du financement auprès de capital de risque, à un taux d'intérêt gourmand. C'est mon père qui avait voulu cet agrandissement, alors ma mère avait fini par se rallier à sa décision. Avec une superficie de production doublée, l'ouvrage demeurait insuffisant dans l'atelier : des employés manquaient de travail, donc étaient non productifs. Aucun entrepreneur ne souhaite générer des revenus réels qui soient profondément en deçà des projections, dans un contexte où des financiers font partie de l'aventure…

Mon père se demandait dans quel foutoir il nous avait placés, sa famille, lui, moi, l'entreprise, ses employés. Il était en position de doute, alors que son plus grand talent est l'assurance. Il n'a pratiquement jamais eu d'incertitudes dans la vie. Cette situation grugeait donc beaucoup de son énergie. Il en est ressorti avec une grande fatigue, et avec la peur viscérale de me léguer, un jour, un cadeau empoisonné.

De mon côté, j'ai déménagé à Montréal pour y faire mon baccalauréat. Bien que j'obtenais de bonnes notes, j'ai vite compris que l'université en anglais était un défi plus imposant que je ne l'avais imaginé. Ne maîtrisant pas bien la langue, mes relations avec les autres étaient difficiles. Qui plus est, je me sentais si loin… Loin de ma famille, loin de l'entreprise, de cette essence qui m'alimentait. Pour me consoler, mon père venait me chercher toutes les fins de semaine pour que je puisse travailler chez Techno Diesel. C'était plus fort que moi, j'étais malheureuse quand je ne participais pas à la vie dans l'entreprise. Pendant l'un de ces déplacements hebdomadaires, nous nous sommes entendus, lui et moi, pour que j'aille prendre de l'expérience dans une autre organisation après mes études universitaires.

J'ai commencé à aimer l'université le jour où j'ai réalisé que Techno Diesel pouvait devenir le terrain d'application de mes apprentissages. Après avoir acquis de nouvelles connaissances sur l'évaluation du rendement, j'ai appelé ma mère pour lui manifester mon désir d'appliquer ce nouvel outil à notre organisation. C'est ainsi, en parlant de l'avenir de l'entreprise, que ma mère et moi avons recommencé à avoir une belle relation. J'ai quand même suivi le plan, travaillant un été à temps plein comme conseillère en ressources humaines auprès d'une entreprise montréalaise. Cela me permettait de mettre la main à la pâte pour la compagnie familiale les fins de semaine !

En 2001, j'ai terminé mon baccalauréat, et j'ai entamé des démarches intensives pour me trouver un emploi, tel que nous l'avions convenu mon père et moi. Mes parents sont alors venus me rendre visite, me conviant à un dîner. Ils ont déposé une lettre devant moi. Il s'agissait d'une offre d'emploi en bonne et due forme, comportant comme première exigence de devenir membre du Groupement des chefs d'entreprise du Québec. Mes parents en faisant partie depuis longtemps, ils souhaitaient ainsi me permettre de continuer ma progression en me nourrissant de l'expérience d'autres entrepreneurs. Sans surprise, vous me direz, j'ai aussitôt accepté. Le rêve que je caressais depuis toujours devenait enfin, officiellement, réalité.

LE PASSAGE VERS LA DIRECTION GÉNÉRALE

C'est ainsi que le 21 avril 2001, je suis devenue employée à temps plein chez Techno Diesel, dans le poste de planificatrice. Ne connaissant pas du tout la mécanique, je m'intéressais beaucoup au travail des mécaniciens, les questionnant sans relâche. Je leur répétais sans cesse que j'irais à la guerre pour eux, mais qu'ils devaient mettre des munitions dans mon fusil, ce qu'ils ont fait. Optimiser le rendement, travailler avec les gars, être au cœur des décisions, dans le dynamisme, ça m'emplissait de bonheur ! Je travaillais près de 16 heures par jour, mais j'étais bonne et je tenais à faire ma place. J'étais appréciée des gens de la production ; nous faisions une bonne équipe.

Quant à la relation avec les clients, mon père n'était jamais très loin, m'apportant son soutien au besoin. Certes, certains d'entre eux préféraient faire affaire avec un homme. Je leur répondais simplement que c'était moi, une femme, qui étais en poste, et que je ferais de mon mieux pour répondre adéquatement à leurs besoins, et que je m'entourerais d'autres personnes pour y parvenir s'il le fallait.

Rapidement, ce vieux réflexe des clients est passé. Je ne leur disais pas ce qu'ils voulaient entendre, mais ce qu'il en était réellement. J'ai ainsi gagné leur confiance. Techno Diesel est ainsi passé du « oui, tout le temps », avec mon père, à un « oui, demain » avec moi, si je jugeais que telle était la réponse que nous nous devions de donner. Bref, c'était toujours un oui, mais plus structuré.

Ce fut un virage pour l'entreprise. Auparavant, 80 % des clients arrivaient sans rendez-vous ; la tendance s'est inversée. C'était dorénavant 80 % de nos clients qui prenaient rendez-vous. Cela a grandement contribué à diminuer le sentiment d'urgence au quotidien. En planifiant, nous parvenions à ne pas dénaturer la philosophie de l'entreprise. Nous demeurions excessivement disponibles, mais étions mieux organisés. Mon père était reconnaissant face à mon travail, me répétant qu'il n'aurait jamais été capable de le faire. Il a été un mentor extraordinaire pour moi. Précisons toutefois que je relevais de la direction générale, donc, de ma mère.

Mon entrée s'est faite tout naturellement dans l'entreprise. Il faut dire que Marcel disait déjà aux employés, quand j'avais 10 ans, que c'était moi leur prochaine *boss* ! Les seuls qui ne m'aimaient pas particulièrement étaient les directeurs, ceux qui avaient été mis en poste par ma mère. Ils essayaient de me faire entrer dans un moule, de me faire évoluer à l'intérieur du cadre, ce avec quoi j'ai encore de la difficulté aujourd'hui. En même temps, je n'étais pas là pour qu'ils m'aiment. J'ai clairement bâti ma crédibilité par le bas, par l'essence, par ce qu'est l'entreprise.

En deux ans au poste de planificatrice, je me suis découvert des racines solides comme entrepreneure : mon côté relationnel, ma faculté à trouver rapidement des solutions, mon honnêteté avec les clients. J'ai développé une forte confiance en moi. Mais je travaillais toujours autant. La fatigue me rattrapait, et mon humeur commençait à me jouer des tours. J'étais parfois impolie à l'interne, et les prises de bec avec ma mère ont recommencé. À la conclusion de ma troisième année, il n'y avait que moi qui ne réalisais pas que j'étais exténuée. Il était grand temps que je passe à un autre rôle dans l'entreprise. Ma mère a d'ailleurs tenté à plusieurs reprises de me tendre une perche, mais je refusais tout simplement d'entendre.

Un soir, elle m'a mise devant un ultimatum : « Caro, il faut que je te sauve. Je te sors de là. Soit tu quittes l'accueil, soit tu t'en vas chez vous. » Puisque nous savions toutes deux pertinemment que je ne me referais pas une santé à l'extérieur des murs de Techno Diesel, nous avons convenu que je changerais de poste. C'était la mère qui parlait, pour protéger sa fille. Mais c'était aussi la patronne, qui constatait que je créais de la désharmonie dans l'organisation. J'ai ainsi transigé vers le poste de conseillère en ressources humaines, un poste vacant depuis quelques mois et pour lequel j'avais les compétences, grâce à ma spécialisation universitaire. En y repensant aujourd'hui, je sais très bien que j'étais en état d'épuisement professionnel, mais il était inconcevable pour moi d'arrêter de travailler. Ma guérison devait passer par Techno, j'en étais convaincue. C'est chez nous, ici.

J'ai occupé cette fonction pendant un an, une expérience salvatrice pour moi. La relation est redevenue saine avec ma mère. Nous construisions ensemble, comme à l'époque de l'université. Nous avons refait le manuel de l'employé et la structure salariale, avons amélioré les processus d'évaluation. Nous avons construit de belles choses. Cependant, malgré ces réussites, une part de moi s'ennuyait. En occupant un poste de soutien, j'étais tenue à l'écart de l'essence même de l'organisation. Ça me manquait. Dans le cadre de mes fonctions, j'ai entamé une phase intensive de recrutement pour le poste de directeur du service de la production. Après quelques entrevues de sélection infructueuses, ma mère a pris la décision de me nommer à ce poste. Lors de l'annonce officielle, le superviseur de production et quelques mécaniciens ont automatiquement endossé le gage de confiance initié par ma mère, confirmant que c'était la meilleure décision. Ceux-là mêmes que j'avais maganés, brassés par le passé dans mon état de fatigue, souhaitaient miser sur moi. Pouvez-vous imaginer la fierté que peut ressentir une relève potentielle quand la base de l'entreprise lui fait savoir qu'elle veut être dirigée par elle ? J'en ai encore les larmes aux yeux quand je repense à ce moment magique.

À 26 ans, sans aucune expérience en direction de personnel, je me suis retrouvée à la tête de l'équipe de production, à diriger une vingtaine d'employés. L'objectif premier du poste en était un d'optimisation. Nous cherchions des façons de mieux faire, par de la qualité, des techniques de travail adéquates, de la formation et des rapports d'efficacité. Le plus grand bond dans l'optimisation de l'efficacité de Techno Diesel s'est opéré à cette époque. M'ayant choisie pour les guider dans cette mission, les employés étaient engagés, avec moi, à ce que ça porte ses fruits.

L'entreprise a alors vécu une année de croissance importante, ce qui fut encore une fois considéré comme un bon moment pour procéder à un agrandissement. S'est ensuivi un taux d'occupation difficile. C'est l'histoire de notre vie ! Dans un contexte de manque de contrats, ma mère, stressée, a voulu instaurer une boîte serrée autour de sa directrice de service, à savoir moi. Rappelons que lorsque les employés sont à fort taux d'occupation, il s'agit de la plus grande source de revenus pour l'entreprise, mais que lorsque les ressources humaines manquent de travail, cela devient également la principale source de dépenses. Bien que l'équipe de production me respecte, les querelles ont repris avec ma mère. Elle n'arrivait pas à me cadrer, à me faire entrer dans les paramètres nécessaires pour se sécuriser. Je me disais que je n'en faisais jamais assez pour la satisfaire, et elle mettait en doute ses qualités de leader en ce qui me concernait. Ces cinq années ont été difficiles, à se maganer l'une et l'autre, à pleurer ensemble, à se consoler, pour ensuite recommencer. Nous vivions dans un équilibre précaire, mais recherchions toujours ces moments de grâce au cours desquels nous nous épaulions. Je crois d'ailleurs que c'est ce besoin profond qui nous ramenait l'une vers l'autre, autant durant les moments magiques que pendant les tempêtes.

Pour retrouver l'harmonie familiale et organisationnelle, ma mère a alors fait appel à une consultante. Sa première étape a été de nous faire faire un plan de développement des compétences. Ce fut une épreuve pour moi, car cet exercice a démontré que je n'avais pas toutes les compétences nécessaires pour être directrice générale. Du haut de mes 28 ans, ce reflet renforçait encore davantage l'idée que je me faisais de moi-même : je n'étais tout simplement « pas assez »... Bien que ça m'ait confrontée, j'ai réalisé que je n'étais pas encore prête, que je devais continuer à me développer pour porter, à leur hauteur, ces chaussures difficiles à chausser.

Après cinq ans comme directrice de service, j'ai atteint la direction des opérations, ce qui se voulait une transition logique vers la direction générale. Nous étions alors en juin 2011. Je me souviens, comme si c'était hier, d'une fin de discussion tendue que nous avons eue ici même, dans ce bureau qui deviendrait un jour le mien. Ma mère tenait encore les rênes bien serrées. Elle insistait pour que j'en fasse moins, pour que je délègue des tâches et des projets à d'autres employés. À mes yeux, elle ne comprenait rien : je n'avais aucune envie de diminuer la cadence, je tâchais au contraire de prendre ma place. Je lui ai répondu que je n'aurais rien à faire de ce temps libéré. Que de toute façon, elle ne s'en irait jamais. Elle a rétorqué, le plus simplement du monde : « Tu veux que je m'en aille ? » Sa question directe m'a terriblement bousculée. Je ne voulais pas lui faire de la peine en répondant oui, mais j'avais 32 ans et j'éprouvais un besoin profond de passer à autre chose, d'atteindre le prochain niveau. J'ai donc prononcé un faible « oui » qui ressemblait bien davantage à un « oui-non ». Elle m'a alors demandé, calmement, quand je souhaitais qu'elle quitte. J'ai réfléchi brièvement et de façon précipitée, mais j'ai tout même réussi à articuler : « Dans un an et demi. » Ce délai me laissait le temps de déléguer la direction des opérations et de terminer mon développement dans un rôle de direction générale. Elle a accepté, en posant une seule condition : que nous soyons accompagnées, toutes deux, par notre consultante tout au long de la démarche, afin de bien nous préparer à la transition et de nous assurer qu'elle se déroule dans l'harmonie.

C'est ainsi que tous les jeudis après-midi, pendant six mois, notre consultante se joignait à nous et jouait le rôle de médiatrice. Nous avons discuté à la fois des tâches de ma mère dans son rôle de directrice générale, mais aussi de ce qui était important pour elle dans l'« être ». Ma mère s'inquiétait de la façon dont j'allais prendre soin des gens. Dans cette optique, nous avons présenté un questionnaire au comité de direction et aux personnes-clés de l'entreprise, pour bien cerner leurs craintes par rapport au changement de direction générale. Il s'est avéré que les mêmes éléments ressortaient fortement. J'ai donc été *coachée* sur ces points, en plus d'aller chercher des formations externes en lien avec ceux-ci. Notre consultante a aussi accompagné

Jacinte dans sa transition, en l'aidant à définir son nouveau rôle. Nous étions dans le mouvement, nous constations notre progression. Cela nous sécurisait, en plus d'apporter du réconfort aux autres collaborateurs de l'organisation. Ces rencontres ont constitué l'une des grandes clés du succès dans notre transfert d'entreprise. C'est également à cette époque que j'ai commencé ma formation à l'École d'entrepreneurship de Beauce, au sein de la cohorte 3 du Programme Élite.

Le 21 décembre 2012, exactement dix-huit mois après cette conversation marquante avec ma mère, j'ai officiellement pris la direction générale. Je suis encore extrêmement émotive quand je pense au doigté, à l'amour, au respect, à la grandeur avec lesquels elle a orchestré la communication de sa passation officielle du flambeau. Pour la grande annonce, ma mère a organisé un imposant rassemblement, avec tous les employés, dans notre entrepôt. Elle a installé un lutrin, derrière lequel elle s'est installée calmement. Elle leur a dit qu'elle était arrivée à l'étape où sa carrière était terminée et qu'elle était sereine avec cette décision. Qu'elle les avait rassemblés ici aujourd'hui pour leur présenter leur nouvelle patronne. Elle leur a exposé mon expérience, mes compétences, ce que j'avais accompli jusque-là. Elle leur a présenté qui je suis réellement, comment je suis, ce que je voulais réaliser avec Techno Diesel et, surtout, pourquoi elle avait confiance en moi. Et c'est là qu'elle m'a nommée et m'a invitée à la rejoindre à l'avant. J'ai reçu des fleurs, les employés criaient de joie… C'est un cadeau extraordinaire qu'elle m'a fait. C'était un immense engagement de sa part, une profonde preuve de confiance. À la suite de ce rassemblement, ma mère est partie six semaines dans les Seychelles, à bord d'un voilier. Elle voulait s'assurer qu'on ne se parle pas, afin de me laisser pleine liberté dans la prise de possession de mon nouveau rôle. Quelle grande dame !

DE DIRECTRICE GÉNÉRALE À PRÉSIDENTE-DIRECTRICE GÉNÉRALE

En occupant le poste de directrice générale, je suis devenue la patronne de mes trois sœurs, ainsi que de trois directeurs non issus de la famille. Je continuais à me former à l'EEB, revenant extrêmement allumée de mes séjours en Beauce: de la dynamite pure! Chaque lundi suivant un module, je conviais mon comité de direction et mes superviseurs à une rencontre pour leur exposer ce que je souhaitais mettre en place. Ils étaient dans le coup!

Par ailleurs, j'ai travaillé à intégrer mes couleurs à l'entreprise. Ne connaissant au départ que le contrôle, j'ai procédé par essais et erreurs pour trouver mon propre style, axé sur la responsabilisation, dans lequel je contrôle les résultats et les indicateurs quand c'est nécessaire, mais sans plus. C'est ainsi qu'a débuté une nouvelle ère pour Techno Diesel, dans la concertation, à mon image. Au bout du compte, je me suis installée assez facilement. Mon comité de direction et moi avons terminé la première année sous mon règne en réalisant notre budget. À ce moment, il s'est réellement passé quelque chose... Nous avons eu la preuve qu'ensemble, nous étions capables! Nous sommes, encore aujourd'hui, dans une énergie extrêmement positive.

Durant cette année où je me suis grandement réalisée professionnellement, j'ai toujours eu en arrière-pensée le bonheur de ma mère. Je savais qu'il lui était difficile de trouver sa place, sans doute davantage que ça ne l'a été pour mon père. Marcel est demeuré le fondateur après s'être retiré des opérations; Jacinte, elle, est devenue l'ancienne patronne, en plus de son rôle de *coach* à la direction. Elle qui avait longtemps été vue comme «la femme de Marcel», elle avait enfin pu faire émerger son leadership... et elle le perdait à nouveau. Certaines de ses insécurités refaisaient surface de temps à autre. Il est vrai que Marcel a fondé l'entreprise, l'a fait rayonner, a été le maître de son ADN, de sa croissance. En même temps, c'est ma mère qui a structuré notre organisation, l'a gérée serré et a éduqué la relève. Je me suis donc fixé une autre priorité: faire attention à ma mère. J'ai honoré ce serment un certain temps, jusqu'à ce que ça ne fonctionne plus. Elle ne me laissait plus venir à elle pour lui raconter ce que vivait Techno Diesel, préférant venir chercher quotidiennement l'information auprès de moi. J'ai dû faire preuve de courage et lui demander directement si elle voulait reprendre sa chaise, ce qu'elle a décliné en s'excusant. Je commençais à avoir l'impression qu'elle devenait «la *boss* du *boss*», je ne pouvais plus continuer ainsi.

Peu à peu, une relation plus mûre s'est développée entre mes parents et moi. Aujourd'hui, j'appelle mon père pour parler du futur, de développement, d'acquisitions, de vision. Je sollicite ma mère pour discuter des enjeux opérationnels que nous vivons dans l'entreprise ainsi que des préoccupations qui m'habitent face à nos collaborateurs. J'utilise les deux comme *coachs*, confidents et conseillers. En plus de mes parents qui m'emplissent de confiance, je bénéficie du privilège exceptionnel d'avoir le soutien de mes sœurs, qui travaillent avec moi à la croissance de l'entreprise. Étant fortement attachées à Techno Diesel, elles sont les partenaires rêvées.

En 2014, les premiers jalons de ma vision ont commencé à s'installer. J'ai alors recommandé une décision stratégique importante : la mise en vente d'une bâtisse dans laquelle nous avions une seconde entreprise à Joliette. Les scénarios financiers, mon senti, mon écoute m'ont convaincue que nous allions gagner en synergie en ramenant ces activités dans notre bâtisse principale. Même si mon père me *challengeait* énormément à cet égard, j'avais la certitude qu'il nous fallait prendre cette orientation majeure. À cet effet, je dois admettre qu'avant ma formation à l'EEB, je me percevais bien davantage comme une gestionnaire que comme une entrepreneure. Depuis, j'ai réalisé que j'en suis réellement une, bien que différente de mon père. Je me suis surprise à me faire réellement confiance, en prenant les décisions qui me permettent de me rapprocher de ma vision. Pour la cultiver, j'ai adopté un dicton simple : une vision, ça ne se construit pas dans le « faisage », ça se développe dans le « sentage » !

LES SOUBRESAUTS D'UN AGRANDISSEMENT

L'année 2016 a été une grande année pour Techno Diesel et pour moi. Elle a vu notamment ma nomination comme présidente de l'entreprise, ce qui a permis à mon père de se concentrer sur la présidence du conseil d'administration. Puis est arrivé l'été, moment de la vente officielle de notre deuxième bâtisse pour en rapatrier le garage au sein du siège social.

Cela signifiait aussi démarrer un autre projet d'agrandissement, le 14e de Techno Diesel en quarante ans d'existence, ce que mon père appelle d'ailleurs encore « le projet à Caroline ». C'était risqué. Le passé nous l'a confirmé plus souvent qu'à son tour ! En effet, chaque agrandissement s'est fait avec la capacité à payer de l'entreprise, qui n'a jamais été hyper élevée. Nous franchissions, à chaque agrandissement, de petites marches. Après chacun d'eux, l'entreprise vivait ensuite une mauvaise année financière. La réalité est qu'agrandir demande énormément d'énergie. C'est souvent le fondateur qui prend en charge un tel projet, négligeant par le fait même de s'occuper de l'essence de l'entreprise. Ce détournement du point de mire de l'entrepreneur fait en sorte que nous manquons ensuite d'ouvrage, que nos employés sont inoccupés, que les projections financières ne sont pas respectées. Le modus operandi de l'entreprise se résumait ainsi dans le passé : nous avions quelques bonnes années, nous décidions d'agrandir, nous retombions, nous nous replacions, jusqu'au prochain agrandissement... Mais cette fois-ci, c'est ma sœur Marilène qui a pris en charge l'agrandissement du bâtiment, alors que l'équipe de gestion s'est partagé les mandats pour veiller aux occupations de l'entreprise, à la qualité de nos services et au bien-être de nos collaborateurs.

En décembre 2016, nous avions complété l'agrandissement. Notre party de Noël a eu lieu dans la nouvelle bâtisse. Nous avons célébré cette réussite, pour ensuite tout déménager ce qui devait l'être en une journée. Le lendemain, nous étions fonctionnels. Encore mieux, le garage était bondé, et nos employés roulaient à pleine capacité. Nous avons ainsi opéré, mon équipe et moi, le premier agrandissement qui n'a pas eu de répercussions négatives sur les finances de l'entreprise.

NOTRE SYSTÈME DE GOUVERNANCE

Nous avons déployé plusieurs efforts pour revoir la structure de gouvernance de Techno Diesel depuis mon arrivée à la direction générale. Il s'agit là aussi d'une des clés du succès de notre transfert d'entreprise.

Le conseil de famille nous a beaucoup aidés, particulièrement dans la transition de la première génération à la deuxième. Il est encore aujourd'hui la pierre angulaire de notre système de gouvernance. Il nous permet de faire vivre la famille au sein de notre organisation, mais aussi de faire vivre l'entreprise au sein de notre famille. Plutôt que de vouloir à tout prix dissocier ces deux réalités, nous avons créé un lieu où nous avons le droit de tout mélanger ! Quatre fois par année, nous allons ensemble visiter le fond de nos motivations. Nous nommons ce que nous vivons. Nous échangeons sur comment nous vivons nos nouveaux rôles et leurs impacts sur notre dynamique familiale. C'est notamment dans ce lieu d'échange ouvert que mes sœurs peuvent s'exprimer sur comment elles vivent avec le fait que je suis leur patronne, et moi de même.

À la suite d'un séjour à l'EEB avec Martin Deschênes, du Groupe Deschênes, nous avons également revu complètement la composition et le rôle de notre comité consultatif. À l'époque, toute la famille faisait partie de ce comité. Nous déviions ainsi constamment vers l'opérationnel et reproduisions pratiquement ce qui était évoqué en comité de direction. Nous avons donc créé un nouveau comité consultatif dont l'intérêt premier est la croissance, en mode acquisitions. J'ai identifié, avec l'aide de mon père en tant que président du conseil d'administration, les talents que nous recherchions et qui nous faisaient défaut, afin de faire grandir l'organisation. Mon père a rencontré ces gens dont nous avions besoin, et ils ont accepté de nous aider dans la croissance de l'entreprise. Ils me *challengent* énormément.

Notre dernier ajout dans le système de gouvernance a été la constitution du comité d'actionnaires. Il est composé de tous les membres de ma famille et d'un actionnaire extérieur. Je dois y jouer mon rôle de présidente-directrice générale, les convaincre sur les orientations stratégiques que je souhaite prendre et leur prouver la faisabilité de ces mêmes orientations.

MA VISION POUR L'AVENIR

Je cumule maintenant cinq ans à la direction générale de Techno Diesel, et un an à sa présidence. Ma vision est de plus en plus claire, à savoir développer un regroupement de centres de services dans tout le Québec, où offrir des solutions pour les propriétaires et gestionnaires de véhicules lourds. À l'inverse de mon père, je ne suis pas mécanicienne ; je suis une passionnée des réalités de notre clientèle en termes de véhicules lourds. Cette vision me ressemble, et elle rassemble ! Elle offre beaucoup de possibilités et d'opportunités à nos collaborateurs, elle leur donne un terrain de jeu pour déployer leur potentiel. L'essence de ma stimulation réside dans nos clients et dans nos employés. Nous sortons de la boîte !

MICHEL GENDREAU, PRÉSIDENT DE GARAGA, COMMENTE L'HISTOIRE DE CAROLINE THUOT

C'est une belle histoire que celle de Caroline ! Je dois avouer qu'elle me fait penser à celle de mes fils au sein de Garaga. L'EEB les a aidés à mieux se connaître et à assumer leur leadership, un impact que je constate chez Caroline également.

Sans l'ombre d'un doute, Caroline peut être fière de ce qu'elle a réalisé. Elle a su apporter beaucoup de structure à l'entreprise. Elle est à la fois une gestionnaire et une visionnaire, deux traits de personnalité qui ne viennent pas nécessairement ensemble, mais qui sont tellement importants pour développer une entreprise prospère. Là encore, j'y vois une grande similitude avec mes fils. Cela étant dit, la famille Thuot peut être confiante : Caroline saura assurer la pérennité de l'entreprise. Elle dispose à la fois de la confiance et du respect de son équipe, de sa famille et de ses clients. Tout cela me semble constituer une recette gagnante pour une transition réussie.

Personnellement, j'ai dû quitter la compagnie familiale dirigée par mon père, car il m'était impossible de prendre la relève. J'ai créé l'entreprise Garaga, et celle de mon paternel a finalement été vendue. Aujourd'hui, je considère que la continuité d'une entreprise est plus importante encore que la création de celle-ci. Plus une compagnie grossit, plus il y a de monde à bord, plus la responsabilité sociale à l'égard de ses employés gagne en importance.

Dans le parcours de Caroline, je crois que la bonne entente au sein de la famille est la plus belle réalisation. Elle bénéficie d'une belle ouverture de la part de ses parents, ce que j'ai aussi donné à mes fils. Maintenant, ses sœurs sont elles aussi dans l'entreprise, l'une d'elles évoluant d'ailleurs dans l'un des programmes de l'EEB. La bonne entente entre sœurs demeurera un enjeu. Mais elles se sont outillées… Le conseil de famille semble bien fonctionner. Il va les aider à garder le cap, tout en leur permettant de nommer et de gérer les ambitions de chacune.

Bravo à Caroline, et prospère vie à la compagnie familiale Techno Diesel !

Dominic Rodier, Gestion Rodier et Paysages Rodier

Dominic Rodier, président-directeur général et actionnaire
Entrepreneur-athlète, cohorte 4 du Programme Élite

Gestion Rodier bâtit des milieux de vie magnifiques, écoresponsables et centrés sur le bien-être. Elle élabore ses projets avec l'objectif d'optimiser les impacts économiques, sociaux et écologiques, pour le bien-être des résidents d'aujourd'hui.

•••

Dominic est un jeune entrepreneur avec une vieille âme. Ses aspirations entrepreneuriales ont grandement évolué depuis ses débuts. Il souhaitait au départ être indépendant de fortune à 32 ans, pour ensuite réaliser que ce qui l'animait réellement était de créer de la valeur. Son parcours est celui de la transformation: de relève à fondateur, puis à entrepreneur en série, il a su entraîner sa famille dans ses convictions, l'amenant à passer d'entreprise familiale à famille en affaires.

UNE ENFANCE PLEINE DE RACINES

Je suis né dans un contexte très favorable. Mon frère, de deux ans mon aîné, ma sœur, de deux ans ma cadette, et moi avons grandi au sein d'une famille entrepreneuriale unie. Celle-ci était soudée par de bonnes valeurs ainsi que par une passion commune pour l'horticulture. Nous sommes passionnés au point de revenir de voyage avec 1000 photos de fleurs et de plantes... Sans doute une bonne recette pour décrocher en vacances !

Mon père a lancé plusieurs entreprises en lien avec sa passion. Il a participé à la création de la Fédération internationale d'horticulture amateur du Québec et a été à la tête de différents organismes représentant cette industrie sur la scène québécoise et canadienne. Il a également créé Groupex, un regroupement d'achats, avec deux de ses amis.

Mais tout cela a commencé par la création de Paysages Rodier, une entreprise d'aménagement paysager fondée par mon père et ma mère. Cette entreprise a depuis toujours une identité fortement familiale ; ma sœur, mon frère et moi y avons travaillé depuis notre plus tendre enfance. C'est donc grâce à l'entreprise familiale que j'ai appris, très tôt, à aimer travailler. Il en a été de même pour mon frère, maintenant président de la compagnie, et pour ma sœur, agronome au sein de l'entreprise de son conjoint, une importante ferme de production biologique.

BÂTIR SON ENTREPRISE

Ne sachant trop quoi faire dans la vie et ayant appris à travailler mais pas à jouer au hockey, j'ai décidé d'aller étudier dans ce que je connaissais. J'ai ainsi suivi une formation de technicien en horticulture. Le reste de mon parcours scolaire a été plutôt atypique. J'ai entrepris des études en sciences politiques, puis un certificat en administration que je n'ai jamais complétés, aux prises avec le pressentiment que j'y perdrais mon temps. Cette période de ma vie a toutefois marqué mes débuts en entrepreneuriat. À un certain moment, j'ai dû me trouver un logement pour réaliser mes études; j'ai plutôt cherché à acheter un bâtiment. On m'a proposé un terrain, et après en avoir analysé le potentiel, ma famille et moi avons décidé de l'acheter et d'y construire un édifice à logements. De fil en aiguille, différents projets m'ont été présentés en immobilier. Je m'y suis intéressé, et j'en ai fait ma première entreprise. C'est ainsi que j'ai fait mes débuts, dans la construction et dans l'immobilier.

C'est en 2005 que j'ai créé ma première entreprise, Gestion Rodier. J'avais 21 ans à l'époque. J'assumais le poste de chef d'équipe en aménagement paysager dans l'entreprise familiale en même temps que je tentais de compléter mes études. Mon premier projet dans la construction a été réalisé de soir et de fin de semaine. La deuxième année, j'ai arrêté mes études au profit du marteau, toujours en tant que chef d'équipe, dans d'autres projets de construction pour lesquels j'embauchais déjà quelques employés. Ce furent des années intenses. Le matin, j'étais en bottes de travail et faisais de la menuiserie. Sur l'heure du midi, je troquais les vêtements de travail au profit d'un habit pour aller à des dîners de développement d'affaires. L'après-midi, je reprenais mon poste de chef d'équipe. Et finalement, le soir, je m'occupais des ventes. Les quatre premières années ont été très stressantes, car je prenais des engagements sur l'achat de terrains, que je devais absolument revendre par la suite.

En 2008 et 2009, j'étais souvent sur la route, me déplaçant d'un chantier à l'autre. J'avais environ 15 employés de chantier. Le modèle d'affaires tenait sur la récupération du profit provenant de la revente ou de la location de ma construction. Dans mon modèle, chaque nouveau projet de construction devenait une compagnie en soi. Pour ne faire que de l'investissement immobilier, il m'aurait fallu énormément d'argent. Et puis, être en charge de la construction, de l'aménagement paysager et de la revente ou location constituait un grand avantage: la chaîne de production n'a plus de secrets pour moi. Ceux qui ne se contentent que d'investir n'ont pas cette lecture, bénéfique au client.

J'ai ainsi acheté des terrains et mené des projets en immobilier durant quelques années, principalement à Saint-Hyacinthe. Chaque année, je parvenais à atteindre une croissance intéressante au niveau de mes ventes. Bien que Gestion Rodier soit ma création, mes parents, mon frère, ma sœur et moi sommes tous actionnaires de Paysages Rodier ainsi que de toutes les entreprises du groupe.

S'ADAPTER POUR MIEUX ÉVOLUER

En 2012, j'ai intégré le Programme Élite de l'EEB. C'est entre ses murs que j'ai grandement élargi mon réseau d'affaires. C'est d'ailleurs grâce à l'une de ces rencontres que j'ai restructuré mon entreprise et bâti un modèle d'affaires très flexible me permettant de travailler à l'extérieur de Saint-Hyacinthe, dans n'importe quelle région du Québec. Cette opportunité était parfaite puisqu'elle est survenue en fort retentissement du marché de l'habitation unifamiliale et du condo à Saint-Hyacinthe. Pour réussir cette restructuration, j'ai dû me départir de mes menuisiers et j'ai plutôt commencé à travailler avec des ingénieurs chargés des projets de construction. Ceux-ci étaient désormais en charge de l'estimation et de la coordination des plans, et mandataient des professionnels externes pour dessiner les projets.

Remercier des travailleurs ne m'a jamais rendu mal à l'aise. En 2018, la plupart des gens ne cherchent plus à conserver le même emploi durant vingt ou trente ans, dans le but d'y faire leur carrière. Par le biais de la restructuration, l'entreprise avait besoin de changer pour survivre et ainsi passer à la prochaine étape. C'était consensuel avec les gens en place. Ils comprenaient, par exemple, que si nous n'avions plus de travail pour un charpentier-menuisier à Saint-Hyacinthe, nous ne pouvions l'amener sur un projet réalisé en Beauce. Cette évolution des métiers s'est faite graduellement, au gré de l'évolution de l'entreprise, mais tous savaient ce qui en était.

Aujourd'hui, notre modèle d'affaires est simple puisque nous n'avons que des employés de bureau. Personne n'est directement notre employé sur le chantier. C'est du transactionnel, du courtage et des opérations d'immeubles. À chaque nouveau projet, nous créons une nouvelle entité. Nous devons donc structurer la propriété et la gouvernance, et en faire l'administration.

L'an dernier, nous avons initié des projets en Beauce, à Thetford Mines, sur la Rive-Sud de Montréal, à Saint-Hyacinthe et à Saint-Hilaire. Nous avons acquis une expertise dans la création et la construction de projets. Par la bande, nous avons toujours gardé une partie des immeubles à logements que nous construisions. C'est plutôt devenu un mal nécessaire, alors qu'au départ, c'était un objectif. Dans le marché de la construction, la compétition avec d'autres entrepreneurs est constante. Nous devons soumissionner et arrivons rarement dans le bon prix. L'objectif n'est pas de se sacrifier pour travailler, il doit y avoir une rentabilité. Comme nous sommes nous-mêmes propriétaires immobiliers, nous savons quel est le coût final d'un projet. Nous ne soumissionnons pas plus bas pour ensuite ajouter des extras, pratique avec laquelle je suis grandement mal à l'aise. Nous avons donc décidé de créer nos projets en plus de construire ceux des autres. C'est la force de notre stratégie mal à l'aise. Désormais, nous agissons exclusivement comme constructeurs dans environ la moitié de nos projets. Pour l'autre moitié, nous bâtissons et demeurons propriétaires de l'édifice.

L'INTÉGRATION DU DÉVELOPPEMENT DURABLE ET LA TRANSFORMATION DU MODÈLE D'AFFAIRES

Au départ, je percevais l'immobilier comme un travail intéressant parce qu'il englobe la création de projets et de richesses. J'y voyais également l'occasion de devenir rapidement indépendant financièrement. Pour être honnête, je me disais que je pourrais prendre ma retraite à 32 ans. J'ai eu 32 ans l'an dernier. Je me suis rendu compte que ce qui me procurait du bonheur depuis douze ans, ce n'était pas la perspective de ma retraite, mais plutôt le plaisir que j'avais à monter des compagnies et à créer des projets. Ce que j'ai créé est plus grand et mille fois plus intéressant que ce que je m'étais imaginé au départ. Toutefois, à mes 32 ans, je me situais tout de même dans un carrefour. J'étais à la recherche de l'étape suivante ; je me demandais où je m'en allais avec tout ça, pourquoi je le faisais et pour qui. Quel était mon objectif de carrière ? Nous avons tous besoin de nous poser la question du « pourquoi » à un moment donné... L'idée d'indépendance financière ne m'excitait plus vraiment. Nous possédions alors une dizaine de compagnies. Si je continuais à ce rythme-là, j'en cumulerais 90 à 60 ans...

Au début de cette année, nous avions 1400 unités d'habitation en prospection, en construction ou en opération. Je cherchais désespérément le lien commun, me questionnant sur l'emplacement des sites. Qu'est-ce qui rassemblait tous ces projets, qu'est-ce qui nous distinguait ? Cette cohérence entre un projet et un site est d'ailleurs devenue une distinction importante dans notre offre.

C'est à l'université que j'ai eu un jour une révélation. J'avais un cours en marketing le matin et un cours en développement durable l'après-midi. Je me suis dit : « C'est évident, c'est gros comme un éléphant ! » Je suis de la troisième génération en horticulture de la famille. Nous avons des architectes paysagistes. Nos projets immobiliers ont toujours eu une touche verte. La gestion de l'eau, l'impact écologique et la préservation de l'environnement font partie de nos considérations journalières depuis le tout début. C'est là notre trait distinctif, et ça fait totalement partie de notre ADN !

Il restait donc à pousser l'exercice plus loin et à en faire officiellement un élément prédominant de l'identité de notre entreprise. De là mon plan d'affaires, qui est en train de se concrétiser. Celui-ci est totalement en lien avec le développement durable, que ce soit au niveau de la gouvernance de l'entreprise, de la sélection des investisseurs, de la conception des projets et de l'approche avec les résidents. L'exercice a été particulièrement intéressant. Dans ce plan, j'exige de mes investisseurs qu'ils justifient l'intégration de plusieurs technologies vertes dans nos bâtiments. Pour ce faire, l'amortissement des investissements doit s'étendre à plus long terme, sur un horizon de vingt-cinq ans plutôt que sur sept ans comme c'est la norme en immobilier. Puisque nous nous accordons plus de temps pour l'amortissement, nous réussissons à atteindre nos objectifs d'économie d'énergie, à obtenir le rendement désiré, et même plus. Actuellement, une part du portefeuille de tous les investisseurs présents dans ce plan est dédiée à ce type d'investissement responsable. Ce n'est pas une mode, c'est plutôt une tendance qui va devenir la norme, qui est là pour durer et grandir. Nous prenons donc une position qui n'a pas encore été occupée de manière forte par d'autres entreprises dans le domaine. Il y a de plus gros joueurs que nous, mais nous nous distinguons avec cette approche.

Le résident de nos immeubles n'est pas un locataire, il est un client. C'est dans notre relation avec ce dernier que notre distinction se matérialise. C'est à lui que nous nous adressons directement, pour connaître ses besoins. S'il trouve son compte dans notre offre, je considère que nous allons atteindre également le rendement pour les investisseurs. La seule personne à qui je m'adresse vraiment est donc mon résident. Avec cette approche, nous tentons de nous positionner un peu comme un hôtelier le ferait par rapport à son client, avec des attentions plus quotidiennes et un traitement plus raffiné. Par exemple, pour l'un de nos projets en conception, les résidents ont un balcon de 30 pieds de long sur 12 pieds de large. Sur ces grands balcons, il y a d'énormes bacs dans lesquels nous viendrons planter des légumes. Donc, au renouvellement de bail, plutôt que d'envoyer simplement un avis d'augmentation de loyer au résident, nous lui demandons par la même occasion ce qu'il veut cette année comme légumes dans son jardin personnel. Ces jardins sont irrigués de façon automatique par la récupération des eaux de toiture et de surface. De plus, lorsque arrive le printemps, nous pouvons donner une couleur toute neuve au bâtiment. Par exemple, une année, nous ne plantons que des fleurs blanches, et alors la bâtisse devient blanche ! Nous communiquons aussi avec notre résident en lui présentant des informations sur la consommation en énergie du bâtiment, sur les objectifs que nous voulons atteindre ainsi que sur les moyens pour y parvenir. Notre objectif suprême : nous visons une consommation zéro d'énergie. Nous maintenons ainsi la communication avec notre résident et renforçons son lien avec l'édifice. Nous faisons aussi des jardins sur les toits. Ainsi, les résidents peuvent accéder au toit pour se reposer, lire, etc.

De plus, le choix des investisseurs est très particulier. Nous voulons qu'ils partagent notre visée de développement durable. Au point de vouloir construire un immeuble avec une consommation zéro d'énergie d'ici dix ans. C'est un grand objectif pour le Québec, une utopie selon certains, mais nous préférons viser plus haut dans le but d'atteindre au moins la moitié de ce grand objectif. Le choix des investisseurs donc est basé sur ce principe. Nous comptons maintenant sur cinq familles ou entreprises de l'industrie de la construction, qui offrent différents services et qui ont une vision de construction responsable. Et pour l'environnemental, nous traitons au fur et à mesure... Au Québec, il n'y a pas beaucoup de justification pour l'économie d'énergie, puisque l'hydroélectricité est une énergie dite verte. Mais il viendra un temps où nous devrons réduire cette consommation. Nous nous positionnons donc dès maintenant.

Nous générons un chiffre d'affaires de 20 millions de dollars, et nous gérons une valeur d'environ 35 millions en actifs immobiliers. Mais nous avions besoin de gagner en vélocité. Joindre des investisseurs nous permet de développer plus rapidement notre vision du développement durable. Nous investissons tous ainsi dans une société qui, elle, détient ma compagnie de construction, un portefeuille immobilier et une multitude de projets. La société ainsi créée devient une machine efficace qui roule tout le temps.

Notre engagement est de nous autoévaluer annuellement, et nous nous fixons des objectifs liés à la croissance de notre approche en développement durable. Il demeure que nous évoluons dans un domaine vieux comme le monde et que plusieurs choses sont plus longues à changer. Je considère que les entreprises qui ne prendront pas ce virage ne survivront pas à long terme. Celles qui ne s'évaluent pas en développement durable ne passeront pas l'épreuve du temps.

Cela fait maintenant quatre mois que je travaille à temps plein dans cette nouvelle compagnie. Certaines personnes qui investissent en Bourse m'ont d'ailleurs dit qu'il y avait longtemps qu'ils n'avaient pas vu un plan d'affaires aussi complet. Notre autoévaluation en développement durable en fait partie, ainsi que notre stratégie immobilière et de gouvernance. Ce document est un outil de base qui m'a servi à mettre en mots ce que j'avais en tête. Il montre d'où nous partons pour aboutir à cette vision actuelle. Le plan présente un investissement de 500 millions pour la construction d'environ 3000 logements écoresponsables au Québec. Il y a des points importants à considérer pour la localisation de ces projets. Principalement, ceux-ci doivent compter un minimum de 30 unités pour justifier l'acquisition de plusieurs technologies innovantes et onéreuses.

Ce plan, c'est aussi une façon de présenter l'entreprise à un éventuel résident. Celui-ci n'a pas d'âge, pas de nationalité, pas de sexe. Cependant, ce résident accorde beaucoup d'importance à notre vison et il a une connexion émotive très forte avec l'espace de vie que nous lui proposons. Nous avons besoin de ramener de la végétation en ville dans le but d'abaisser la température et d'augmenter l'oxygénation et le bien-être. L'être humain est fait pour vivre dans la nature. Nous concevons donc nos projets en ce sens. Nous y incorporons aussi des garages souterrains et des ascenseurs, car bien que nos futurs clients n'aient pas d'âge, il n'en demeure pas moins que la majorité d'entre eux sont des gens qui vendent leur maison après avoir élevé leurs enfants. Ils veulent un minimum de confort. Au lieu d'acheter un logement inintéressant ou de se tourner vers un condo et d'avoir de la difficulté à gérer la copropriété, ils choisissent un logement de grande qualité avec un service impeccable. Nous avons des projets à Québec, à Montréal, ainsi qu'à Saint-Hyacinthe et dans les Cantons-de-l'Est.

DE L'ESPACE À LA GOUVERNANCE POUR FAIRE FLEURIR UNE FAMILLE EN AFFAIRES

L'entreprise d'aménagement paysager, démarrée par mes parents il y a maintenant trente-huit ans, ainsi que mon entreprise de gestion immobilière logent toutes les deux à la même enseigne. Bien qu'elles reposent sur des modèles d'affaires fort différents, leur cohabitation est fructueuse, car elles partagent des valeurs similaires. La vision inhérente à notre nouvelle stratégie d'affaires est endossée par l'ensemble de la famille.

Les investissements de la famille sont conservés dans les deux entreprises, mais la gouvernance et la direction de celles-ci feront cavalier seul. Bien que la famille agisse comme investisseur, chacun de ses membres est conscient qu'il nous faut compter sur des joueurs étoiles pour assumer la direction et l'administration de ce nouveau projet. Visant à se dédier exclusivement à Paysages Rodier, mon frère, ma mère et mon père ne peuvent donc pas y mettre le temps nécessaire. Ma sœur non plus, toujours très prise et profondément passionnée par la ferme biologique. Nous devons donc nous adjoindre des gens de l'extérieur. Il a fallu un certain temps à ma famille pour se faire à cette idée, mais je crois que c'est maintenant chose faite.

Bien que je me sois formé au cours des dernières années pour être en mesure de porter ce projet, il n'en reste pas moins que nous ne disposons pas de la totalité du capital pour le mener à bien. Il faut être réaliste. J'ai donc ouvert le capital de nos entreprises pour pouvoir gagner en vélocité, avec le soutien de la famille. Déjà, avec le projet de construire 1400 logements, à raison de 300 à 400 par année, nous manquions de capitaux. Avec une vision plus grande qui ne se limite pas qu'à la construction, notre équipe doit être encore plus forte.

De plus, je veux construire une équipe à la hauteur de l'espace ! J'ai besoin que Houston, notre comité consultatif, nous conseille sur la direction à prendre, comment nous y rendre, et qu'il confirme notre bonne direction. Cette équipe sera formée d'investisseurs des familles externes qui prendront part au projet. Dans la navette siège déjà mon comité de direction, composé de gens forts, extraordinaires.

Je me lance dans quelque chose qui est plus complexe que ce que je connais, et je veux aller plus vite. C'est là qu'un comité consultatif prend toute sa raison d'être. Je sens que ce comité sera plus *challengeant* dans l'analyse de mes projets que ne l'était le comité administratif composé des membres de ma famille. Ceux-ci ne me disaient jamais non... J'aurais voulu qu'ils le fassent. Non pas parce que les projets n'étaient pas bons, mais parce que d'autres projets auraient peut-être apporté une approche et un potentiel plus intéressants. Durant les cinq dernières années, j'ai continué à faire tourner la roue, mais sans plus. J'ai l'impression que si j'avais eu cette réflexion sur ma vision il y a cinq ans, j'aurais avancé plus vite et je serais aujourd'hui ailleurs.

Le besoin d'un comité est venu avec le sentiment que l'entreprise devenait beaucoup plus grande que moi. Mes séjours à l'EEB m'ont apporté des moments de réflexion durant lesquels je restructurais mentalement l'entreprise pour qu'elle soit indépendante de moi, dans le cas où je serais moins disponible, par exemple. Le nouveau projet approchant, je trouvais que je manquais d'outils pour la nouvelle dimension que je souhaitais donner à l'entreprise. J'avais deux options. Soit je mettais quelqu'un d'autre à la direction générale, soit je me dotais d'un comité consultatif et je suivais des formations supplémentaires. De là ma décision d'aller faire un Master of Business Administration (MBA).

J'ai également la chance de travailler avec un homme de 42 ans qui est à la tête d'un des fonds immobiliers les plus performants au monde. Il investit principalement en Chine, en Australie et dans les pays scandinaves, dans des projets 100 % dédiés au développement durable. Il possède une précieuse expertise; il sait ce qui a ou n'a pas fonctionné, ce que les gens adoptent, les performances, etc. Je suis tombé sur cette personne par hasard. Mon projet lui a paru stimulant, et il m'aide à l'amener plus loin. Il a vu mon plan d'affaires et a contribué à l'améliorer, à me faire voir des choses que je n'aurais pu voir seul. Discuter avec une personne compétente offrant un point de vue différent m'a aidé à faire progresser le projet, à dénouer certains aspects dans lesquels j'étais bloqué.

Ainsi, je considère que nous sommes en train de passer d'entreprise familiale à famille en affaires. Par la force des choses, j'ai mis en place ce processus, amenant de nouvelles entreprises dans la compagnie initiale; de fil en aiguille, la famille a également commencé à investir dans d'autres entreprises. Il a fallu changer les mentalités. Ça n'a pas été un processus facile. Mais avec le temps, et, surtout, avec énormément de communication, nous sommes passés au travers. Ainsi, mon père, ma mère et mon frère travaillent à temps plein dans la compagnie d'aménagement paysager, alors que je gère les autres compagnies. Par contre, les autres capitaux sont investis par tout le monde. Par le biais d'une fiducie, la famille fait partie de toutes les entreprises créées au fil du temps.

CRÉER DE LA VALEUR

Actuellement, je suis président-directeur général de l'entreprise. Parfois, je pense que je pourrais plutôt prendre le poste de président. Cependant, je ne pourrais justifier l'ajout d'une personne supplémentaire actuellement. J'investis environ 90 % de mon temps à l'externe. Je n'ai d'ailleurs pas de bureau dans l'édifice qui abrite nos entreprises. Je passe une journée par semaine à l'école pour mon MBA, et les quatre autres jours se partagent entre des rencontres de partenaires, de financement, de clients et de projets. Le rôle qu'il me reste au niveau des opérations est celui de directeur immobilier. Ce sera sûrement celui de la prochaine personne que j'engagerai. Je participe aux réunions avec les architectes pour donner ma vision et mes impressions sur le projet et j'évalue la part de risque de performance du projet. Pour le reste, je ne suis pas présent, à moins de problème grave. Depuis un an, environ 75 % des opportunités d'affaires proviennent de mon directeur au développement des affaires.

Mais je ne suis pas encore parvenu à déléguer la décision d'aller de l'avant ou non avec un projet. Jusqu'à présent, cette étape n'a toujours pas été encadrée. Elle se passe dans ma tête. C'est encore moi qui négocie les offres d'achat sur le terrain et qui gère les ententes de partenariat. Je passe mes semaines à écrire des plans d'affaires et des ententes. Voilà en quoi consiste mon travail. Et j'aime ça. La prochaine étape serait de devenir uniquement un financier, mais ce n'est pas là où je trouve mon plaisir. Ce que j'aime, c'est apporter de la valeur à un site qui n'en a pas. C'est de créer de la valeur.

MODE DE GESTION ACTUEL

Ces temps-ci, nous entendons souvent parler du mode de gestion d'entreprise libérée. J'ai d'ailleurs ma propre opinion sur cette tendance. Tout d'abord, je n'ai pas bâti mon entreprise dans le but d'en être le patron. Je ne suis d'ailleurs pas très fort en ressources humaines. Je devrais sûrement passer plus de temps à rencontrer mes employés, à les superviser. Mais ce n'est pas dans ma nature, et je pense que mon monde est bien ainsi. Les gens qui travaillent avec moi ont besoin d'être extrêmement autonomes, car je ne leur demande rien. Ils doivent être à l'aise dans cette dynamique. Je suis un vieux millénial ! Je crois que les gens de ma génération fondent de manière naturelle des entreprises libérées : l'autonomie de chacun dans son travail, les évaluations informelles, le développement de relations de contribution mutuelle plutôt que hiérarchique... Pour ma part, je n'ai pas besoin de livres pour comprendre ce type de gestion et pour l'appliquer ; c'est naturel pour moi d'agir ainsi.

Aussi, j'agis en véritable livre ouvert, et cela m'a bien servi jusqu'à maintenant. Est-ce que cette attitude est productive uniquement dans le domaine de l'immobilier ? Je ne sais pas. Mais j'ai toujours tout dévoilé, que ce soit mes chiffres, mes structures de propriété, mes projets, mes soumissions, même mes profits aux clients. Je leur dis la vérité, à savoir qu'en générer moins mettrait ma compagnie à risque. J'ai d'ailleurs instauré avec certains un mode contractuel qui nous a permis de nous distinguer, à savoir l'approche « prix maximum garanti ». Nous estimons le coût d'un projet, et nous donnons au client le prix projeté maximal. Si le projet coûte finalement moins cher, nous partageons les économies avec lui. Le client récolte alors 75 % des économies et nous en conservons 25 %. Ce mode simplifie aussi la gestion des modifications et la relation avec le client.

Même dans le processus actuel de ma ronde de financement, je suis un livre ouvert. Je présente aux financiers mes chiffres d'affaires, mes projets en cours et ceux qui s'en viennent. Je leur dis honnêtement ce que je pense que ça vaut et comment j'envisage de gérer la structure. Je pourrais garder certaines informations pour moi, mais en dévoilant tout, je vais chercher un maximum d'aide, ce qui contribue à structurer mes idées et ma vision. Du fait que je présente ce projet à des gens qui ont beaucoup d'expérience, je n'ai aucune réticence à agir avec transparence et à aller chercher leur *input*.

J'agis de même avec mes employés. Je leur montre mes plans d'affaires et ils ont accès à tous les chiffres, que ce soit les états financiers, les profits et les pertes. Cela nous aide à fixer ensemble nos objectifs, car ils reçoivent tous une bonification à la performance globale de l'entreprise. Nous visons ensemble à augmenter le B.I.B.

(bonheur intérieur brut) ! Ce dernier remplace le PIB, qui n'a pas de lien avec la qualité de vie.

INTÉGRER LES EMPLOYÉS DANS L'ACTIONNARIAT

Mon prochain objectif, dès que j'aurai terminé cette ronde de financement, est de permettre aux employés d'entrer dans l'équité de la compagnie. Je veux ainsi que l'entreprise soit durable, plus pérenne que moi, et qu'un processus de transfert débute déjà. Je sais, je n'ai que 33 ans. Mais l'entreprise vit grâce aux gens qui y travaillent. Et je veux m'assurer un réel engagement de la part de ces personnes. Cependant, ils demeurent libres. Si l'un d'eux a l'ambition de suivre un MBA, nous allons le lui payer. Si un autre dispose d'une forte expertise en construction et que nous avons besoin que l'un de nos actionnaires ait cette expertise, cela suffira. Les employés actuels sont d'ailleurs déjà au courant de cette prochaine étape. Ce sont nos valeurs combinées aux gens qui les véhiculent qui composent notre entreprise, ce ne sont pas les murs de nos bureaux.

LA SUITE... MES ENFANTS ET MES CROYANCES

L'important pour moi en tant que père, c'est que mes trois enfants choisissent vraiment une carrière qui les passionne, qu'ils soient totalement libres en ce sens. Certes, la relève de l'entreprise familiale est une considération qui n'est pas à négliger, mais c'est leur choix de carrière qui déterminera s'il y a une place ou non pour eux dans l'entreprise. Ils sont toutefois éduqués dans des valeurs de développement durable.

Un leader doit s'appuyer sur une vision forte, être convaincu pour être convaincant. La majorité des gens n'adhèrent pas aux demi-visions et aux demi-positions. L'élection de Donald Trump en est le reflet, aussi douteuses soient ses positions ! Comme entrepreneur, je trouve tout aussi important de me positionner de façon forte et claire, ce que je fais notamment avec mes valeurs de développement durable. Je sais que ça peut sembler utopique de dire que bientôt, les bâtiments vont créer de l'énergie et que nous allons changer le monde avec ça, mais c'est la position que je prends. J'ai entendu dernièrement que si nous n'avons pas une cause pour laquelle nous serions prêts à mourir, nous ne vivons pas réellement. Et j'y crois. Pour ma part, contribuer à léguer un environnement sain à mes enfants et aux générations futures, c'est la cause que j'endosse. Les technologies existent et nous permettent de consommer autre chose que du pétrole. Comme plusieurs politiciens, nous nous limitons malheureusement beaucoup à l'avenir rapproché. Mais en pensant trop à court terme, nous ne bougeons pas. Les plus jeunes, dans le futur, vont se dire: « Ils savaient que la terre allait mal, ces cons-là, et ils n'ont pas agi ! » Il est grand temps de modifier nos agissements. J'essaie de faire en sorte que mes enfants n'aient pas trop honte de moi plus tard !

Ce n'est pas la planète qu'il faut sauver. C'est nous ! C'est global. Dans vingt ou trente ans, notre façon de vivre et de nous loger sera complètement différente. Nous vivrons dans un autre monde. Nous sommes à l'orée de changements extraordinaires qui peuvent être vus de manière négative ou positive. Misons sur nos forces ! En n'ayant pas faim, en ayant le ventre plein, nous prenons des décisions de complaisance, des décisions faciles. De mon côté, j'essaie chaque jour d'avoir faim ! De faire mieux ! Sans être parfait, essayer de le devenir à chaque instant un peu plus ! Et c'est d'ailleurs ma plus grande fierté comme entrepreneur. J'ai été choyé de naître dans la famille où je suis né, avec de bonnes valeurs, sans problèmes financiers. Gâté d'être le fils de mon père et de ma mère, tout comme de porter un nom de famille qui a fait sa place dans le milieu, qui est respecté. Face à cette réalité, j'avoue être fier d'être travaillant, d'œuvrer à faire avancer l'entreprise, alors que j'aurais pu me limiter à maintenir ce qui était déjà en place. Je n'ai pas besoin de reconnaissance, mais j'aspire à transmettre mes idéologies et à faire une différence positive dans ce monde, autant auprès des gens qui travaillent pour moi, de mes clients, de mes collaborateurs que de mes enfants.

Conseils à d'autres entrepreneurs :

- Je n'ai pas beaucoup de regrets. Mais je me rends compte que nous avons besoin d'une vision. Dans mon cas, cette vision a mis douze ans à se former. Pour d'autres, la vision arrive sûrement plus tôt, et ils savent rapidement ce qu'ils veulent concrétiser. Moi, j'ai débuté en *business* pour faire de la *business*. Je n'avais qu'une vision financière. J'imagine qu'au départ, j'ai bâti une entreprise pour me définir moi-même. J'ai maintenant la chance d'avoir trouvé une vision, une raison d'être à l'entreprise, qui est plus large et qui peut apporter quelque chose aux autres, à tout le monde.
- Nous sommes à une époque où la valeur première de l'entreprise est son savoir. Le savoir peut être facile à acquérir. La preuve, nous ne sommes que dix dans l'entreprise et nous tournons autour de 20 millions, et cela, sans marteau, sans pick-up, uniquement avec des gens qui savent quoi faire. Je crois sincèrement que c'est la croissance des gens dans l'entreprise qui lui permet de croître elle-même.
- Consultez un mentor qui a parcouru un chemin similaire au vôtre. C'est un accélérateur incroyable !
- Misez sur la santé et sur la forme physique. Un entrepreneur en bonne santé crée une entreprise en bonne santé. Et il inspire les gens qui y travaillent !

CLAUDE LAFLEUR, ADMINISTRATEUR DE SOCIÉTÉS ET INVESTISSEUR ANGES QUÉBEC, COMMENTE L'HISTOIRE DE DOMINIC RODIER

Nous avons affaire à un entrepreneur, et à un vrai ! Sa posture est celle d'une personne qui vit à la marge de sa zone de confort, toujours en questionnement, toujours en mouvement, toujours en redéfinissant son entreprise, son industrie. On sent un peu l'arrogance typique de celui qui a réussi et qui a confiance en lui ! J'avoue que j'aime cet aspect un peu rebelle de l'individu !

J'ai aussi beaucoup aimé sa proposition de valeur concernant le développement durable. Trop de promoteurs se disent de cette école alors que c'est de la frime bien enrobée, des mots vides. Chez Dominic, le développement durable, c'est sérieux, c'est songé, c'est cohérent, c'est vérifiable. Je le crois quand il dit qu'il veut sauver la planète ! Il n'y a pas d'imposture. J'aime !

Mes conseils à Dominic concerneraient la gestion des ressources humaines. Je dois avouer avoir beaucoup réagi lorsqu'il dit que remercier des travailleurs ne l'a jamais rendu mal à l'aise. Son discours me semble à l'opposé de sa bienveillance en matière de développement durable (économique, environnemental et social) ! Le congédiement, même s'il est plus fréquent de nos jours, est une mise à mort professionnelle pour bien des gens...

Je terminerais donc en invitant Dominic et les entrepreneurs à réfléchir aux questions suivantes : si la mise à pied est (souvent) nécessaire, quel est le plan de transition de l'entreprise pour soutenir l'employé ? Quelles sont les mesures concrètes qui soutiennent le bonheur au travail au sein de votre entreprise ? (Pour une entreprise exemplaire, voir le site de mon ami Simon DeBane, de G-Soft.)

Cela dit, j'ai aimé ce que j'ai lu. Dominic est un producteur de beauté et un créateur de richesse. Il ira loin !

Nadia Bourgeois, Fabritec

Nadia Bourgeois, VP Ressources Humaines & Administration
Entrepreneure-athlète, cohorte 7 du Programme Élite, et entrepreneure-entraîneure dans le Programme CEED

Fabritec est le plus grand manufacturier d'armoires au Canada, l'un des plus gros en Amérique du Nord également.

•••

Dans le stationnement attenant à l'usine de Fabritec, j'éprouve une grande fierté devant l'immensité des installations. Je réalise à ce moment précis que je me trouve face à un fleuron de l'économie québécoise et canadienne. Ma curiosité est piquée à vif : comment la famille Bourgeois est-elle parvenue à faire croître l'usine ainsi, en deux générations tout au plus ? Mon instinct me dit que les amateurs de risque et d'adrénaline seront servis par son histoire !

L'ENTREPRENEURIAT DANS LE SANG

Même dans les souvenirs les plus lointains qui meublent mon esprit, les projets entrepreneuriaux ont toujours marqué profondément le cours de mon existence. Enfant, j'élaborais les concepts les plus farfelus pour mobiliser mon entourage à vendre un produit ou un service à une tierce partie. Déjà, ce qui me fascinait, c'était de structurer un projet, de partir d'une idée et de la faire atterrir, et plus encore de convaincre mes amis que ça allait fonctionner et que nous allions éprouver du plaisir à le faire. À 7 ans, j'ai poussé l'audace jusqu'à m'improviser propriétaire d'un insectarium ! J'avais mobilisé mes amis pour m'aider à trouver des insectes et j'ai vendu des billets aux gens, pour qu'ils puissent venir observer aussi peu que quelques fourmis et une abeille, pièce maîtresse de l'exposition ! Pauvre voisin qui s'est sacrifié pour attraper cette fameuse rebelle !

Il a toujours été clair pour moi que je voulais prendre la relève de l'entreprise familiale. Ce serait ainsi que je tracerais mon chemin dans la vie. Mes parents ne m'ont jamais imposé cette voie ; elle était tout simplement en moi. Depuis ma plus tendre enfance, j'ai orienté tous mes choix en fonction de ce but. Comme bien des entrepreneurs de deuxième génération, mon frère, ma sœur et moi avons consacré nos étés à travailler au sein de l'entreprise. J'ai commencé dans l'usine, au bas de l'échelle, et j'ai gravi tous les échelons. Bien que j'aie détesté plusieurs des tâches que l'on m'a confiées au fil du temps, je dois admettre que ce fut très profitable comme apprentissage. J'ai ainsi compris les problématiques des employés à chacun des postes de l'organisation, ce qui me sert abondamment aujourd'hui.

Dans le même ordre d'idées, je ne me suis jamais questionnée quant à mon choix d'études. Je savais que je devais étudier en administration pour parvenir à mes fins. Qui plus est, les cours de physique et de chimie, somme toute difficiles, n'étaient pas des prérequis pour y être admise. Je me suis donc abstenue de les faire. Loin d'être motivée par la lâcheté, cette décision m'a permis de me libérer du temps de qualité que j'ai investi en mettant en branle différents projets au sein de mon école privée. J'avais déjà compris, à l'époque, que m'impliquer me permettait de faire évoluer mes idées et celles des autres, de faire embarquer les gens autour de moi dans les projets, et ainsi, en coordonnant le tout, m'assurer de la qualité de ce que nous produirions. En même temps, cela a forgé ma volonté de redonner au suivant, une force qui m'anime encore aujourd'hui.

Je dois admettre que j'ai détesté le cégep, principalement parce que j'étais entourée d'étudiants qui se cherchaient et avaient besoin de temps pour trouver ce qu'ils voulaient vraiment faire dans la vie. Moi, je le savais depuis toujours. J'ai donc tout fait pour ne pas prolonger mes études collégiales, obtenant mon DEC en deux ans.

Ce fut l'inverse dans le cadre de mes études universitaires aux HEC Montréal, dans le profil entrepreneurship. J'évoluais avec des gens qui souhaitaient transformer leur projet d'affaires en véritable entreprise, ainsi qu'avec des personnes désireuses de prendre la relève d'une entreprise familiale. Durant ma dernière année de formation, j'ai monté un plan d'affaires pour un projet parallèle à Fabritec, qui s'efforçait alors de gagner d'importantes parts de marché aux États-Unis. Mon plan consistait donc à faire une analyse poussée en vue d'une ouverture potentielle d'usine en sol américain. Celui-ci a d'ailleurs été nommé meilleur projet entrepreneurial, un honneur décerné par nos professeurs. Cet événement, grande source de fierté, a clairement contribué à bâtir ma confiance. J'ai développé, durant mes années universitaires, une rigueur de pensée et une facilité à coucher mes idées sur papier qui me servent encore quotidiennement aujourd'hui.

LES PREMIERS DÉFIS À RELEVER

Quand j'ai enfin obtenu mon diplôme, j'ai officiellement intégré l'entreprise familiale dans un poste à temps plein qui devait relever du département des finances. Fabritec venait alors tout juste de conclure une acquisition, ce qui se passe rarement aussi bien que souhaité. Même si nous avions acheté une entreprise qui produisait elle aussi des armoires, plusieurs ajustements ont dû être faits après cette acquisition, comme c'est souvent le cas. Cela crée des retards dans la production et de l'insatisfaction à plusieurs égards. Le brun chocolat des armoires produites par cette entreprise n'était pas identique à celui des nôtres, la lame du couteau variait légèrement... Bref, le climat n'était pas au beau fixe; nous baignions dans un brouhaha quotidien, avec des feux à éteindre à tout moment.

Parallèlement, nous devions embaucher 125 personnes durant l'été, doublant du coup la taille de notre compagnie. Mon frère et moi avions un défi imposant à relever. C'est ainsi que du haut de mes 22 ans, j'ai été projetée dans l'univers des ressources humaines et des entrevues de sélection. Je me rappelle précisément le visage des cadres que je rencontrais, surpris de voir une jeune femme qui ne semblait pas encore avoir atteint l'âge de la majorité les bombarder de questions !

Dans cette course aux entrevues, j'ai rapidement compris que nous n'arriverions pas à embaucher toutes ces personnes à deux. Nous avons monté une équipe compétente au niveau des ressources humaines, avec laquelle nous sommes parvenus à pourvoir les 125 postes disponibles. Nous avons réussi à embaucher ces nouveaux venus, mais un défi de taille demeurait, à savoir les former. Le risque de voir notre culture organisationnelle s'effriter était énorme. En emplissant une pièce de 125 anciens et de 125 nouveaux employés, il est pratiquement impossible de prédire quel groupe influencera davantage l'autre. Face à ce danger imminent, j'ai développé le service de compagnonnage, consistant à jumeler des employés d'expérience avec les nouveaux venus. De fil en aiguille, l'équipe des ressources humaines a gagné en importance et en autonomie, ce qui m'a permis de retourner me plonger dans le département des finances.

Ça aura duré trois semaines. Après ce court moment, l'employé en charge de la planification a été foudroyé par une maladie grave, l'obligeant à quitter d'emblée et irrévocablement ses fonctions. Fabritec est une entreprise manufacturière, tout passe par la planification chez nous ! Autant en ce qui concerne les besoins en ressources financières et en matières premières que ceux des ressources humaines, la planification est essentielle pour mener les projets à bien tout en respectant les délais. Il s'agit donc d'un poste de premier plan, qui peut amener une entreprise à sa perte s'il est mal géré. C'est ainsi que, du jour au lendemain, sans prédécesseur pour me former, je me suis retrouvée en charge de la planification.

Entre vous et moi, ce n'était pas le plan que j'avais en tête. Toutefois, j'œuvrais dans une entreprise en forte croissance, ce qui demande des adaptations constantes. J'ai alors réalisé à quel point il est vital d'adapter son rôle aux besoins de l'entreprise. Parfois, il faut se salir les mains, et c'est souvent ainsi qu'on apprend. En empruntant ce chemin, j'ai réussi à bâtir ma crédibilité au sein des employés. Ils ont réalisé que j'avais l'entreprise à cœur. Ils ont compris que je n'étais pas là seulement parce que j'étais la fille du patron, mais parce que j'avais les compétences et l'attitude nécessaires. En tant que relève, je me mettais moi-même une pression supplémentaire. Je ne voulais pas uniquement réussir, je voulais faire mieux que les autres. Je voulais être reconnue et faire ma place avec mon prénom, et non avec mon nom. Certes, certains ont secrètement espéré que j'échoue, d'autant plus qu'il y a une dizaine d'années, l'industrie manufacturière était un milieu principalement masculin. J'en étais exponentiellement motivée à réussir pour Fabritec, l'entreprise de ma famille qui était déjà, à mes yeux, nôtre.

L'une de mes premières réalisations à la planification a été de revoir complètement le fonctionnement de l'échéancier de production. Celui-ci engendrait beaucoup d'erreurs, incitant les employés à contourner les règles pour ne pas l'utiliser. Il était beaucoup plus simple pour eux d'assembler ce qui se présentait sur la ligne de production que d'aller chercher, dans le système informatique, la commande prioritaire. Nous avons donc investi des efforts considérables pour développer le nouveau système, mais aussi pour l'implanter et pour changer la mentalité des employés. Ce fut un succès, à un point tel qu'aujourd'hui, je mettrais n'importe qui au défi de faire passer une commande qui n'est pas prioritaire dans le système de production ! Cette réussite s'explique également par le contexte de l'époque. La dernière acquisition avait engendré de nombreux retards dans les délais de livraison, qui étaient passés de 4 à 12 semaines. Ces écarts entraînaient de l'insatisfaction de la part des clients, avec raison. Leur frustration parvenait aux oreilles des employés, entraînant une pression malsaine au sein du service à la clientèle. Dans ce contexte, les employés ont vu, dans le nouveau système informatique, une façon de se sortir la tête de l'eau et de fuir ce climat de travail oppressant. Après quelques mois, tout était fonctionnel. Outre quelques mises à jour à effectuer, la majeure partie du travail de développement et d'implantation était faite. Nous avons alors embauché et formé une nouvelle planificatrice, ce qui m'a permis de retourner m'impliquer dans le département des finances, pour de vrai cette fois !

Ce fut une autre période riche en apprentissages pour moi. Un des plus grands défis a encore une fois été un enjeu de crédibilité, notamment puisque mon rôle m'amenait à être en relation directe avec les banquiers. Au fil des mois, prenant de plus en plus possession de mon jardin, celle-ci s'est développée, au même titre que la confiance en moi.

UN CŒUR DE MÈRE À COMBLER

Malgré mes réussites professionnelles, il manquait un élément important à mon bonheur. Toutes les sphères de ma vie sont importantes, et en négliger une au profit d'une autre n'apporte rien de positif. Je voulais avoir des enfants. En toute honnêteté, si j'avais attendu le bon moment, je n'en aurais probablement pas encore aujourd'hui. Je me dis qu'à un certain moment, malgré nos responsabilités, il faut foncer, et que la vie se chargera de bien faire les choses. Et c'est ce qui s'est produit... J'ai donné naissance à mes deux enfants à quinze mois d'intervalle.

Quelques semaines après avoir accouché de ma fille aînée, je suis revenue à l'usine, la coquille abritant Lilly à la main. J'ai réalisé pendant mon bref congé de maternité qu'il m'est impossible d'être loin de l'entreprise familiale ; je suis incomplète sans elle. J'ai savouré chacun des moments passés à la maison en compagnie de ma fille, mais le bébé familial, Fabritec, me manquait. Le jugement des autres m'a fait souffrir durant cette période. Les gens semblent avoir du mal à comprendre qu'une femme ne veuille pas prendre un an de congé de maternité pour rester à la maison avec son poupon. J'ai vu mes propres amies me regarder comme si j'étais une mauvaise mère. Du moins, c'est ce que je ressentais. J'ai dû apprendre à m'écouter et à faire fi de l'opinion des autres. Mon équilibre personnel ne viendrait pas du fait d'arrêter de travailler pendant un an. Je me suis évidemment organisée pour que mes enfants n'en souffrent pas, et j'avais beaucoup d'aide autour de moi pour compenser le fait que maman et papa travaillaient fort. Parce qu'en plus, mon conjoint était lui aussi très impliqué dans la croissance de Fabritec, et il l'est d'ailleurs encore aujourd'hui !

DÉMÉNAGER POUR PROGRESSER

Durant cette période, nous avons pris la décision de déménager l'entreprise à Bromont. C'était en 2011. Nous avions à l'époque quatre usines, localisées à Saint-Jean, Cookshire et Mont-Joli. Home Dépôt, notre plus gros client, nous demandait d'accroître notre capacité de production. Pour ce faire, nous devions doubler notre superficie d'entreposage en trois mois. En si peu de temps, il est impensable de mener à terme la construction d'une usine, et aucun bâtiment existant situé à proximité de nos installations ne rencontrait nos critères. Faire affaire avec des gros joueurs a l'avantage de nous apporter beaucoup de volume, mais aussi l'inconvénient de mettre une pression importante sur les prix, nous obligeant à être hyper compétitifs.

Je me souviendrai toujours de cet après-midi où, en revenant de l'usine de Cookshire avec mon père et mon frère, nous nous sommes arrêtés devant cette énorme bâtisse qui deviendrait, quelques semaines plus tard, nos bureaux. Mon père répétait que le bâtiment était beaucoup trop imposant, que nous perdions notre temps. Pour sa part, mon frère y voyait l'opportunité d'un gain d'efficacité important en rapatriant trois de nos quatre usines à Bromont. En effet, nos marchandises transitaient d'une usine à l'autre pour rien, se faisant emballer, déballer, remballer, en plus de subir des bris. Son instinct lui dictait de foncer, et la vie s'est chargée du reste. L'emplacement de

1,2 million de pieds carrés n'ayant pas trouvé preneur depuis quelques années, son propriétaire subissait une pression pour baisser son prix de location. Nous avons décidé, tous ensemble, de plonger !

C'est ainsi que nous avons déménagé, par étapes, trois de nos quatre usines, ne conservant que celle de Mont-Joli. L'implantation de notre nouvelle usine à Bromont peut être qualifiée par un mot : chaotique ! Nous avons d'abord déplacé l'entrepôt, ce qui a été somme toute facile. Par la suite venait l'usine de Cookshire, servant à la fabrication des portes de bois. C'est là que les véritables problèmes ont commencé ! Nous avions sous-estimé l'ampleur d'un tel déménagement. Naïvement, nous avions prévu profiter des vacances de la construction pour tout mettre à *off* et déménager l'ensemble de l'équipement et les machines, pour tout remettre à *on* deux semaines plus tard. Nous étions si loin de la réalité ! Si j'ai appris une chose dans cette aventure, c'est que rien, absolument rien, ne repart aussi facilement qu'on le souhaiterait ! Le transport de la machinerie crée inévitablement des problèmes qui doivent être rectifiés avant que la production puisse reprendre.

Mais nous n'étions pas encore au bout de nos peines. La troisième étape, à savoir le déménagement de la dernière usine, celle de Saint-Jean, a été la plus difficile. Juste avant de procéder, une occasion mirobolante d'acquisition de machinerie est survenue. Un géant européen avait conclu une entente avec un compétiteur de Fabritec visant à s'implanter en sol nord-américain. De cet accord a résulté la construction d'une usine valant 20 millions, qui logeait pour une valeur égale d'équipements. L'année 2011 en a été une de récession économique, un contexte difficile dans notre industrie. L'entente a finalement avorté, laissant les Européens pris avec une usine neuve et des équipements à la fine pointe, sans manufacturier pour les faire rouler. Bref, une flotte de machinerie qui dormait dans une usine ultramoderne. En affaires, parfois, le malheur des uns fait le bonheur des autres... Tout le monde de l'industrie avait les yeux rivés sur une machine en particulier, la plus moderne de l'heure, mais nul n'osait l'acheter car personne ne l'avait vue opérer. Fabritec a toujours été très opportuniste. Nous avons décidé d'acheter le parc de machinerie pour la somme de 1,7 million, lui qui en valait douze fois plus l'année précédente.

C'était l'œuf ou la poule ! Nous ne pouvions pas fermer et déménager les usines de Saint-Jean tant et aussi longtemps que la nouvelle machinerie ne serait pas branchée et fonctionnelle, puisqu'elle devenait centrale dans les opérations de Fabritec. Qui plus est, nous avions déjà accumulé du retard dans nos délais de livraison en raison du déménagement de l'usine de Cookshire. Nous devions donc rapatrier la machinerie nouvellement acquise sans plus tarder. En voyant arriver les 153 camions pleins d'équipements à notre usine de Bromont, nous avons eu la profonde certitude que personne n'avait les compétences pour rebrancher tout ça ! Outre la quantité astronomique d'équipement à rendre fonctionnel, le parc de machinerie était d'origine allemande, générant donc une multitude d'erreurs liées à la langue. Même si nous avions embauché des techniciens allemands pour nous aider, tout plantait dès qu'ils reprenaient l'avion pour rejoindre leur famille le vendredi ! Nos employés ont même suivi des cours d'allemand le soir pour comprendre les machines !

Nous avions prévu 12 à 18 mois pour l'installation, la phase de rodage et le démarrage officiel ; il nous a fallu un an de plus. Nous avons également dû embaucher des gens exclusivement dédiés à rendre notre nouvelle machinerie fonctionnelle. Ainsi, deux ans durant, nous avons dû payer nos gens en double, pour produire à Saint-Jean et pour devenir fonctionnels à Bromont. Durant cette période, la seule usine qui n'était pas affectée par le déménagement était celle de Mont-Joli. Elle fut la triste victime d'un feu électrique, diminuant encore une fois notre capacité de production et étirant nos délais de livraison. Bref, Fabritec a saigné pendant deux ans, sans que l'hémorragie s'arrête.

La détermination qui caractérise notre famille, tout comme la passion de l'équipe, ont finalement triomphé de cet épisode charnière dans l'histoire de l'entreprise. Avec l'équipe, nous avons réussi à arrêter l'hémorragie et à ramener les usines de Saint-Jean à Bromont. Certes, nous avons bien failli y passer. Mais cette décision et notre acharnement ont fait en sorte qu'aujourd'hui, Fabritec est l'usine la plus automatisée en Amérique du Nord.

À ce moment, j'étais enceinte, j'avais un bébé de 8 mois, mon conjoint faisait la route de Saint-Jean à Bromont matin et soir, ma maison à Saint-Jean était vendue mais nous n'avions pas déniché de nouvelle demeure à Bromont, l'entreprise dansait sur la mince ligne entre la survie et les fermetures d'usines... Ça en faisait beaucoup. Parfois, un entrepreneur se demande pourquoi il fait tout ça. Pour pouvoir continuer dans ces moments difficiles, il faut trouver notre force dans ce qu'il reste de positif. Je pensais aux familles des employés, et ça me motivait à ne pas jeter la serviette. Je me suis retroussé les manches et j'ai fait confiance à la vie. Elle aura été à la hauteur encore une fois... Nous avons finalement acheté une maison modèle à Bromont, dans laquelle tout était fait ; il ne nous restait qu'à en prendre possession. Mes parents et mon frère Jonathan ont d'ailleurs suivi cet élan et tous se sont installés à Bromont, nous permettant ainsi de retrouver rapidement notre noyau familial. Et l'entreprise s'en est sortie, plus forte et plus efficace qu'elle ne l'avait jamais été dans le passé.

LA CROISSANCE AGRESSIVE : UN IMPACT MAJEUR POUR LE QUÉBEC

Une fois le déménagement complété et la nouvelle machinerie fonctionnelle, Fabritec est entré dans une phase de pourparlers avec un client majeur, actif à l'échelle mondiale. Après deux ans, nos efforts ont été récompensés : nous avons récolté un contrat gigantesque, frôlant les 9 chiffres par année, pour une récurrence d'environ 8 ans. Encore une fois, les célébrations ont été de courte durée. Nous avions déniché un client exceptionnel, mais nous étions sur le point de le perdre, car aucune institution financière n'acceptait de nous financer ! Certains banquiers trouvaient le contrat trop gros et ne croyaient pas que nous puissions y arriver ; d'autres se concentraient sur nos trois dernières années financières qui, vous l'aurez deviné, n'avaient pas été des plus rentables. Enfin, ils semblaient incapables de visualiser les retombées économiques pour l'ensemble de la province ; 80 % de nos matières premières proviennent d'ici, sans compter que nous devions créer 500 nouveaux emplois pour honorer ce contrat...

Bref, la croissance de Fabritec était synonyme de croissance pour ses fournisseurs et, au bout du compte, de croissance économique pour le Québec.

Un entrepreneur peut comprendre cela, mais c'est sans doute moins naturel pour une institution financière. Bien sûr que nous n'étions pas rentables ; nous venions de construire un monstre en centralisant nos opérations ! Il y a un coût associé à une telle manœuvre. Survivre dans le marché demande à différents moments de se mettre à risque, d'accepter de ne pas être rentable quelques mois pour pouvoir gravir la prochaine marche. Et c'est ce que nous avons fait. Ce saut était essentiel pour la croissance de la compagnie, car nous n'aurions jamais pu aller chercher des clients majeurs sans augmenter notre capacité de production.

Cet épisode fut riche en remises en question pour la famille. Nous avons fini par nous demander si nous étions les seuls idiots qui avaient raté une variable dans l'équation, la variable qui faisait que tout le monde avait peur. Mais c'est aussi ça, être entrepreneur : croire qu'on va y arriver et foncer, alors que les autres sont saisis par la peur et le doute. Ce fut tout de même extrêmement irritant comme situation ! L'expérience m'a toutefois appris qu'il vaut mieux éviter de prendre des décisions d'affaires quand les émotions sont aussi fortes. Un banquier a fini par croire au projet après être tombé amoureux de l'équipe de Fabritec, puis les autres créanciers ont suivi. Notre choix concernant l'institution financière en fut finalement un de famille.

Le déploiement du projet prévoyait un an d'achat d'équipements, d'installation et de rodage pour commencer officiellement la production l'année suivante. En 2016, Fabritec avait réussi dans les délais prévus et était fin prête à desservir ce client majeur. Deux semaines après le début de la production, ce dernier nous a priés de cesser de produire en raison d'un problème de sécurité relatif à un meuble de chambre à coucher. Le client devait trouver une nouvelle ingénierie de conception pour le meuble en question, ce qui, nous le savions, demanderait au moins sept mois, le temps que le meuble soit conçu, testé et approuvé. Cauchemar ! Nous avions embauché 100 personnes dédiées à ce contrat, l'usine était pleine de matières premières et nous devions payer la machinerie. Mais nous ne pouvions plus produire.

Ce qui nous a permis de survivre, c'est notamment la qualité du contrat que nous avions avec ce nouveau client, et ce, grâce au travail acharné de mon frère, un très bon négociateur ! Il y était stipulé qu'il nous garantissait un certain volume de production et, le cas échéant, qu'il nous verserait la marge bénéficiaire que nous aurions dû générer pour ce même volume. Malgré cette entente, les créanciers s'inquiétaient quant à notre capacité à régler la situation rapidement, ce qui nous a amenés aux comptes spéciaux. Second cauchemar, que je ne souhaite à personne !

Ce mauvais rêve, c'est notre client qui nous a permis de nous en échapper. Quand il a su que cet arrêt de production mettait la pérennité de Fabritec à fort risque, il a versé dès lors la pénalité stipulée au contrat, devançant ainsi l'échéancier prévu pour un tel versement. En nous payant à l'avance, il nous a permis de nous en sortir et de quitter les comptes spéciaux, faisant probablement de nous l'entreprise qui y est demeurée le moins longtemps ! Le problème de conception du meuble ayant été résolu, nous avons pu recommencer la production. Celle-ci croît chaque année, et nous visons la pleine capacité en 2020.

Toujours en termes de croissance, mon frère courtisait, depuis les 15 dernières années déjà, Home Dépôt États-Unis. Nous étions présents dans 180 de ses magasins canadiens, mais le marché américain, comptant 2200 magasins, présentait des opportunités de croissance considérables pour Fabritec. Les efforts de mon frère ont été récompensés. Posant leur jet privé sur la piste d'atterrissage de l'autre côté de la rue, les hauts placés américains sont tombés amoureux de l'usine et, surtout, de l'équipe. La magie a opéré encore une fois. Ils nous ont donné sur-le-champ 63 magasins au nord-est des États-Unis, puis 130 autres magasins huit mois plus tard. Ces 193 nouveaux magasins nous ont permis d'atteindre la même ampleur de marché qu'au Canada en sol américain, le tout en l'espace d'une seule année. Notre objectif est d'augmenter ce nombre à 600 d'ici 2020. Rendu là, la question en est une de capacité. À quelle vitesse Fabritec est-elle capable de prendre cette croissance ?

Voilà la beauté des eaux dans lesquelles nous naviguons présentement. En réalité, la situation actuelle nous demande de gérer trois entreprises simultanément, dont deux *start-up* qui deviendront plus grosses, une fois à terme, que notre *business* actuelle, elle aussi en croissance. Nous pilotons donc une entreprise en très forte croissance, avec tous les enjeux, stimulants mais énergivores, que ça entraîne. Pour y arriver, nous devons travailler sur la structure de l'entreprise. Nous sommes en train de créer des unités d'affaires dédiées à chacune des trois lignes, ce qui amènera, par exemple, certains employés à travailler exclusivement pour Home Dépôt USA.

Les défis en termes de ressources humaines sont nombreux également. En 2011, quand nous avons emménagé dans l'usine à Bromont, l'entreprise était en mode survie. Dans de telles conditions, il arrive malheureusement qu'un entrepreneur prenne moins soin de ses employés. Depuis deux ans, nous travaillons très fort sur cet aspect. Nous avons augmenté le salaire minimum d'entrée chez Fabritec, pour être plus attrayants. En 2020, nous prévoyons compter plus de 1000 employés, alors que nous n'étions même pas 300 à notre arrivée à Bromont en 2011 ! Nous voulons redevenir un employeur de choix. C'est vital pour l'entreprise.

Cela dit, avec plus de 700 employés aujourd'hui, il nous est impossible de connaître le prénom de chacun. Qui plus est, nous embauchons en lots, ce qui complique les relations étroites que nous aimerions entretenir avec nos employés. Pour pallier cette faille, nous organisons, mon frère et moi, deux à trois fois par mois, des dîners réunissant des groupes d'une quinzaine d'employés. Ces moments informels nous permettent d'en savoir davantage sur eux et de conserver une certaine proximité, malgré la forte croissance. Nous nous impliquons dans plusieurs initiatives environnementales, concours scolaires et causes qui créent un sentiment d'appartenance, puisque nous rejoignons nos employés dans leurs valeurs. Un service de cafétéria, qui n'est d'ailleurs pas un centre de profits pour nous, offre à nos employés des repas chauds chaque jour, bref, de meilleures conditions de travail. Par ailleurs, un entraîneur sportif vient maintenant chez Fabritec trois fois par semaine, à raison de trois cours par jour, pour permettre aux employés de s'entraîner ensemble, peu importe leur quart de travail. Enfin, la haute direction s'investit également à faire circuler le message que le rôle de chacun n'est pas anodin dans l'entreprise. C'est tous ensemble qu'on peut réussir.

Un autre aspect difficile en période de forte croissance est l'alignement. Chaque rôle et chaque responsabilité doivent être hyper bien définis. Dans cet environnement où les priorités changent chaque jour, il devient difficile de connaître le *focus* de chaque équipe et de chaque personne qui la constitue. Nous devons réussir à conserver une vue globale sur tout ce qui se passe pour que chacun soit concentré sur ses priorités de la journée. Nous avons encore tendance à solliciter les gens en adaptant leurs tâches aux pépins qui surviennent dans les différents contrats, et c'est un comportement que nous devons cesser. Cela nous met en mode réactif, alors que nous tâchons d'être en mode proactif. À mes yeux, ce changement est nécessaire pour passer réellement de moyenne à grande entreprise.

Dans le même ordre d'idées, nous avons dû augmenter le niveau de compétences de nos vice-présidents et directeurs. Cette décision m'a été inspirée par Pierre Marcouiller, de Camoplast, un des entrepreneurs-entraîneurs de l'École d'entrepreneurship de Beauce. Mon frère et moi l'avons rencontré dans le cadre d'un déjeuner, au cours duquel il nous a parlé de l'importance capitale, en situation de forte croissance, de s'entourer de gens qui ont déjà vécu des situations similaires. C'est ce que nous avons fait. Certes, les salaires à verser ont augmenté, mais cette expérience nous alimente et nous oriente quotidiennement. Il ne s'agit donc pas d'une dépense, mais d'un investissement. Pour maximiser l'apport de ces gens d'expérience, mon frère et moi devons faire preuve de beaucoup d'ouverture. Nous avons dû cesser de faire seulement à notre tête, pour écouter l'expérience des gens autour de la table et ensuite trancher. Notre processus de décision est donc légèrement plus long, mais les décisions qui en résultent s'appuient sur des arguments et expériences plus solides. De toute façon, l'entreprise est devenue trop grande pour être gérée seulement par deux personnes. Nous freinerions sa croissance plutôt que de la propulser.

Mon père me dit souvent qu'en période de croissance, l'entreprise se comporte comme un «gars chaud»! Elle fait un pas, recule un peu, en refait un autre... Pour limiter les pas en arrière, nous avons bâti, avec les vice-présidents et directeurs, notre planification stratégique. Dieu merci! Car la croissance, bien que planifiée, est arrivée rapidement. Chaque vice-président est responsable d'un pilier de cette planification, à savoir la production et la rentabilité, les ressources humaines et la culture, la performance client, la rigueur financière et, finalement, la gestion de la croissance, dont je m'occupe personnellement. La planification stratégique, crayonnée sur le mur miroir de mon bureau, nous permet d'y voir plus clair et de prendre de meilleures décisions. La question aujourd'hui ne se résume plus à évaluer si l'opportunité est bonne, mais plutôt de s'assurer qu'elle cadre dans le plan et dans les priorités que nous nous sommes ensemble fixées. Si la réponse est non, nous ne la saisissons pas. Nous demeurons concentrés sur nos objectifs, préférant investir toutes nos énergies à réaliser notre plan. Cette planification a été vulgarisée pour l'ensemble des employés, et les indicateurs de résultat pour chacun des piliers sont communiqués aux directeurs mensuellement. Tous doivent comprendre que les marges sont minces et que chaque petite action est importante pour atteindre un certain niveau de profitabilité.

En amont, nous avions également fait un grand travail avec nos directeurs et vice-présidents pour définir ensemble la mission, la vision et les valeurs de l'entreprise. Cette étape a été très importante. Il s'agissait de faire ressortir, ensemble, l'ADN de Fabritec ainsi que ce que nous souhaitions pour la compagnie. Loin d'être inutiles, ces éléments teintent aujourd'hui chacune de nos décisions, et notre planification stratégique est à leur service. Même si les nouveaux employés entrent aujourd'hui en masse, la cohérence entre nos valeurs et celles des nouveaux venus est systématiquement mise à l'épreuve en entrevue de sélection. À chaque nouvelle séquence d'embauche, je rencontre personnellement le nouveau groupe d'employés pour qu'ils réalisent qu'ils sont accueillis et importants, mais aussi pour qu'ils m'entendent parler de la mission, de la vision, des valeurs et des priorités stratégiques de l'année à laquelle ils vont contribuer. C'est un travail de longue haleine que celui de bâtir une culture organisationnelle, mais ça rapporte.

LA CONFIANCE DE CEUX QUI NOUS PRÉCÈDENT

Un élément qui nous a fortement aidés est que nos parents n'ont jamais joué à nous donner les rênes pour ensuite nous les enlever. Contrairement à ce qui se produit dans plusieurs histoires de relève, ils n'ont jamais travaillé sournoisement à défaire ce que nous avions décidé ou mis en place. Ils nous ont toujours fait confiance, et ce, même dans les moments difficiles que nous avons traversés. Encore plus quand nous avons pensé que nous pourrions tout perdre. Même si leur fonds de pension se trouve encore dans l'entreprise. Plutôt que d'ajouter sur nos épaules la pression de leur fonds de retraite, ils nous ont plutôt dit d'arrêter de nous en faire et répété que nous allions passer au travers, comme nous l'avions toujours fait ! Sentir la confiance de mes parents dans les périodes creuses a fait, pour moi, toute la différence. Je leur en serai éternellement reconnaissante. En toute honnêteté, je me questionne sur ma propre capacité à faire un jour la même chose pour mes enfants ; je crois que cela est un grand geste de confiance et d'amour.

Bien sûr, mes parents passent encore beaucoup de temps chez Fabritec. L'entreprise demeure leur bébé, puisqu'ils lui ont donné naissance et ont travaillé dur toute leur vie pour la faire grandir. Mais présence ne signifie pas ingérence. Ils nous laissent toute la latitude, se plaisant à discuter avec les employés et à écouter la mélodie des machines qui ronronnent, un gage que ça va bien !

Pour mes parents, c'est maintenant une source de fierté de voir que deux de leurs enfants ont repris les rênes de leur entreprise et la font croître, alors que plusieurs de leurs amis entrepreneurs n'ont pas de relève. Mon père qui craignait au départ de nous léguer un cadeau empoisonné s'en est voulu longtemps de nous obliger constamment à nous mettre à risque en suivant ses pas. Cependant, il sait aujourd'hui que ses enfants sont, eux aussi, des entrepreneurs qui se plaisent à faire face à la musique. Que cette adrénaline nous propulse.

Que le statu quo n'est pas une option. Que nous rêvons de grandeur. Mon père peut aujourd'hui affirmer que la famille Bourgeois a réussi, à la chaîne, à remplir cette immense usine de Bromont de son vivant. Que ce seront bientôt 1000 familles qui y contribueront quotidiennement. Que son legs au Québec sera bien plus grand que ce qu'il a pu imaginer dans ses rêves les plus fous.

Conseils à d'autres entrepreneurs :

- Écoutez votre petite voix intérieure, votre intuition. Quand vous êtes instinctivement dirigé vers quelque chose, suivez cette direction ; c'est la bonne.
- Écoutez-vous. Soyez tout simplement vous-même, respectez qui vous êtes. Apprenez à faire fi de ce que la société en général dit ou pense, surtout si vous êtes une femme entrepreneure.
- Si dans l'instant vous ne pouvez rien faire de concret pour régler un problème, apprenez à appuyer sur pause pour profiter du moment présent. Vous pourrez toujours reprendre vos problèmes lundi. Quand vous avez fait tout ce que vous pouviez faire, laissez la vie se charger de la suite des choses.
- Savoir bien s'entourer, c'est la clé du succès dans un contexte de forte croissance.
- Ne cessez jamais de croire en vos rêves, ce sont eux qui vous propulsent vers le haut, qui vous poussent à vous accomplir et vous permettent d'éviter le statu quo !
- S'il pleut, il pleuvra. S'il neige, on pellettera. Aussi simple que ça !

RICHARD GOULET, PRÉSIDENT D'ALTER EGO CAPITAL, COMMENTE L'HISTOIRE DE NADIA BOURGEOIS

Ce qui me saute aux yeux à la lecture de ce témoignage, c'est la fibre entrepreneuriale exceptionnelle de Nadia Bourgeois. Elle avait une vision précise, et ce, dès son plus jeune âge. Elle a su tout mettre en œuvre afin d'atteindre l'objectif visé, celui de prendre la relève de l'entreprise familiale.

Pour y arriver, elle a su s'intégrer en commençant au bas de l'échelle, gravissant ensuite les différents échelons les uns après les autres grâce à son implication dans de multiples postes. Cette approche, qui m'a bien servi également, lui a permis d'accroître sa perception de l'ensemble du portrait global.

Si l'on combine son côté entrepreneurial à sa persévérance, son dynamisme, sa polyvalence et sa détermination, on voit qu'elle avait en main tous les ingrédients nécessaires afin d'amener l'entreprise à un autre niveau. Elle a su cerner les opportunités pour en tirer profit de façon admirable, malgré les forts besoins en investissement et les obstacles rencontrés.

Investir beaucoup de temps et d'efforts dans les ressources humaines est à mon avis l'une des pierres angulaires d'une bonne croissance organique. Le fait de s'être impliquée, combiné à sa capacité d'adaptation, a permis à Nadia de développer sa crédibilité et de mettre de l'avant les valeurs qu'elle préconisait.

Étant en pleine croissance, elle met de l'avant un processus qui lui permet d'aller chercher l'expertise adéquate afin de structurer efficacement le schéma organisationnel de sa société. Il est important de bien s'entourer, de comprendre que nous ne pouvons pas être le meilleur dans toutes les fonctions. Par contre, il faut éviter les super structures et bien définir les rôles et responsabilités de chacun des dirigeants, tout en respectant le principe de Peter pour chaque intervenant.

Qui plus est, ses liens familiaux sont très forts, ce qui lui donne un avantage marqué sur la majorité des entreprises. Cependant, il est important de ne jamais oublier son « Nadia inc. ».

Elle peut être très fière du travail accompli. Toutes mes félicitations à Nadia et à toute sa famille pour avoir bâti ce fleuron québécois.

Jean-François Pouliot, MACPEK

Jean-François Pouliot, président
Entrepreneur-athlète, cohorte 1 du Programme Élite, et entrepreneur-entraîneur dans le Programme Élite

MACPEK a pour mission de simplifier, pour le bonheur de ses clients, l'achat de pièces de véhicules lourds et de roues d'automobiles. Sa vision est d'être reconnue comme la référence dans ses domaines d'activité en Amérique du Nord. Les valeurs qui la guident se résument par l'acronyme PRETS : passion, respect, équipe, travail, succès !

•••

Jean-François Pouliot est un entrepreneur caractérisé par une personnalité extrêmement équilibrée, allant instinctivement, au gré des situations, piger dans ses différentes forces, à première vue paradoxales mais en réalité si complémentaires. Fier et humble. Sensible et cartésien. Fougueux et ambitieux, tout en étant méthodique et rigoureux. Prêt à dégainer, mais armé d'une mitraillette rose !

Bousculé par ses expériences, il réussit à en faire du positif sur lequel s'appuyer pour grandir et pour entraîner dans cette ascension ceux qui l'entourent. Il est une vieille âme, alliant sagesse et audace.

ÊTRE PRÊT QUAND ÇA VA REPARTIR !

Je suis né en 1966 au sein d'un foyer où le travail, le sens des responsabilités, le positivisme, le courage, la persévérance, la sensibilité aux autres constituaient des valeurs prêchées et appliquées au quotidien. Après la naissance de mon frère Claude-André en 1972, ma mère Marguerite a été atteinte de dépression grave et a vécu une première hospitalisation. Les trois plus jeunes enfants de la famille, dont moi, ont alors été séparés, placés temporairement dans des familles d'accueil durant environ un an. Certains diront que je suis devenu adulte trop vite. Pour ma part, je crois profondément que cette expérience m'a permis de développer mon autonomie, ma résilience et mon sens des responsabilités très tôt dans la vie.

C'est dans ce contexte, avec l'approbation de ma mère, que mon père Claude, à 39 ans et avec cinq enfants à charge, a décidé de faire le grand saut en fondant MACPEK en 1974. L'expression « croire en ses rêves » prend ici tout son sens. Mon père, à l'époque, connaissait le secteur pour y avoir travaillé à titre de salarié, mais il n'avait aucune expérience en tant qu'entrepreneur. Après une belle lancée ayant permis à l'entreprise de cumuler 750 000 $ de ventes, un incendie d'origine criminelle a ravagé MACPEK. Ce qui aurait été une tragédie aux yeux de plusieurs s'est avéré en fait une double opportunité : rentabiliser l'argent des assurances, mais surtout, profiter d'un nouveau départ.

Malgré le positivisme bien connu des Pouliot, les années 1975-1976 ont été très éprouvantes. Elles ont contribué à affaiblir la santé de notre père, hospitalisé à la suite d'une crise cardiaque massive. Puisque j'avais vu mon père passer tout près de la mort, l'importance de déléguer et de bien s'entourer résonnait déjà très fortement dans ma tête d'enfant.

Dans ce contexte de difficultés, l'entreprise continuait tout de même de croître, passant de 1,4 million de dollars de chiffre d'affaires à près du triple en 1981. Alors que la crise économique faisait rage et que les taux d'intérêt excédaient les 20 %, mon père a utilisé les liquidités de l'entreprise pour accroître son inventaire. « On a de l'argent dans le compte de banque : on remplit les tablettes, et on attend ! » Nos concurrents ont plutôt opté pour la stratégie contraire, coupant drastiquement leurs stocks. Cette prise de risque a permis à MACPEK de connaître un véritable essor. La compagnie s'est énormément fait connaître pendant cette période. On parle ici d'une croissance de 30 %, en pleine crise économique.

Ce n'est pas dans les eaux tranquilles qu'on reconnaît les gagnants, mais bien dans leur capacité à naviguer en eaux troubles... Ça prenait de l'audace ! Cette situation s'est reproduite systématiquement dans l'histoire de MACPEK, et ce, peu importe qui en était le capitaine. L'investissement massif en période de ralentissement, que ce soit dans de nouveaux systèmes informatiques, de nouveaux locaux, des véhicules de formation mobiles, est guidé par une conviction simple, ancrée profondément dans le positivisme inébranlable de chacun des membres de notre famille : « On va être prêts quand ça va repartir. »

MON ARRIVÉE ET MON DÉVELOPPEMENT AU SEIN DE L'ENTREPRISE FAMILIALE

En 1989, MACPEK a déménagé dans ses locaux actuels, et la récession des années 1990 a constitué une autre occasion d'investir, cette fois dans un nouveau système informatique. Alors que mon frère Pierre, l'aîné des garçons, faisait de plus en plus figure d'autorité au sein de l'entreprise et que mon père Claude s'en retirait graduellement, j'ai intégré un poste à temps plein comme gérant de l'ouverture de la succursale de Rimouski, fraîchement gradué de l'université Western à London, en Ontario. Ce fut une année charnière : nous qui avions toujours vendu des pièces de camions, nous avons alors intégré à notre offre une gamme complète de roues d'automobiles. Cet épisode fut un point marquant de nos premières expériences en commerce international par l'acquisition de produits directement du Japon.

C'est aussi durant ces années que Pierre a procédé à l'acquisition de Transdiff. Cette entreprise sera d'ailleurs orchestrée à temps plein par celui-ci à partir de 1995, alors que Claude-André, le cadet, et moi nous sommes installés à la tête de MACPEK. Pierre savait qu'il nous serait difficile, lui et moi, de nous entendre en affaires – nous avons deux styles de gestion complètement différents. Chacun devait donc voler de ses propres ailes, dans son style respectif. L'entreprise enregistrait alors des ventes frôlant les 16 millions. Aujourd'hui, ces deux entreprises, complètement indépendantes l'une de l'autre, réalisent des revenus annuels de plus de 200 millions. Deux superbes succès, atteints par deux modes de leadership différents, ce qui prouve encore une fois qu'il n'y a pas de recette gagnante pour devenir un entrepreneur inspirant. Il n'y a que des hommes et des femmes qui s'assument, qui mobilisent leurs gens en étant totalement dans leurs forces, dans leur authenticité, fidèles à leur façon d'être. Des hommes et des femmes qui ont le courage de prendre des décisions difficiles, d'autant plus quand elles sont familiales.

Certes, Claude-André et moi avons permis à MACPEK de croître, mais nous pouvons vous assurer que le pari n'était pas gagné à l'avance. Au moment de cette séparation entrepreneuriale avec notre frère aîné, nous étions âgés respectivement de 22 et 28 ans. Le fait que nous ayons tous deux grandi avec un profond sens des responsabilités a fortement contribué à nous permettre de relever ce défi imposant pour des hommes si jeunes.

Au moment où nous avons acquis MACPEK, l'entreprise vivait une période trouble. Après deux tentatives infructueuses, les employés sont parvenus à se syndicaliser en 1996. Ils avaient perdu confiance en nous et en l'équipe de gestion ; nous devions regagner leur confiance. Ça faisait mal, mais nous comprenions leur geste. D'ailleurs, ceux qui l'ont initié n'ont jamais craint les représailles ; nous aimions nos gens et ils le savaient. En demandant à la direction et à leurs équipes respectives d'agir comme si des caméras étaient braquées sur eux, en consultant notre équipe avant d'amorcer des changements, en redonnant du pouvoir au positif, nous avons regagné confiance les uns envers les autres. Les employés en sont venus à s'ennuyer des relations directes qu'ils avaient autrefois avec la haute direction. Trois ans plus tard, ils ont voté contre le renouvellement du syndicat à l'unanimité, ce qui a été un grand moment de bonheur dans ma carrière et dans celle de mon frère. Nous qualifions ce passage de « crise d'adolescence de l'entreprise ».

De 2000 à 2010, Claude-André et moi avons piloté une entreprise en forte croissance. Soutenus par toute l'équipe, nous avons triplé la taille de l'entreprise, la portant à 65 millions. Nous y sommes parvenus par l'obtention de notre plus gros contrat à vie, par l'achat d'un grand entrepôt à un prix attrayant, et par le développement d'une entente exclusive avec une entreprise publique américaine, consolidant ainsi notre position stratégique dans le marché nord-américain. Mais l'entreprise n'y serait jamais arrivée sans la collaboration exceptionnelle qui caractérise le duo que je forme avec mon frère Claude-André.

Puis est arrivée la fermeture de notre plus important concurrent, dans une période au cours de laquelle MACPEK affichait une belle rentabilité. Claude-André et moi ressentions à ce moment une confiance inébranlable, partagée par toute notre équipe. Sans plan financier très détaillé mais avec le fort sentiment que c'était maintenant ou jamais, nous avons ouvert six nouvelles places d'affaires au Québec sur un horizon de sept ans, dans l'optique de consolider notre réseau. Il s'agissait tout de même d'un risque imposant, mais plus les défis du changement sont difficiles à surmonter, plus les opportunités sont grandes, n'est-ce pas ? Nous en avons fait une réussite en déléguant, en faisant confiance, en permettant à des gens de notre équipe d'atteindre des postes de responsabilité dans la compagnie et de grandir.

C'est aussi à cette époque que Claude-André et moi avons fait notre premier voyage en Chine. Vingt et un jours, une quantité inimaginable de vols intérieurs, un grand manque de sommeil, une alimentation douteuse et plusieurs kilos perdus ! Ces apprentissages nous ont toutefois permis de « bien sentir la Chine », pour ainsi créer des liens d'affaires avec l'Asie en vue de diversifier nos achats. Cette décision revenait, pour nous, à nous battre contre nos valeurs. Faire affaire avec la Chine nous permettait de nous approvisionner 25 % moins cher, mais cela signifiait aussi affaiblir considérablement un fournisseur avec qui nous entretenions une superbe relation depuis plusieurs années. Sensibles de nature et très authentiques face à nos valeurs et aux relations que nous cultivons, nous avons pris la décision déchirante d'aller de l'avant avec la Chine. Ne pas développer cette opportunité revenait à laisser mourir MACPEK à petit feu, en regardant nos clients s'approvisionner de plus en plus en Asie. À moyen terme, personne n'aurait été sauvé. Simultanément, nous perdions notre plus gros client, qui comptait pour près de 30 % de nos ventes. Malgré le tumulte, la créativité et l'audace nous ont permis de terminer l'année en maintenant nos ventes au même niveau. Tout un exploit !

En 2011, MACPEK avait le vent dans les voiles. Nous avons investi massivement dans un changement informatique pour développer un catalogue en ligne, ce qui nous a permis d'atteindre 45 % des ventes de roues d'automobiles sur le Web. Il s'agissait encore une fois d'une décision charnière. Rendre disponible l'expertise MACPEK sous forme de documentation structurée habilite nos clients à en vendre à leur tour aux leurs, mais l'information devenait alors accessible pour nos compétiteurs également. Bien sûr, nous craignions la compétition, mais l'impact positif pour nos clients nous semblait plus important que le risque d'outiller nos compétiteurs. Certes, ils allaient nous copier, mais ils demeureraient systématiquement un an en retard sur MACPEK, qui est en constante innovation.

Nous avons clairement mis de la pression sur l'entreprise, l'obligeant à être chaque jour plus performante, la condamnant à l'excellence.

Six ans plus tard, l'entreprise compte aujourd'hui 18 sites d'affaires différents, fournit des emplois de qualité dans un environnement où la progression est possible à 250 personnes, et cumule des ventes de plus de 100 millions de dollars annuellement. L'entreprise croît depuis 2010 ; plusieurs nouvelles succursales ont maintenant pignon sur rue, et cette ambition de croissance est toujours aussi présente chez MACPEK. Nous préférons pour le moment y aller de façon organique plutôt que de procéder à des acquisitions. En effet, je me remémore constamment les sages paroles de Jean Domingue, président de XEOS Imagerie, durant l'un de mes séjours à l'EEB : « Est-ce que cette acquisition changera ta vie? Si la réponse est oui et que tu es bien actuellement, abstiens-toi.»

En 2016, malgré une année difficile marquée par une légère décroissance planifiée, les pronostics ont été battus, et nous avons investi 500 000 $ en technologies, 200 000 $ en formation, et 15 millions pour notre nouveau centre de distribution, sur 100 millions de dollars de chiffre d'affaires. Il va sans dire que de tels investissements demandent d'avoir confiance, et toute l'équipe MACPEK nous insuffle les bonnes énergies. Des *moves* importants se font quand ça va bien, mais nous n'arrêtons surtout pas d'en faire quand ça va moins bien. Si c'est temporaire, nous nous en servons comme tremplin pour le futur. «On va être prêts quand ça va repartir!» Nous observons une croissance de 25 % des ventes pour l'année 2017 exclusivement, et nous sommes confiants que nos recettes d'entreprise et nos équipes vont continuer de contribuer à l'évolution constante de MACPEK.

ENTRETENIR LA GRATITUDE

À l'aube de mes 52 ans, je suis conscient que la vie est bonne pour moi. Je lui manifeste d'ailleurs beaucoup de gratitude. Comme plein de gens, j'ai été bousculé à maintes reprises par les défis de la vie, mais tous ces événements marquants m'ont amené à franchir toujours un pas de plus vers mon propre bonheur. Un travail sans fin.

Quand j'ai commencé mon parcours à l'EEB, la combinaison de différents événements, la fatigue et le stress avaient diminué ma confiance en moi et j'avais perdu mon «*why*», ma motivation, ma raison de me lever le matin. Je sentais qu'on remettait sans cesse en doute mon style de leadership, fortement axé sur l'humain. Les changements essentiels à l'évolution de l'entreprise avaient rendu notre père mal à l'aise. Il avait quitté brusquement l'entreprise en vidant son bureau une fin de semaine. Je me sentais coupable de ne pas avoir réussi la transition générationnelle en douceur. Habité par le sentiment de ne pas être respecté, j'étais en colère. Ce mélange d'émotions m'avait enlevé le goût de perpétuer MACPEK, l'œuvre de notre père.

On me dit émotif, moi je me dis sensible. Dans la langue française, on reconnaît un seul cerveau qui compte deux hémisphères. En anglais, on dit « *two brains* », ce qui démontre bien que nous sommes dotés d'un cerveau émotif et d'un cerveau cartésien. Quelqu'un qui n'est pas sensible se sert seulement d'un cerveau, se privant ainsi de l'autre. Qui voudrait fonctionner avec un tel handicap ? Pas moi, en tout cas ! Je gère donc comme je suis : un homme méthodique et cartésien animé d'une grande sensibilité aux gens.

Malgré les défis et un environnement quotidien qui m'éloignaient de mon bonheur, j'aimais trop nos gens pour partir comme un voleur. Mes objectifs étaient simples : ramener de bonnes pratiques dans l'entreprise, et *coacher* nos gens pour les rendre plus forts et leur permettre de s'envoler sans moi. J'avais la ferme intention d'aller trouver mon bonheur ailleurs. C'est ainsi que chaque fois que je revenais de l'EEB, je m'affairais à dresser un résumé de mes apprentissages que je partageais avec l'équipe de direction. Au début, cela se faisait durant de courtes réunions de deux heures ; à la fin, ça durait des journées entières. Ils en voulaient plus ! L'EEB m'a beaucoup redonné confiance en moi. Et plus on a confiance en soi, plus on prend des risques et plus on a de la facilité à déléguer.

Je ne peux m'empêcher d'exprimer ici ma gratitude à Marc Dutil, à Nathaly Riverin, à toute l'équipe de l'EEB, aux entrepreneurs-athlètes de la cohorte 1 et aux entrepreneurs-entraîneurs qui ont contribué à faire de moi un meilleur être humain. J'ai grandi à la fois intérieurement et en confiance lors de mon passage dans cette école pour entrepreneurs, que je considère d'ailleurs comme une école de la vie.

Maintenant que l'EEB est derrière moi, il m'arrive fréquemment, dans des périodes difficiles ou des moments de doute, de consulter nos réalisations écrites, qui sont aujourd'hui devenues mes ancrages. Malgré le tumulte, personne ne peut m'enlever nos réalisations ; elles sont acquises, inébranlables. J'ai maintenant renforcé mon amour-propre, et je récolte mon bonheur dans ma mission de vie : faire grandir les gens autour de moi. Je n'ai pas peur de trouver un sens à ma vie à l'extérieur de l'entreprise, car ma mission peut se réaliser chez MACPEK ou ailleurs.

Aujourd'hui, plusieurs années après le départ de mon père, je comprends sa souffrance, et je sais qu'il lui a fallu quelques années pour compléter les 7 étapes de son deuil. Je crois aussi que cette séparation est un passage obligé et que nous sommes individuellement responsables de faire en sorte que la sérénité meuble notre quotidien, tout au long de notre vie. Je suis reconnaissant pour les valeurs que mes parents, mes sœurs Elaine et Nathalie et mes frères m'ont transmises, et pour les cadeaux que la vie m'offre chaque jour.

Dans ce récit, par désir de préserver la vie privée de mes proches, je parle peu des gens qui m'ont entouré ou qui m'entourent au quotidien. Sachez, Martine, Nathaly, Justine, Florence et Juliette, que vous occupez une place de premier choix dans mon cœur.

LA RIGUEUR DE DEVENIR « DISPENSABLE »

Je suis enfin plus heureux, personnellement tout comme dans mon rôle de président chez MACPEK. Si je ne pouvais revenir demain, la compagnie ne serait pas mise en péril ; elle continuera, avec ou sans moi. La même règle s'applique pour nos directeurs. Il n'y a plus d'urgence dans l'entreprise ; tout est délégué. Je ne suis plus le goulot d'étranglement de notre organisation. Je peux aujourd'hui partir deux semaines en vacances sans répondre à mes courriels. Ma logique est simple : si j'étais obligé de prendre mes courriels pendant les vacances, j'aurais mal fait mon travail, je n'aurais pas bien délégué.

Ce sont les défis de santé de ma mère et la crise cardiaque de mon père, arrivés sans crier gare, qui m'ont inculqué l'importance de me rendre inutile. Je dresse sur une base semi-annuelle une liste de mes tâches principales pour l'entreprise, auxquelles je veux consacrer plus de temps, ainsi que de celles que je fais actuellement et que je ne souhaite plus faire. Les six mois qui suivent me permettent de concrétiser ma liste, en déléguant puis en *coachant* nos gens pour qu'ils effectuent leurs nouvelles tâches adéquatement.

Pour arriver à se rendre « dispensable », c'est la culture de l'entreprise au complet qu'il faut transformer. Il faut déprogrammer des comportements, et ce, en commençant par les directeurs qui doivent eux aussi véhiculer cette nouvelle façon de penser. Pour ce faire, ils doivent être convaincus, habiter cette croyance. Par exemple, travailler 70 heures par semaine n'est pas synonyme de travailler fort, mais plutôt de travailler mal. Ce que l'entreprise veut, ce sont des employés heureux, qui prennent soin d'eux. À 70 heures par semaine, ni l'un ni l'autre de ces objectifs n'est atteint. Il faut donc responsabiliser l'employé, lui montrer à déléguer lui aussi et à organiser son temps sur des tâches à valeur ajoutée. La vie n'est pas un sprint, c'est un marathon.

CHERCHER LES BOUTONS JAUNES : L'AFFAIRE DE TOUS !

« Chercher les boutons jaunes » signifie mettre la créativité au premier plan dans l'entreprise. Cela veut aussi dire que la créativité devient la responsabilité de tous. Rappelez-vous : à une époque pas si lointaine, le coffre arrière des voitures américaines n'était pas très accessible. Pour l'ouvrir, le propriétaire du véhicule devrait ouvrir la boîte à gants pour appuyer sur le fameux bouton jaune, ouvrant ainsi le coffre, non sans avoir fait tomber tout le contenu de la boîte à gants au passage. C'était clairement non fonctionnel, et ça a duré plus de vingt ans ! Il y a ainsi une multitude d'aspects de notre travail qui nous semblent normaux parce qu'ils sont routiniers, mais qui, en fait, sont complètement inefficaces. En cherchant ces « boutons jaunes » au quotidien, on trouve des façons de faire novatrices pour interagir avec nos clients, nos fournisseurs, nos collègues. On contribue ainsi à simplifier la vie de nos clients, internes et externes, ce qui est la mission même de MACPEK.

D'importantes innovations, contribuant à la différenciation de l'entreprise, découlent directement de cette culture de créativité. Notons par exemple l'union des fonctions de ventes et des opérations sous un même directeur, qui a amené ce dernier à superviser et *coacher* à la fois les gérants, les équipes des succursales et les vendeurs. Cette structure offre au directeur des ventes et opérations une grande proximité avec les employés des magasins qu'il chapeaute, et lui permet de passer ses messages au bon moment, sans crainte de *by-passer* qui que ce soit. Cela nous a amenés également à revoir nos indicateurs de mesure, les vendeurs ayant dorénavant les mêmes outils que les gérants.

Autre exemple éloquent: « l'université MACPEK ». En collaboration avec nos clients, nous avons travaillé durant plusieurs années à créer indirectement notre propre unité de formation mobile. Ce véhicule parcourt le Québec à la rencontre des différents clients de l'entreprise, qui paient pour ce service. Nous les formons sur des sujets aussi pointus que l'amélioration de la pose des freins achetés et fournis par MACPEK, afin que ceux-ci durent plus longtemps. Ainsi, le client peut en acheter 60 par année au lieu de 100, ce qui lui fait épargner temps et argent. Il s'agit bel et bien d'un centre de profit pour l'entreprise, qui améliore par le fait même ses relations avec les clients et fidélise ces derniers, les incitant à faire toujours plus affaire avec elle.

Une autre innovation importante est en cours actuellement. Il y a maintenant six ans, inspirés par la compagnie Taleo, nous avons constitué une équipe afin de paramétrer les pièces de camions vendues par MACPEK. Actuellement, les clients avec des comptes ont accès à notre magasin en ligne, mais à moyen terme, ce sera l'ensemble des consommateurs qui pourra y accéder. Notre objectif est d'utiliser la technologie pour habiliter les gens à choisir le bon produit, avec des questions auxquelles monsieur Tout-le-monde, qui ne connaît rien aux pièces de camions, peut répondre. Cela nous permettra par ailleurs d'outiller rapidement nos employés pour la vente de nos produits, plutôt que de mettre deux ans à les former. Le même avantage est engendré chez nos clients. De 5000 $ de ventes électroniques mensuelles de pièces de camions en 2010, nous en étions à 1 500 000 $ par mois en 2017. La croissance de MACPEK passera grandement par cette innovation au cours des prochaines années.

OSER DEMANDER DE L'AIDE

Pierre Pomerleau, durant son passage à l'EEB comme entrepreneur-entraîneur, nous encourageait fortement à nous entourer d'un conseil d'administration. Malgré cela, je n'étais pas convaincu que c'était la bonne chose à faire pour renforcer et réinventer MACPEK. Je reconnaissais d'emblée qu'il ne s'agit pas d'une faiblesse mais bien d'une force que d'oser demander de l'aide comme entrepreneur, mais un élément me faisait encore hésiter.

À la suite d'une discussion avec Louis Têtu de Coveo, j'ai compris que ce n'était pas d'un conseil d'administration que nous avions besoin, mais bien d'un comité consultatif. En effet, dans notre cas, notre besoin était de nous alimenter auprès de gens forts dans les aspects de MACPEK que nous souhaitions, mon frère et moi, améliorer, et non d'aller chercher du financement, pour lequel les administrateurs ont besoin de plus de contrôle. Nous avons donc mis en place notre comité consultatif, en nous disant que nous essaierions mais que nous pourrions toujours le dissoudre si ça ne nous convenait pas ou si nous sentions un jour que nous avions fait le tour du jardin.

Nous avons donc dressé une liste d'une vingtaine d'entreprises que nous admirions, en faisant ressortir ce que nous privilégiions dans chacune d'elles, par exemple leur avant-gardisme en matière de technologies, leur façon de gérer l'humain, etc. En faisant l'adéquation avec les besoins de MACPEK, nous avons ciblé cinq entreprises cadrant avec nos créneaux de développement. Je ne connaissais personnellement aucun de leurs dirigeants, mais j'ai pris le téléphone et communiqué avec eux, mentionnant notre volonté de constituer un comité consultatif pour améliorer notre entreprise. Oser demander a été payant : les cinq entrepreneurs m'ont confirmé leur intérêt à y siéger. Les discussions sont bien sûr prioritairement d'ordre stratégique, mais si nous avons besoin d'aiguillage au niveau opérationnel, nous nous permettons aussi d'en parler avec le comité.

En toute honnêteté, je dois avouer que cet exercice demeure une leçon d'humilité qui demande d'être bien préparé. Le comité émet des idées, il faut ensuite appliquer ce qui nous semble pertinent. Avec un bon suivi des impacts de nos actions auprès de ce même comité, ce dernier constate qu'il contribue réellement et demeure engagé. Le succès réside dans l'action, et je peux affirmer que MACPEK s'est énormément raffiné grâce à ce comité.

Nous avons finalement mis un terme à notre comité consultatif au printemps 2017, mais nous continuons d'entretenir des relations privilégiées avec chacun de ses membres, que nous consultons individuellement au gré de nos besoins ou de nos questionnements.

LA *GAME*, C'EST L'HUMAIN !

Je crois chaque jour davantage que le succès de notre entreprise passe par cette conviction profonde : la *game*, c'est l'humain ! Si j'aime une personne et que, lorsqu'on est en contact ensemble, je lui fais voir ce qu'il y a de beau en elle, ça va lui donner confiance, ça va l'amener plus loin. Il ne faut jamais oublier à quel point nous pouvons avoir un impact positif sur les gens qui nous entourent, tant au travail que dans tous nos rapports humains au quotidien.

Nous pouvons tous être le miroir du beau des gens, du beau du monde.

C'est ainsi que nous sommes parvenus à créer chez MACPEK une culture de gens bienveillants les uns envers les autres. Cette énergie nous permet, patrons comme employés, d'avancer à la vitesse grand V. Un dirigeant qui a confiance en ses gens est prêt à prendre plus de risques, car il ne les prend dorénavant plus seul ; il sait que toute son équipe va mettre la main à la pâte pour que ça fonctionne. Chez MACPEK, le message est clair : affairez-vous au quotidien à faire grandir les personnes autour de vous, vos collègues, vos clients, vos fournisseurs… On *coache* selon ces termes nos gens au quotidien, ce qui fait qu'eux aussi travaillent maintenant à faire grandir les gens autour d'eux.

Puisque nous traitons nos gens avec considération, ils se comportent avec considération. Ils nous aident à embaucher des gens sur leur savoir-être, se sentent responsables de nous aider à intégrer des personnes qui contribuent au système de valeurs de l'entreprise. Cela amène évidemment des initiatives qui nous demandent encore plus de faire confiance à nos employés. Par exemple, certains d'entre eux ont voulu instaurer un horaire variable, impliquant la semaine de travail de quatre jours, variant toutes les semaines. Ils sont responsables de leur horaire, ce qui signifie que si quelqu'un a besoin d'un congé, il s'organise lui-même pour que l'un de ses confrères ou consœurs le remplace. Certains entrepreneurs auraient peur qu'il y ait abus, mais la réalité est que les employés ne veulent pas perdre ce privilège. Si l'un d'eux le met à risque, ils s'occupent eux-mêmes de le ramener sur le droit chemin. Ça prend évidemment de l'audace, du courage et surtout beaucoup de confiance de la part du dirigeant.

Enfin, aider les gens à progresser au sein de l'entreprise est une partie intégrante de l'identité de MACPEK. Chaque année, les employés entendent ce qu'ils font de bien, les raisons pour lesquelles on les aime. Ils partagent leurs centres d'intérêt, et ils sont conviés à formuler où ils se voient dans cinq ans et comment toute l'équipe peut les aider à s'y rendre. Il s'agit d'un outil de rétention et de progression des personnes, bien plus qu'un outil de rendement des ressources humaines. Bref, travailler ensemble à grandir et à rendre nos *jobs* plus le fun. Chez nous, on appelle ça la gestion des talents.

Je crois que comme entreprise, notre plus grand facteur de succès et de différenciation est notre façon de gérer l'humain. J'ai déjà entendu Jean Coutu dire: «Aime tes gens, ils t'aimeront en retour.» C'est tellement vrai! Notre formule est simple: plus d'amour = plus de confiance = plus de conviction = plus de succès. C'est sans doute cela, l'équation de la bienveillance. En termes simples, prenons mutuellement soin de nous-mêmes, de nos employés, de nos clients et de nos fournisseurs, les quatre dimensions essentielles pour maintenir l'équilibre fragile du succès et de la pérennité de nos entreprises.

Comme Michel Dallaire de Cominar et Yvon Charest d'Industrielle Alliance le disent si bien, être né au Canada, en bonne santé, c'est avoir eu la chance de gagner à la loterie de la vie. Par notre entreprise ou notre engagement social, affairons-nous à contribuer positivement à notre société pour la rendre meilleure et pour nous assurer qu'elle demeure un endroit où il fait bon vivre.

GÉRARD TRUDEAU, PRÉSIDENT DE GROUPE FERMES TRUDEAU, COMMENTE L'HISTOIRE DE JEAN-FRANÇOIS POULIOT

La lecture de l'histoire de Jean-François Pouliot fut pour moi extrêmement enrichissante. Lors de mon dernier passage comme entrepreneur-entraîneur à l'EEB, je transmettais aux entrepreneurs-athlètes un texte présentant ce que mes 75 dernières années de vie m'ont enseigné, en plus de 16 aptitudes caractérisant selon moi un entrepreneur prospère. Je les résume comme suit :

- visionnaire ;
- discipliné ;
- à l'écoute ;
- qui croit que de s'entourer de gens forts contribue à sa réussite ;
- communicateur ;
- sait déléguer sans perdre le contrôle ;
- ne craint pas de valider ses produits auprès de sa clientèle ;

- soucieux de l'importance de la recherche et développement;
- soucieux de comparer ses résultats mensuels à sa planification;
- intègre;
- authentique;
- apte à savoir prioriser afin de ne pas perdre le *focus*;
- sait apprécier ses réussites;
- sait comprendre la réalisation de son bonheur;
- humble;
- passionné.

En lisant l'histoire de Jean-François, j'ai réalisé qu'il a su mettre en pratique un grand nombre de ces principes.

Son enfance a développé chez lui le goût du travail, le sens des responsabilités, la persévérance, mais aussi le positivisme, le courage et la sensibilité aux autres. Ayant grandi au sein d'une famille d'entrepreneurs dans laquelle on ne craignait pas les eaux troubles, les épreuves vécues ont forgé sa capacité à s'assumer.

Puis il ne s'est pas arrêté là. Il a construit sur cette base, allant développer d'autres compétences à l'université puis à l'EEB. Au fil de son récit, il cite d'ailleurs différents modèles d'entrepreneurs d'expérience qui guident encore aujourd'hui les décisions qu'il prend. Il ne néglige rien pour développer ses aptitudes et l'être qu'il est, en continu. C'est ce que font les gagnants.

Il s'agit pour moi d'un homme qui a su découvrir qui il est. Il a trouvé un sens à sa vie, et est aujourd'hui heureux personnellement tout comme en affaires. Je suis touché de constater qu'il sait apprécier ses réussites et comprendre comment réaliser son bonheur. C'est là que se trouve la réalisation suprême du rêve de l'entrepreneur!

Jean-François est aussi un entrepreneur à l'écoute de ses employés, de ses clients, des entrepreneurs dont il a su s'entourer, de son senti... Il a ainsi évité de grandes embûches à l'entreprise. En misant sur l'ouverture, la créativité et l'innovation, il pilote l'entreprise de façon décentralisée, amenant chacun à contribuer à sa quête de l'excellence, le tout sans perdre le contrôle et le *focus* sur la destination à atteindre. Il semble hyper discipliné en ce sens, quotidiennement.

Je terminerai en reconnaissant que sa compréhension de l'être humain est remarquable. Elle l'a bien servi jusqu'à maintenant et continuera à le faire. Osant s'entourer et demander de l'aide externe, il est également très engagé à faire grandir les gens qui l'entourent, habilitant ses employés à être responsabilisés dans leurs tâches et décisions. Armé d'une attitude positive et humaine, il aura accompli une grande réussite, soit celle de contribuer à la progression des gens. Dans la gratitude.

Très inspirant tu es, Jean-François Pouliot ! Bonheur et prospérité à toi et à MACPEK !

Conclusion

Si vous n'avez pas fait un entrepreneur de vous-même, vous avez résisté à l'envie de consulter la fin de ce livre avant de vous être nourri des parcours et expériences de 15 entrepreneurs du Québec. Considérons qu'ainsi fut votre agissement, ou du moins, que les plus rebelles d'entre vous sont retournés lire ces 15 portraits après avoir lu la première ligne de cette conclusion !

Tout au long des entrevues et du processus de rédaction de ce livre, j'ai été frappée de plein fouet par la puissance des perceptions. Les entrepreneurs en vedette dans ce livre m'ont raconté, à cœur ouvert, leurs expériences de vie telles qu'ils les ont vécues et ressenties… Ils m'ont offert leur vérité. Celle-ci est nécessairement teintée par leur enfance, leurs filtres, les gens qui ont croisé leur route, la personnalité qu'ils se sont forgée au fil des années. Leur histoire est authentique et vraie pour eux. Je ne pouvais toutefois m'empêcher de me dire que ces mêmes récits, racontés par leur père, mère, frère ou ancien associé, auraient sans doute revêtu une allure bien différente. Et ils auraient été tout aussi véridiques, dans la réalité et le ressenti de quelqu'un d'autre. Bref, il n'y a pas de bons et de méchants dans ce livre. Il n'y a que des êtres humains qui racontent comment ils ont vécu leurs expériences entrepreneuriales, heureuses ou difficiles.

Dans la même optique, certains d'entre vous auront particulièrement apprécié certaines histoires, alors que d'autres considéreront les mêmes profils de peu d'intérêt. La raison en est fort simple : l'écho qu'un récit trouve en vous est directement lié à votre histoire personnelle et à votre réalité du moment. Le congédiement d'un associé résonnera fortement en vous si vous avez dû passer par là récemment ou si vous êtes en questionnement à cet égard. Au même titre, un entrepreneur de la relève sera captivé par le départ, choisi ou précipité, du fondateur, selon le contexte dans lequel il se trouve. Cette réalité, nous la vivons tous les jours à l'École d'entrepreneurship de Beauce (EEB), peu importe le programme, la cohorte ou l'expérience des entrepreneurs qui y évoluent. L'être humain transforme ses apprentissages en actions concrètes quand ceux-ci sont pertinents dans sa réalité, quand ils ont du sens à ses yeux, dans le moment présent. Cela dit, si vous relisiez les pages de ce livre dans deux ans, vous y trouveriez certainement de nouvelles sources d'inspiration pour jeter un éclairage nouveau sur ce que vous vivrez à ce moment précis.

Certains trouveront sans doute décevant le constat suivant, mais il a le mérite d'être véridique : il n'existe pas de recette magique pour mener une entreprise au succès. La preuve, nous vous l'avons servie dans ce livre : 15 histoires différentes, plusieurs chemins divergents, divers modèles contradictoires, voire des paradoxes, parfois, dans un même parcours ! L'envers de la médaille est que vous vous êtes ainsi inspirés de 15 entrepreneurs. Vous avez parcouru, à travers leurs pas, des sentiers dans lesquels vous n'auriez sans doute pas marché seuls. Vous vous êtes reconnus dans certains d'entre eux, puis avez rejeté les façons d'être et de faire de quelques autres. Vous avez peut-être même réfléchi à certaines contradictions qui sont apparues sur votre propre parcours. Vous avez goûté et testé, par leurs expériences, à une manne d'ingrédients. C'est maintenant à vous de développer, ajuster et peaufiner votre propre recette, pour lui donner votre saveur. Pas celle qui vous permettra d'être bons, mais plutôt celle qui vous permettra d'être bien. Ainsi, vous serez excellents.

Alain Bouchard, de Couche-Tard, insiste d'ailleurs sur le fait que nous avons le devoir envers nous-mêmes de choisir une carrière qui nous rende heureux. Ça semble simple, mais c'est loin de l'être. Pour y parvenir, comme entrepreneur, il faut se connaître réellement. Une fois cela fait, un grand pas de plus doit être franchi pour s'assumer. Totalement. Dans ses différences, sa déviance, sa marginalité, sa folie, ses excès. Dans son éternelle volonté d'amélioration, son désir profond de créer de la valeur, sa soif insatiable de croissance, son besoin intrinsèque de faire une différence, de changer sa communauté, sa province, son pays ou le monde... Se connaître, et encore davantage s'assumer, est sans doute l'œuvre de toute une vie. L'EEB peut vous aider à accélérer ce processus.

Et c'est là que les entrepreneurs mis en lumière dans ce livre se ressemblent. Ils connaissent leurs plus grandes forces, et les assument assez pour avoir bâti des entreprises à leur image. Leurs compagnies se distinguent par la créativité, l'innovation, la vision, la structure, l'équipe, le « sans retenue », le plaisir... Elles ont toutes en quantité différente chacun de ces ingrédients, mais elles misent davantage sur l'un ou l'autre dans leur recette unique. Cette épice magique devient une valeur même de l'entreprise ; elle n'est pas que prononcée ou écrite, elle est mise en application par l'entrepreneur d'abord et par toute l'équipe ensuite. De convaincu à convaincant, d'inspiré à inspirant, de mobilisé à mobilisant... Robert Dutton, grand manitou de Rona dans un passé récent, reflète d'ailleurs bien ce prolongement de l'entrepreneur au sein de son entreprise lorsqu'il dit : « Quand tu ouvres les yeux, tu vois un commerce à ton image. »

L'entrepreneuriat peut répondre à une équation simple. Quel est le produit, quel est le marché, comment peut-on le gagner ? Pour reprendre les paroles de Jean Domingue de XEOS Imagerie, une fois qu'on a répondu à ces questions, « Y a sûrement moyen de faire quelque chose de beau avec ça ». Mais la variable inconnue de la formule réside dans le comment et le pourquoi. Comme nous l'avons illustré tout au long de ce livre, ce savoir-être entrepreneurial dépend énormément de la personnalité du leader. Malgré l'unicité de chacun, l'ensemble des entrepreneurs présentés dans ces pages ont fait preuve des attitudes, traits de caractère et comportements suivants, à différents moments charnières de leur parcours.

LE COURAGE

Il se définit comme une vertu qui permet d'entreprendre des choses difficiles en surmontant la peur, et en affrontant le danger, la souffrance, la fatigue. La ligne est d'ailleurs parfois bien mince entre le courage et l'audace ou la témérité.

Investir massivement en période difficile, faire un pas dans le vide alors que les autres, concurrents y compris, attendent, entraîner l'entreprise dans une décroissance planifiée (et contestée !) pour se donner les moyens de mieux performer ensuite, demander à un associé ou à un membre de la famille de quitter le navire pour l'amener soi-même à bon port... Que d'exemples vécus illustrant le courage ! Peter Drucker, reconnu par plusieurs comme le fondateur de la gestion moderne, décrit d'ailleurs très bien cette réalité : « Chaque fois que vous voyez une entreprise qui réussit, dites-vous que c'est parce qu'un jour, quelqu'un a pris une décision courageuse. »

LE SENTI

Les uns l'appellent leur petite voix intérieure, d'autres leur intuition, certains leur ressenti ou leur instinct. Cela revient à savoir que l'on doit faire telle action ou prendre telle direction sans pour autant avoir d'arguments très précis ou logiques pour l'expliquer. François Côté, de Telus, en a d'ailleurs fait le titre du 24 h qu'il offre comme entrepreneur-entraîneur à l'EEB : *L'importance de se fier à son intuition.*

Sentir que c'est le moment de procéder à un agrandissement même si les chiffres nous porteraient normalement à attendre, que les usines doivent être rapatriées au sein de la même place d'affaires dès maintenant, que notre rôle doit changer dans l'entreprise pour ne pas entraver sa croissance. Cette impulsion, ce mouvement intérieur, lorsqu'ils sont écoutés, amènent à faire des gestes qui peuvent paraître risqués aux yeux des autres. Mais comme le dit si bien Laurent Beaudoin de Bombardier : « Le risque pour un entrepreneur est de ne prendre aucun risque. »

LA RÉSILIENCE

Tout entrepreneur vit de bonnes, de moyennes et de mauvaises années. Rien n'est jamais gagné, rien n'est acquis, en affaires comme dans la vie. La résilience, cette capacité à rebondir et à surmonter les difficultés, est une caractéristique fondamentale des entrepreneurs dont parle ce livre.

Trouver la force de reconstruire l'usine après un incendie, se sortir des comptes spéciaux auprès de son institution financière et réinvestir pour faire croître l'entreprise, perdre sa flamme d'entrepreneur et prendre le recul nécessaire pour la retrouver, essayer, encore et encore, de faire ses preuves comme relève, pour finalement démarrer une entreprise de toutes pièces…

« N'abandonnez jamais, c'est pire ! », nous dit Jacques Côté, de Solmax. Ce conseil semble être une conviction pour nombre d'entrepreneurs, ainsi qu'un incitatif puissant à la résilience.

L'OUVERTURE

Un entrepreneur ouvert est prêt à écouter, à considérer des idées différentes des siennes et à vivre des expériences nouvelles. L'ouverture chez l'entrepreneur est plus qu'une question d'attitude, elle entraîne un comportement qui engendrera un résultat positif.

Chez les modèles entrepreneuriaux présentés dans ce livre, cette ouverture s'est manifestée par le fait de s'entourer de personnes meilleures qu'eux dans des postes-clés, de déléguer et de responsabiliser leurs gens en acceptant que les choses soient faites différemment, de nouer des relations authentiques avec des compétiteurs, voire leur donner accès à de l'information stratégique, au profit d'un impact positif pour leurs clients et leurs employés…

L'ouverture, c'est aussi ne pas prétendre tout connaître, ne pas tomber dans l'autosuffisance. C'est aller chercher des ressources qui ouvrent à d'autres possibilités, à de l'inspiration, par exemple en s'entourant d'un comité consultatif, d'un conseil d'administration, d'un réseau pouvant apporter aide et soutien au gré des enjeux qui se présentent.

Loin d'être un signe de faiblesse, oser demander de l'aide et s'ouvrir à l'apport des autres est une force qui caractérise les plus grands entrepreneurs, aujourd'hui à la tête des plus beaux fleurons de notre économie. Robert Lafond, de Lafond, le prône sans demi-mesure lors de ses passages à l'EEB. Et Alain Lemaire, de Cascades, en est un exemple éloquent : « Seuls, mes frères et moi, on n'y serait pas arrivés. C'est parce qu'on a su s'entourer qu'on a bâti Cascades. »

L'ÉQUILIBRE

Combien de fois entendons-nous des gens dire que la vie personnelle et la vie professionnelle d'un entrepreneur doivent être séparées, que la maison est l'endroit où décrocher et que l'entreprise ne doit pas prendre toute la place ? Être à la maison et se sentir coupable de ne pas avoir terminé ses objectifs de la journée au bureau, ou rester dans l'entreprise et se sentir mal de ne pas partager ce temps en famille… Les fameux « il faudrait », « je devrais »…

Après avoir discuté d'équilibre avec chacun des entrepreneurs de ce livre et combien d'autres membres actifs de la communauté EEB, il s'avère que cet enjeu est foncièrement personnel, comme le succès d'ailleurs. Bref, le jugement de la société ne doit pas dicter la bonne façon d'atteindre l'équilibre. Il appartient à chaque humain et à chaque famille de doser et d'organiser son temps et ses activités, en fonction de ce dont ils ont besoin pour être heureux.

Et les initiatives pour y arriver sont diverses ! Soustraire des individus de sa propre famille de certains comités stratégiques et conserver un conseil de famille comme lieu privilégié où chacun peut être émotif et mélanger famille et entreprise. Aménager un bureau pour les enfants à même l'entreprise, pour leur permettre de faire leurs devoirs au retour de l'école. Embaucher une personne pour entretenir la maison et ainsi passer des moments de qualité en famille. Choisir de retarder une présence sur la scène internationale ou une acquisition en vue de conserver un rythme de vie dans lequel on évolue heureux. Partager sa semaine entre deux villes pour consacrer équitablement son temps à l'entreprise et à la famille…

Un entrepreneur peut-il être totalement en équilibre ? Ou l'équilibre doit-il être considéré sur un trimestre, une année, une vie ? Comme Isabelle Hudon, de la Financière Sun Life, le dit : en tant qu'entrepreneur, « on ne doit pas essayer d'atteindre l'équilibre, c'est peine perdue, on doit plutôt gérer notre déséquilibre ». Une chose est certaine, nos entrepreneurs sont en quête d'un niveau d'équilibre leur permettant, à eux et à leurs proches, d'être heureux. « Quand on vend de la qualité de vie au travail, il faut être cohérent avec soi-même et reconnaître l'importance de s'en offrir au quotidien », nous rappelle Pierre Audet, d'Olympe.

SE RENDRE « DISPENSABLE »

L'une des clés pour s'approcher d'un équilibre convenable pour Christian Élie, de Pélican International, est de « puiser dans les ressources des autres pour le trouver ». Cela nous amène directement au désir de plusieurs entrepreneurs de se rendre « dispensables ». Cette volonté est souvent utopique en démarrage d'entreprise, alors que le fondateur y assume souvent plusieurs rôles-clés. Mais au fur et à mesure que l'entreprise croît, le rôle du chef se transforme, notamment par l'embauche de ressources lui permettant de se libérer de certaines tâches et décisions. Vient un moment où l'entrepreneur ressent le besoin de travailler plus « sur » que « dans » l'entreprise. Et l'une des façons d'assouvir cette volonté est notamment d'embaucher un directeur général, pour assumer exclusivement la présidence de l'entreprise.

Tel qu'illustré dans les pages qui précèdent, certains font le grand saut assez rapidement parce qu'ils n'ont tout simplement plus le choix. Par leurs absences fréquentes du bureau, ils deviennent le goulot d'étranglement de leur entreprise. D'autres œuvrent pendant plusieurs années à habiliter leurs employés à prendre les décisions qu'eux prendraient personnellement, tout en éliminant le plus possible les feux à éteindre au quotidien. Dans tous les cas, ce changement passe par l'instauration d'un système, d'une structure et de mécanismes de communication. Cela semble facile à dire, mais c'est très loin d'être aisé à faire. Se rendre « dispensable » est également un processus émotif : il sous-tend une grande confiance en soi, tout comme une confiance accrue en son équipe.

Qu'est-ce qu'un bon président ? Encore une fois, il s'agit d'une notion très personnelle. Mais la majorité des entrepreneurs rencontrés dans le cadre de ce livre ont évoqué une piste mise de l'avant par Pierre Pomerleau, de Pomerleau, dans les différents 24 h qu'il a donnés à l'EEB. En tant que président, son rôle principal est d'être la mascotte de son entreprise. Les bonnes questions à se poser sont donc : « Qu'est-ce qu'une bonne mascotte pour vous ? » et « Quelle mascotte souhaitez-vous être ? »

LA MISSION, LA VISION ET LE « *WHY* »

Nous disions plus tôt que l'entrepreneuriat, dans sa forme la plus simple, répond à la formule : « Quel est le produit, quel est le marché, comment peut-on le gagner ? » Nous avons insisté sur les attitudes et traits de caractère qu'il est judicieux de mettre de l'avant pour parvenir au succès. Mais une autre question vient, tôt ou tard, compliquer cette équation : « Pourquoi faire tout ça ? » Pour avoir assisté aux réflexions de plus de 800 entrepreneurs, tous secteurs confondus, depuis les sept dernières années, je peux vous dire que le besoin de répondre à cette question rattrape tous les entrepreneurs, à un moment ou un autre de leur parcours. Et la raison en est fort simple : se rattacher aux raisons profondes pour lesquelles on fait les choses permet de trouver la force de continuer quand rien ne va plus, mais aussi de raviver la flamme quand les pantoufles deviennent trop confortables.

Certains des entrepreneurs mis à l'avant-scène dans ce livre verbalisent d'ailleurs l'importance de s'accrocher à quelque chose de plus grand que soi. Les uns se lèvent le matin pour créer de la valeur dans la société, d'autres pour changer les habitudes de vie et l'avenir des gens en misant sur la santé ou le développement durable, et certains pour permettre à l'humain de progresser et de se développer. Il s'agit de leur « *why* » personnel.

Les plus avancés d'entre eux rattachent les valeurs, la mission et la vision de leur entreprise à cette quête personnelle. Les principes directeurs, la raison d'être de leur compagnie de même que les objectifs à atteindre deviennent des moyens de réaliser leur propre mission de vie (par exemple, chambouler l'industrie du *fast-food*, simplifier la vie de ses clients et employés, etc.). L'ADN de l'entreprise leur colle ainsi à la peau : elle est donnée, répétée et vécue par les entrepreneurs. Grégory Charles, de Groupe Musique Greg, appelle cela « allumer le feu ». Une fois que c'est fait, les flammes se répandent, le feu devient contagieux. Une vision claire et inspirante amène les troupes à suivre leurs dirigeants et à se défoncer pour eux. Et elle est prioritaire, cette vision, car, comme le dit si bien François Olivier de TC Transcontinental : « C'est l'endroit où tu places la barre qui détermine où tu te rendras ! »

TOUT REVIENT À LA CONFIANCE

L'ensemble des traits de caractère vus ici repose en réalité sur une prémisse, un état intrinsèque : la confiance en soi. Bien que le commun des mortels soit souvent déstabilisé par le niveau de confiance que dégage un entrepreneur, la vérité est que lui aussi vit des périodes de doute profond et de questionnements existentiels. Quand son comportement diffère de ce que doit être, à ses yeux, celui d'un bon entrepreneur, il s'en trouve ébranlé. S'il est déçu de lui-même, confus, sans repères, s'il perd parfois sa vision claire de la destination à atteindre, il peut en arriver à croire qu'il n'est plus l'homme (ou la femme) de la situation. Et sans confiance en soi, le courage, le senti, la résilience, l'ouverture, l'équilibre, la volonté de se rendre « dispensable », la propulsion de la mission et de la vision et la capacité à s'accrocher à son « *why* » sont gravement affectés.

Cette confiance, elle se forge par essais et erreurs, au fil des succès vécus et des échecs surmontés. Oui, elle est un trait de caractère, mais elle est ébranlable. L'expérience la bouscule pour la solidifier ensuite. Jean Laflamme, de Meubles South Shore, insiste d'ailleurs sur le fait que si nous ne faisons pas d'erreurs, cela veut dire que notre entreprise n'évolue pas assez vite. Mais qui a dit que nous devions vivre personnellement chacune de ces expériences pour en tirer des leçons ? Se nourrir de celles des autres, dans l'écoute et l'ouverture, permet aussi de grandir, en confiance et en expérience, à une vitesse accélérée. Et c'est précisément ce qui se vit à l'EEB.

Apprendre, ça fait mal, autant par ses expériences personnelles que par celles des autres parfois. Cette transformation ne passe pas par la tête. L'évolution trouve son essence dans le cœur et dans les tripes. Dans l'émotion. Dans les modèles qui nous entourent et nous inspirent. Dans le sentiment profond de pouvoir devenir soi-même un modèle. C'est là que tout redevient clair. Si nous sommes inspirés, bien entourés et connectés aux raisons profondes pour lesquelles nous faisons ce que nous faisons, la magie opère.

LE BONHEUR D'ENTREPRENDRE

« *Business, it's just about happiness* », nous dit Bernard Bolduc, d'Altrum. Le plaisir d'entreprendre est fondamental. Où se trouve-t-il ? La réponse sera différente pour chaque entrepreneur, bien sûr. Mais nous reconnaissons en chacun le désir d'avancer, d'évoluer ; le besoin de grandir, de croître. Selon Marc Dutil, de Canam, le bonheur se trouve dans le chemin à parcourir, dans les pentes ascendantes que l'on s'efforce, tous ensemble, de gravir. Le sommet de la montagne est peut-être le symbole du succès, mais nombre d'entrepreneurs le savourent de façon éphémère. Ils l'atteignent, puis recommencent aussitôt à se questionner, pour partir à la conquête du prochain sommet à atteindre.

À VOUS DE JOUER !

Vous avez goûté à ce qu'est le « *E to E* », d'entrepreneur à entrepreneur, une page à la fois, un parcours à la fois. Imaginez avoir accès, séjour après séjour, aux plus grands entrepreneurs de notre société, en retraite fermée, tout en étant entouré de 25 personnes vivant les mêmes enjeux que vous ! L'impact d'une telle rencontre, dans une vie d'entrepreneur, est exponentiel.

Parfois, réaliser que ce n'est pas toujours facile pour les autres non plus peut nous aider à mettre les choses en perspective et à traverser les moments où l'on se sent poussé au creux de la vague. Cet ouvrage, signé par le Centre Transfert et Impact de l'EEB, était une invitation à marcher dans les pas de 15 entrepreneurs. J'espère de tout cœur qu'il a su vous inspirer pour votre propre parcours, apporter des réponses à vos questions et vous donner un peu de réconfort quant à vos doutes.

À vous maintenant d'écrire la suite de votre propre histoire !

Merci à nos partenaires OR

BANQUE NATIONALE

Caisse de dépôt et placement du Québec

Desjardins

Québec

Remerciements

La réalisation de ce livre a nécessité la collaboration de plusieurs personnes. L'École d'entrepreneurship de Beauce (EEB), tout comme moi-même, souhaitons leur témoigner notre gratitude. En tout premier lieu, nous tenons à remercier les entrepreneurs pour leur contribution. Sans leur ouverture et leur authenticité, ce livre n'aurait pu devenir ce qu'il est aujourd'hui : un voyage dans leurs histoires, un coup d'œil sur leurs bons et moins bons coups, leurs peurs et leurs émotions. De sincères remerciements vont également aux entrepreneurs-entraîneurs qui ont accepté de partager leur expérience en commentant les histoires de chacun des entrepreneurs mis en lumière dans ce livre. Grâce à vous, tous les chefs d'entreprise peuvent goûter à la puissance et à la richesse des rencontres et des échanges entre entrepreneurs.

Merci également à tous les entrepreneurs-entraîneurs et entrepreneurs-athlètes de l'EEB qui nous inspirent, chaque jour, à redonner au suivant et à grandir, par le partage authentique de leur vécu et de leurs expériences. Vous êtes pour l'EEB, et serez pour ce livre, des modèles inspirants et des ambassadeurs en or. L'EEB vit par et pour les entrepreneurs, soutenue par des partenaires visionnaires qui, grâce à leur implication, nous permettent de poursuivre la mission de cette grande école. Chers partenaires, merci ! Vous faites partie de la famille !

Nous tenons également à remercier les Éditions de l'Homme qui nous ont témoigné soutien et confiance tout au long de cette aventure.

Plus personnellement, il m'est essentiel de remercier le comité de direction de l'EEB qui a cru en ce projet, m'a rendue disponible pour le mener à bien et m'a prodigué de l'aide et de précieux conseils tout au long de la dernière année. Je salue également l'ouverture du conseil d'administration, notamment celle de Marc Dutil, président du CA, et de Martin Deschênes, président de l'EEB, qui a appuyé ce projet, priorisant ainsi le rayonnement de nos diplômés et l'accessibilité à leur intelligence entrepreneuriale au plus grand nombre d'entrepreneurs. Enfin, un merci bien senti à tous les employés passionnés de l'EEB, actuels et passés ! Ce livre est la somme de ce que nous sommes !

Je termine en adressant des remerciements spéciaux aux membres de ma famille, à mes amis et aux autres personnes significatives qui ont marqué ma vie (elles se reconnaîtront !). Vous avez contribué à façonner mes rêves et m'avez sans cesse incitée à me dépasser, notamment dans la réalisation de ce livre. Votre foi en moi m'a permis de traverser les émotions, tantôt paralysantes, tantôt excitantes, inhérentes au fait de sortir de sa zone de confort. Je n'ai pas voyagé seule tout au long de cette aventure, et je vous en serai éternellement reconnaissante !

Table des matières

Suivez-nous sur le Web

Consultez nos sites Internet et inscrivez-vous à l'infolettre pour rester informé en tout temps de nos publications et de nos concours en ligne. Et croisez aussi vos auteurs préférés et notre équipe sur nos blogues !

EDITIONS-HOMME.COM
EDITIONS-JOUR.COM
EDITIONS-PETITHOMME.COM
EDITIONS-LAGRIFFE.COM
RECTOVERSO-EDITEUR.COM
QUEBEC-LIVRES.COM
EDITIONS-LASEMAINE.COM

RECYCLÉ
Papier fait à partir de matériaux recyclés
FSC® C103567

Imprimé chez Marquis Imprimeur inc.
sur du Rolland Enviro, contenant 100%
de fibres postconsommation, fabriqué à partir d'énergie biogaz
et certifié FSC®, ÉCOLOGO, Procédé sans chlore et
Garant des forêts intactes.

PERMANENT 100% BIO GAZ ÉNERGIE Garant des forêts intactes[MC]